百县千村万户调查系列

整村调查报告

（2021）

人口流动与现代化转型实录

主　编◎耿明斋　刘　涛

副主编◎吕新军　张建秋　张国骁

中国财富出版社有限公司

图书在版编目（CIP）数据

整村调查报告：人口流动与现代化转型实录．2021／耿明斋，刘涛主编；吕新军，张建秋，张国骁副主编．—北京：中国财富出版社有限公司，2022.9

（百县千村万户调查系列）

ISBN 978－7－5047－7759－1

Ⅰ．①整…　Ⅱ．①耿…②刘…③吕…④张…⑤张…　Ⅲ．①乡村—调查报告—河南—2021　Ⅳ．①K296.15

中国版本图书馆 CIP 数据核字（2022）第 163701 号

| 策划编辑 | 郑晓雯 | 责任编辑 | 张红燕 郑晓雯 | 版权编辑 | 李 洋 |
| 责任印制 | 梁 凡 | 责任校对 | 卓闪闪 | 责任发行 | 董 倩 |

出版发行	中国财富出版社有限公司			
社　　址	北京市丰台区南四环西路 188 号 5 区 20 楼		邮政编码	100070
电　　话	010－52227588 转 2098（发行部）		010－52227588 转 321（总编室）	
	010－52227566（24 小时读者服务）		010－52227588 转 305（质检部）	
网　　址	http：//www.cfpress.com.cn		排　版	宝蕾元
经　　销	新华书店		印　刷	宝蕾元仁浩（天津）印刷有限公司
书　　号	ISBN 978－7－5047－7759－1/K·0239			
开　　本	710mm×1000mm　1/16		版　次	2023 年 1 月第 1 版
印　　张	20.75		印　次	2023 年 1 月第 1 次印刷
字　　数	373 千字		定　价	88.00 元

前　言

　　现代化是由技术进步、效率提升推动经济社会结构演化的过程，是制造业和服务业比重持续上升、乡村人口持续减少和城镇人口持续增加，即工业化和城镇化的过程，这一点没有异议。有异议的是，在空间上，非农制造业和服务业在哪里生长以及如何生长？是就地分散生长还是在特定空间聚集生长？由农业和乡村转化而来的非农人口在哪里就业和居住？是在原地还是聚集到某些特定空间？这些特定空间以什么样的形态分布？是高度集中还是相对分散？简单来说，就是伴随着工业化和非农化，是否存在要素向异地城镇空间聚集的趋势，以及是否存在大城市持续增大的趋势？自20世纪80年代中期著名社会学家费孝通先生提出"小城镇论"观点以来，围绕上述问题的争论至今都没有停止过。有人主张就地城镇化和主要通过发展中小城市及小城镇实现城镇化，有人主张异地城镇化和主要通过发展大城市实现城镇化。虽然随着实践的演进，异地城镇化和大城市强势发展的趋势日益明显，越来越多的人认可这种主张，但至今仍能时常看到坚持就地城镇化和重点发展中小城市及小城镇的观点。政策导向上，虽然在不断摇摆的过程中对发展大城市的包容性越来越强，但至今仍可窥到引导和支持就地城镇化和发展中小城市及小城镇的明显痕迹。

　　从效率和成本收益分析的角度来说，经济学理论是支持发展大城市观点的。国际上，已经完成工业化、城镇化的国家的城市化发展案例和我国近年来大城市快速发展的实践也为上述观点提供了重要支撑。但是，不管是从成本收益还是从经验案例的角度，人们总是能够找到中小城市及小城镇合理发展的依据。更重要的是，中小城市和小城镇与大城市不可能是绝对相互替代的关系，而是互补和相互支撑的关系。换句话说，两者之间不是非此即彼的问题，而是相互比例和空间结构问题。

理论是灰色的，实践之树常青。正像其他许多问题一样，如果只停留在理论层面，则总是会纠缠于很多无谓的争论。因此，我们觉得有必要回到实践中，回到当事人那里，从微观主体和市场选择的角度看看，那些被工业化和城镇化的农民，他们就业和生活居住的空间流向是怎样的，这就是我们启动农村调查项目的初衷。我们想通过实地调查弄清楚，那些被非农就业和城市吸引的农民，他们就业和居住的去向如何，从而从一个侧面证明城镇化的基本趋势和城镇结构的空间形态。

为此，我们在充分讨论的基础上，邀请经济理论素养较高并精通经济统计方法的青年教师设计了调查问卷，并于2014年开始启动了相关调查，我们将该调查项目命名为"'百县千村'人口流动信息采集与数据库建设项目"。我们将该调查项目分为"抽样"和"整村"两个序列，并同时启动。不管是抽样还是整村，都以农户为对象。

抽样调查依据统计学的方法，在河南省农村范围内进行随机抽样，确定具体调查对象，组织调查人员亲自去现场找到农户户主或家庭主要成员，按照调查表格涉及内容逐项询问，分别填写，现场收回。所有问卷归拢后统一整理梳理，形成相关数据，并撰写相关报告。抽样调查自2014年以来已连续进行八年，每年组织动员130余名调查人员（以河南大学经济学院本科生为主，同时吸纳部分研究生和青年教师参加），投入50多万元资金，覆盖河南省内所有县域农村，形成了若干初级调查报告，数据库建设也在进行中，有望不久之后与从事"三农"及城镇化问题研究的人员及广大关注农村发展的人士见面。

整村调查问卷设计基本采用抽样调查样本，只是在此基础上略作修改，以使其更加适用于人口流动数据采集，同时加上了村庄整体情况的内容。为了操作方便，整村调查村落对象的选择基本上与调查人员故乡重合。2014年第一轮调查覆盖了几十个县域内的近50个村落，由于内容庞杂、工作量大，相关数据资料纳入抽样调查体系中一并整理，未能单独整理出版调查报告。同时，由于财力和人力的限制，2015年和2016年整村调查暂停。2017年重新启动，且与抽样调查分开单独组织。为了取得更好的实效，2018年和2019年在全省范围内按照纯农业区和制造业发达区及靠近县城或中心城市区和远离县城或中心城市区等不同类型，以 800 人（200 户，如果超过 200 户也按 200 户调查）左右为基准，选定了 15 个调查对象，分成 5 个小组，每组负责 3 个村落，由一位教师担任组长带队，仍按故乡原则选派调查人员。2020 年受新冠肺炎疫情影响，无法大规模组织多个调研团队分散调研，因此经过筛选后，我们选择了开封市、许昌市、焦作市、新乡市、漯河市、商丘市和驻马店市等地的 15 个村庄为调查对象，由调研团队一行十余人开展集中调研，共收集个体样本 13302 个，涉及 2907 户家庭。2021 年调研活动分为两阶段进行。第一阶段延续了 2020 年之前的模式，采用分层随机抽样的方法确定 9 个调研村庄。第二阶段，课题组基于前期反馈的情况，选取驻马店市和焦作市等地的 3 个村庄进行了补充调研。

调查结束后，除了每组以全部信息如实记录的方式形成各自的调查报告，还要在全部资料共享原则基础上，梳理出若干专题，由各小组分别形成专题调查报告。本书就是上述报告的汇集本。正如项目名称所指，本项调查的初衷是想要用实际经验资料中农村人口流动的方向和趋势，为研究和判断中国城市发育的规模结构和空间结构提供依据。因此，农民非农就业流向和进城迁徙定居空间是重点，但问卷内容设计同时也兼顾了由工业化、城镇化引出的一系列经济社会结构变化问题，如土地流转和农业经营规模结构变化情况，宅基地占有、空置和流转情况，农村居民家庭收入来源结构及不同教育程度劳动力对其收入的影响，等等。从这些调查报告中，不仅可以窥测现阶段中国典型农村劳动力就业流动和人口迁徙的规律，也可以为农业经营组织演化、农民家庭收入状况、劳动力就业状况、宅基地占用状况、农村人口老龄化趋势等一系列经济社会问题的研究提供有价值的素材。

我们也将继续使用这些宝贵资料，全方位、多角度地透视农村发展演化中出现的各种问题，为政府提供相应的建议，为学术界提供可讨论的思想观点。

2022 年的整村调研活动即将启动，我们也将按照 2021 年的调研模式及时整理出版相关的调查报告，敬请关注，并提出批评改进意见。

耿明斋

2022 年 3 月 19 日

目　录

第一篇　调查数据整理与分析

第二篇　专题报告

第一篇　调查数据整理与分析

第一章　整村分析报告一

——基于杨村和长陵村的整村调查

2021 年 8 月，河南中原经济发展研究院及河南大学经济学院、河南大学中原发展研究院联合整村调研课题组，分别对河南省驻马店市平舆县李屯镇杨村和信阳市息县长陵乡长陵村进行了入户调研，通过访谈的方式共获得有效问卷 393 份。

平舆县是河南省驻马店市下辖县，县境位于河南省驻马店市东部，距驻马店市区约 60 千米，东与新蔡县、安徽省临泉县接壤，北与项城市、上蔡县毗邻，南与正阳县相望，西与汝南县相邻。平舆县是中国车舆文化之乡、全国防水防潮之乡。平舆县总面积 1282 平方千米，辖 19 个乡镇（街道）、224 个行政村（居委会）。驻马店市第七次全国人口普查公报数据显示，全县常住人口为 72.86 万人。2020 年，全县完成地区生产总值 265.2 亿元，比上年增长 4.7%，居驻马店市第 4 位①。

息县位于中原腹地南侧，千里淮河上游，隶属信阳市，有"不息之壤"之称。全县总面积 1892 平方千米，辖 21 个乡镇（街道）。息县气候湿润、风景秀丽，淮河过境 75.4 千米，河之南葱翠秀丽，河之北坦荡宽广，自古以来土沃田良、物产丰饶。息县有 3000 多年的建县历史，公元前 1044 年始封息侯国，公元前 682 年在华夏大地上首次设县，古今相延不易"息"名、不改县治，堪称"郡县制"的活化石，被誉为"中华第一县"。2020 年，全县完成生产总值 258.99 亿元②。

---

① 数据来源：驻马店市第七次全国人口普查公报和平舆县 2021 年政府工作报告。
② 数据来源：息县 2021 年政府工作报告。

一、调研村庄整体情况

杨村和长陵村的村民总数分别为 200 户和 1400 户，调研组分别获得有效问卷 197 份和 196 份。从地形和区位特征来看，两个村均地处平原地区，虽距离县城的远近不同，但共同的特征在于都属于典型的平原农区，两个村均以种植粮食作物为主，辅以少量的经济作物。两个村基本上没有工业基础，多数村民以"务农＋务工"的半耕半工的方式生活。同时，我们也发现，不少村民把自己的承包地转租了出去，完全脱离了农业生产活动。上述特征在农业生产经营、家庭成员、人口流动、家庭收入构成等方面均有体现。总体来看，两个村表现出很多共同特征，但又各有特色。

（一）杨村

杨村属于平原农区，距离李屯镇约 4 千米，距离平舆县中心约 30 千米，距离驻马店市中心约 60 千米。全村共 200 户 900 人，其中外出务工人员约 300 人。村民外出就业大多去往平舆县和珠三角地区。全村总面积 2000 亩①，其中耕地约 1200 亩，主要种植小麦、玉米和花生。全村家庭耕地面积在 50 亩以上的农户有 3 户，家庭耕地最大规模为 250 亩。村里没有企业。村里的基础设施建设与公共服务均较好，通路、通电、通水（自来水）、通网，生活垃圾统一收集处理，生活污水自排，村民厕所以水冲式卫生厕所为主，没有集中供暖。村小学有 6 间教室，学生 157 名，教师 13 名，其中的 2 名教师来自本村。村内有 1 所公办幼儿园，有 3 间教室，幼儿 80 名，教师 6 名，教师均来自本村。有村卫生室 1 个，村医 2 名，2 名村医的平均年龄为 65 岁，从医 30 余年。村内没有体育健身场所、图书室以及农民业余文化组织。

（二）长陵村

长陵村属于平原农区，距离长陵乡中心约 0.5 千米，距离息县中心约 37 千米，距离信阳市中心约 134 千米。全村共 1400 户 4800 人，其中外出务工人员约 1800 人。村民外出就业大多去往郑州和长三角地区。全村耕地约 3300 亩，主要种植小麦和水稻。全村家庭耕地面积在 50 亩以上的农户有 4 户，家

---

① 1 亩约为 666.67 平方米。

庭耕地最大规模为 68 亩。村里没有企业。村里的基础设施建设与公共服务均较好,通路、通电、通水(自来水)、通网,生活垃圾统一收集处理,生活污水自排,村民厕所以水冲式卫生厕所为主,没有集中供暖。村小学有 20 间教室,学生 240 名,教师 35 名。村内有 2 所幼儿园,均为民办幼儿园,共有 5 间教室,教师 7 名。有村卫生室 1 个,村医 2 名,2 名村医的平均年龄为 50 岁,均为中专学历,均从医 30 余年。村内有 1 个体育健身场所、1 个图书室、4 个农民业余文化组织。

二、调研村庄农户情况

(一)人口基本状况

1. 人口年龄情况

杨村现有 200 户 900 人,常住户数有 140 户,样本选择 197 户 838 人(调研问卷大多数为常住户自己填写;个别外出务工农户的问卷由村委会主任代填)。调研样本人口平均年龄为 35.89 岁。其中,未成年(18 岁以下)人口 245 人,占比约 29.24%;青年(18~45 岁)人口 289 人,占比约 34.49%;中年(46~60 岁)人口 189 人,占比约 22.55%;老年(60 岁以上)人口 115 人,占比约 13.72%。

长陵村现有 1400 户 4800 人,常住户数有 960 户,样本选择 196 户 1172 人(调研问卷大多数为常住户自己填写;个别外出务工农户由村委会主任代填)。调研样本人口平均年龄为 36.70 岁。其中,未成年(18 岁以下)人口 312 人,占比约 26.62%;青年(18~45 岁)人口 431 人,占比约 36.77%;中年(46~60 岁)人口 237 人,占比约 20.22%;老年(60 岁以上)人口 192 人,占比约 16.38%。从两个村庄调研的人口年龄结构可以看出,调研村庄的未成年与青年占比之和均超过 60%(见表 1-1、图 1-1)。

表 1-1　　　　　　　调研村庄人口年龄结构

村庄	18 岁以下		18~45 岁		46~60 岁		60 岁以上	
	人数(人)	占比(%)	人数(人)	占比(%)	人数(人)	占比(%)	人数(人)	占比(%)
杨村	245	29.24	289	34.49	189	22.55	115	13.72

续　表

村庄	18 岁以下		18~45 岁		46~60 岁		60 岁以上	
	人数（人）	占比（%）	人数（人）	占比（%）	人数（人）	占比（%）	人数（人）	占比（%）
长陵村	312	26.62	431	36.77	237	20.22	192	16.38
总计	557	27.71	720	35.82	426	21.19	307	15.27

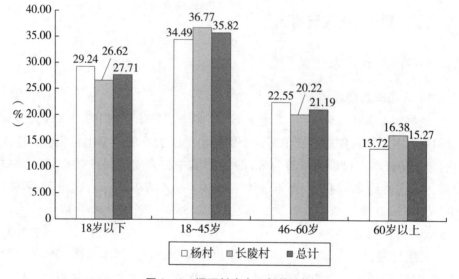

图 1-1　调研村庄人口年龄结构

2. 家庭人口情况

从调研结果来看，两个村样本家庭总人口中，1 口之家均不超过 10户，说明独居老人不多，但仍存在一定比例，大部分老人都是和子女一起生活。

杨村家庭平均人口为 4.25 人/户。具体来看，杨村家庭人口数以 2、3、4、5、6 人为主，2、3、4、5、6 人家庭占比分别为 16.75%、14.72%、20.81%、17.26%、20.81%。长陵村家庭平均人口为 5.98 人/户。具体来看，长陵村家庭人口数大部分为 4 人及 4 人以上，4、5、6、7 人之家占比分别为14.29%、11.22%、28.06%、16.33%，8 人及以上的大家庭占比约为18.37%。长陵村 8 人及以上的大家庭占比比杨村高 16.84%，说明长陵村成家的儿子和父母一起生活的情况比杨村多（见表 1-2）。

表 1-2   调研村庄家庭总人口分布

家庭人口	村庄			
	杨村		长陵村	
	户数（户）	占比（%）	户数（户）	占比（%）
1 人	5	2.54	1	0.51
2 人	33	16.75	14	7.14
3 人	29	14.72	8	4.08
4 人	41	20.81	28	14.29
5 人	34	17.26	22	11.22
6 人	41	20.81	55	28.06
7 人	11	5.58	32	16.33
8 人及以上	3	1.53	36	18.37

3. 个人受教育情况

杨村村民受教育程度以文盲或小学学历为主，占比约为 62.63%，高等学历（大专、本科及以上）占比仅为 5.89%。文盲或小学学历从老年人口的 93.04% 降低到中年人口的 88.89%，再降低到青年人口的 29.78%；初中学历占比从老年人口的 6.09% 提高到中年人口的 9.18%，再提高到青年人口的 52.57%；高中或中专学历占比从老年人口的 0.87% 提高到中年人口的 1.45%，再提高到青年人口的 5.15%；大专、本科及以上学历占比从中年人口的 0.48% 提高到了青年人口的 12.50%，青年人口的大专、本科及以上学历占比有了明显提高。

长陵村村民受教育水平在不断提高，年青一代的教育结构也有了较大改进：文盲或小学学历从老年人口的 88.83% 降低到中年人口的 72.84%，再降低到青年人口的 22.05%；初中学历占比从老年人口的 8.51% 提高到中年人口的 22.22%，再提高到青年人口的 45.00%；高中或中专学历占比从老年人口的 2.13% 提高到中年人口的 2.88%，再提高到青年人口的 13.86%；大专、本科及以上学历占比从老年人口的 0.53% 提高到中年人口的 2.06%，再提高到青年人口的 19.09%，青年人口的大专、本科及以上学历占比有了明显提高。总体来看，长陵村村民的受教育水平更高，长陵村村民受教育程度为文盲或小学的占比比杨村的低 12%，受教育程度为初中的占比比杨村的高

2.32%，受教育程度为高中或中专的占比比杨村的高 5.24%，受教育程度为大专、本科及以上学历的占比比杨村的高 4.44%（见表 1－3、图 1－2、图 1－3）。

从两个村村民各年龄段受教育情况可见，随着义务教育的普及，年青一代的受教育情况有了较大改善：接受高等教育的人口比例正在逐渐上升，说明了改革开放和高校扩招政策对教育的推进作用。

表 1－3　　　　　　　调研村庄村民各年龄段受教育情况

村庄	年龄段	文盲或小学	初中	高中或中专	大专、本科及以上
杨村	18～45 岁	29.78%	52.57%	5.15%	12.50%
	46～60 岁	88.89%	9.18%	1.45%	0.48%
	60 岁以上	93.04%	6.09%	0.87%	0.00%
	总计	62.63%	28.45%	3.03%	5.89%
长陵村	18～45 岁	22.05%	45.00%	13.86%	19.09%
	46～60 岁	72.84%	22.22%	2.88%	2.06%
	60 岁以上	88.83%	8.51%	2.13%	0.53%
	总计	50.63%	30.77%	8.27%	10.33%

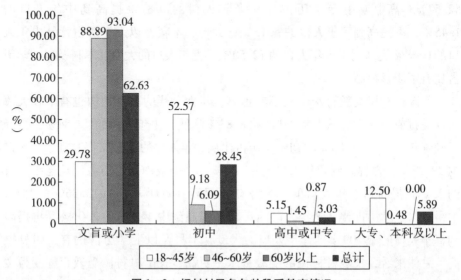

图 1－2　杨村村民各年龄段受教育情况

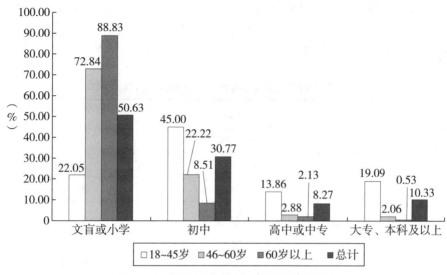

图 1 - 3　长陵村村民各年龄段受教育情况

(二) 农业耕地及生产经营情况

1. 农业耕地情况

杨村共有耕地 1200 亩,目前人均耕地面积约为 1.33 亩。长陵村共有耕地 3300 亩,人均耕地面积大约为 0.69 亩。两村人均耕地面积均高于河南省的平均水平 1.12 亩,但低于全国的平均水平 1.36 亩 (见表 1 - 4)。

表 1 - 4　　　　　　　　　调研村庄农业耕地情况

地域	耕地总面积 (亩)	总人数 (人)	人均耕地面积 (亩)
杨村	1200	900	1.33
长陵村	3300	4800	0.69
河南省	—	—	1.12
全国	—	—	1.36

数据来源:河南省人民政府网和第三次全国国土调查主要数据公报。

杨村家庭实际耕地面积在 1 亩以下的占比为 27.41%,1 ～ < 5 亩的占比为 7.62%,5 ～ < 10 亩的占比为 29.44%,10 亩及以上的占比为 35.53%。长陵村家庭实际耕地面积在 1 亩以下的占比为 20.41%,1 ～ < 5 亩的占比为 34.18%,5 ～ < 10 亩的占比为 22.96%,10 亩及以上的占比为 22.45%(见表

1-5、图1-4）。从实际耕地面积来看，杨村土地经营面积在100亩以上的共有2户，分别为100亩和250亩，主要种植小麦、玉米和花生；而长陵村土地经营面积最大者仅为68亩。

表1-5　　　　　　　调研村庄家庭实际耕地面积区间占比情况

村庄	土地经营面积区间	占比
杨村	1亩以下	27.41%
	1~<5亩	7.62%
	5~<10亩	29.44%
	10亩及以上	35.53%
长陵村	1亩以下	20.41%
	1~<5亩	34.18%
	5~<10亩	22.96%
	10亩及以上	22.45%

注：土地经营面积区间占比情况根据实际耕地面积计算。

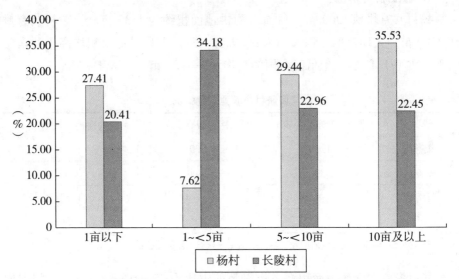

图1-4　调研村庄家庭实际耕地面积区间占比情况

根据两个村庄的调研情况来看，杨村流转户数占比为31.47%，长陵村流转户数占比为38.27%。其中杨村最大流转面积（承租面积）为242亩，长陵村最大流转面积（承租面积）为 60 亩。由于调研村庄土地流转大多发生于亲友邻里之间，因此流转价格普遍偏低，杨村的土地流转价格为 100~200 元/亩/年，长陵村的土地流转价格为 100~600 元/亩/年（见表 1-6）。

表 1-6　　　　　　　　　调研村庄土地流转情况

村庄	土地流转面积（亩）	流转户数占比（%）	流转价格（元/亩/年）
杨村	450	31.47	100~200
长陵村	500	38.27	100~600

注：土地流转情况包含租入和租出两种情况。

2. 农业生产经营情况

杨村主要以春冬季节小麦、夏秋季玉米为主，少数农户会种植有少量的花生、大豆等其他作物。正常年份下，花生每亩产 400 斤左右，售价为每斤 3 元，折合下来每亩产值为 1200 元左右；小麦每亩产 1100 斤左右，售价在每斤 1.1 元，每亩产值为 1210 元左右；玉米每亩产 1000 斤左右，售价为每斤 0.94 元，每亩产值在 940 元左右。

长陵村主要以春冬季节小麦、夏秋季水稻为主。小麦每亩产 1100 斤左右，售价在每斤 1 元，每亩产值为 1100 元左右；水稻每亩产 1000 斤左右，售价为每斤 1.1 元，每亩产值在 1100 元左右。由于人均耕地数量较少及农业种植机械化的普及，农忙时间普遍较短，一般为每年的 5—6 月和 9—10 月（见表 1-7）。

表 1-7　　　　　调研村庄主要农作物每亩耕种成本、收益情况　　　　　单位：元/亩

村庄	种类	种子成本	化肥成本	农药成本	灌溉成本	耕种成本	收割成本	总成本	总收入	净收益
杨村	花生	180	170	150	0	80	100	680	1200	520
	小麦	92	170	50	0	80	50	442	1210	768
	玉米	40	200	30	0	80	50	400	940	540
长陵村	小麦	110	130	50	0	70	70	430	1100	670
	水稻	100	130	80	117	70	70	567	1100	533

从农业生产经营的风险来看，被调研农户认为，农业收入的影响因素主

要为农业自然风险（杨村占比为 73.10%，长陵村占比为 85.71%），缺乏农业技术和资金（杨村占比为 45.18%，长陵村占比为 72.96%）。从农户采取的应对风险的措施来看，两村在应对农业风险方面的态度和措施上有差异，虽然两村多数村民选择靠农业技术和基础设施、靠政府帮助，但仍有一部分村民通过购买农业保险来规避农业生产经营风险。从具体比例来看，杨村村民选择靠农业技术和基础设施、靠政府帮助的占比分别为 57.36%、44.67%，选择听天由命的占比为 25.38%，选择购买农业保险的占比仅为 4.57%；长陵村村民选择靠农业技术和基础设施、靠政府帮助、购买农业保险和靠期货市场的占比分别为 76.02%、78.06%、13.78% 和 0.51%，选择听天由命的占比仅为 8.16%（见表 1-8、表 1-9）。

表 1-8　　　　调研村庄村民认为农业收入影响因素占比情况

因素	杨村	长陵村
农业自然风险	73.10%	85.71%
缺乏销售渠道	0.00%	2.04%
价格波动	5.08%	12.24%
政策变动	13.20%	3.57%
缺乏农业技术和资金	45.18%	72.96%

表 1-9　　　　调研村庄村民规避农业生产经营风险方式占比情况

规避风险方式	杨村	长陵村
靠政府帮助	44.67%	78.06%
购买农业保险	4.57%	13.78%
靠农业技术和基础设施	57.36%	76.02%
靠期货市场	0.00%	0.51%
听天由命	25.38%	8.16%

随着生活水平的提高，农民接受新事物的能力逐渐提升，越来越多的人开始选择使用较为基础的市场化风险管理工具来规避农业风险，如购买农业保险，本课题组调研的两个村选择购买农业保险的村民平均占比为 75.09%。

从具体比例来看，杨村已购买农业保险的村民占比为50.76%，未购买但愿意购买农业保险的占比为0.51%，不愿购买农业保险的占比为22.34%；长陵村已购买农业保险的村民占比为99.42%，未购买但愿意购买农业保险的占比为0.58%，没有不愿购买农业保险的村民。可以看到，长陵村村民对农业保险比较了解和重视。而杨村不愿购买农业保险的村民大多是因为对农业保险的了解很少，导致对农业保险的重视程度较低（见表1-10）。

表1-10　　　　　　　调研村庄村民农业保险购买意向占比情况

购买意向	杨村	长陵村
已购买	50.76%	99.42%
未购买但愿意购买	0.51%	0.58%
不愿购买	22.34%	0.00%

（三）宅基地及房屋情况

1. 宅基地情况

杨村户均宅基地面积为4.00分①，其中0~<2.5分的占比为3.05%，2.5~<5分的占比为96.45%，5~10分的占比为0.50%，没有10分以上的宅基地。与其他村庄相比，杨村户均宅基地面积水平处于中等水平。村里很多年前就已经停止划拨宅基地了，宅基地的来源以继承为主，事实上，继承的宅基地基本也是集体划拨的。

长陵村户均宅基地面积为3.00分，其中，0~<2.5分的占比为80.22%，2.5~<5分的占比为17.03%，5~10分的占比为2.20%，10分以上的占比为0.55%。与其他村庄相比，长陵村户均宅基地面积较小，处于较低水平（见表1-11、表1-12、图1-5）。

村民普遍不愿意出售自家的宅基地，即使全家在外已经有固定的工作，将来也不打算回乡，宁愿让宅基地闲置也不会将其出售。

---

① 1分约为66.67平方米。

表 1–11　　　　　　　　调研村庄宅基地基本情况

村庄	调研户数（户）	调研的户均宅基地面积数（分）	最大值（分）	最小值（分）
杨村	197	4.00	8.00	1.00
长陵村	196	3.00	13.30	0.30

表 1–12　　　　　　　调研村庄农户拥有宅基地面积情况

村庄	宅基地面积区间	占比
杨村	0 ~ <2.5 分	3.05%
	2.5 ~ <5 分	96.45%
	5 ~ 10 分	0.50%
	>10 分	0.00%
长陵村	0 ~ <2.5 分	80.22%
	2 ~ <5 分	17.03%
	5 ~ 10 分	2.20%
	>10 分	0.55%

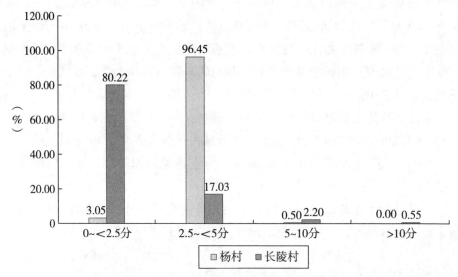

图 1–5　调研村庄户均宅基地面积情况

由于调研对"户"概念的严格划分（子女已经成家并且与父母分户的视

为新的 1 户），杨村村户拥有宅基地数量为 1 处的占比达到 81.37%；有 2 处宅基地的占比为 18.27%；不存在村户有 3 处宅基地的现象，但仍存在子女和父母住在一起（虽然分户，但实际仍住在一起）的情况。长陵村村户拥有宅基地数量为 1 处的占比高达 90.82%；有 2 处及以上宅基地的加起来有 9.18%，而有 2 处宅基地的大多也是户主和子女各使用 1 处（见表 1 - 13）。

表 1 - 13 　　　　　　　调研村庄农户宅基地拥有数量占比情况

宅基地数量	1 处	2 处	3 处
杨村	81.73%	18.27%	0.00%
长陵村	90.82%	7.65%	1.53%

2. 房屋及村外房产情况

杨村没有建筑面积低于 60 平方米的房子，建筑面积为 61～120 平方米、121～180 平方米、>180 平方米的占比分别为 18.27%、28.94%、52.79%。长陵村年青一代的房子以楼房为主（二层或者三层），老人的房子则以瓦房或者平房为主，建筑面积为 0～60 平方米、61～120 平方米、121～180 平方米、>180 平方米的占比分别为 2.65%、19.05%、11.64%、66.66%（见表 1 - 14、图 1 - 6）。

表 1 - 14 　　　　　　　　调研村庄房屋建筑面积情况

村庄	房屋建筑面积区间	占比
杨村	0～60 平方米	0.00%
	61～120 平方米	18.27%
	121～180 平方米	28.94%
	>180 平方米	52.79%
长陵村	0～60 平方米	2.65%
	61～120 平方米	19.05%
	121～180 平方米	11.64%
	>180 平方米	66.66%

杨村农户在村外有房产的占比为 16.75%，其中，村外房产位于本县县城的占比为 87.88%，位于本市市区的占比为 9.09%，位于郑州市区的占比为

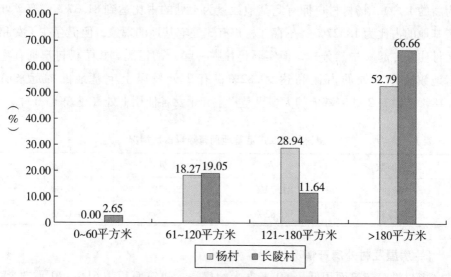

图1-6 调研村庄房屋建筑面积情况

3.03%。长陵村农户在村外有房产的占比为9.18%，其中，村外房产位于本乡镇的占比为77.78%，位于外省地区的占比为22.22%（见表1-15、表1-16）。

表1-15　　　　　　　　调研村庄农户拥有村外房产情况

村庄	村外有房产农户（户）	占比（%）
杨村	33	16.75
长陵村	18	9.18

表1-16　　　　　　　　调研村庄农户村外房产所在地情况

村庄	村外房产所在地	占比（%）
杨村	本乡镇	0.00
	本县县城	87.88
	本市市区	9.09
	郑州市区	3.03
	省内其他地区	0.00
	外省地区	0.00

续　表

村庄	村外房产所在地	占比（%）
长陵村	本乡镇	77.78
	本县县城	0.00
	本市市区	0.00
	郑州市区	0.00
	省内其他地区	0.00
	外省地区	22.22

（四）非农就业情况

1. 非农就业人口情况

调研村庄适龄劳动力人口（16~65岁）共有1227人，剔除正在上学的以及部分信息不完整的后，得到有效样本967个，其中非农就业人口占比为74.56%。可以看到，农村劳动力有一半以上从事非农工作（见表1－17）。

表1－17　　　　　　　非农就业人口情况　　　　　　单位：人

村庄	杨村	长陵村	总体情况
适龄劳动力人口	292	675	967
非农就业人口	289	432	721
非农就业人口占比	98.97%	64.00%	74.56%

2. 非农就业地点与非农就业行业情况

从两村非农就业人员工作地点来看，在长三角地区的占比最高，为30.94%；其次是本县县城、外省一般地级市、珠三角地区，占比分别为14.57%、14.29%、12.21%。具体来看，杨村非农就业人员工作地点主要集中在本县县城、外省一般地级市、外省省会城市和珠三角地区，占比分别为29.07%、24.22%、12.80%和12.80%；长陵村非农就业人员工作地点主要集中在长三角地区、珠三角地区和本乡镇，占比分别为51.15%、11.81%和11.34%。长陵村位于长陵乡，长陵乡有两家规模以上工业企业，同时，乡镇繁荣的商业活动也为长陵村村民提供了更多的就业机会。长陵乡是息县的东大门，与省会城市距离较远，因此村民外出务工更多选择到长三角地区（见

表1-18）。

表1-18　　　　　　　　非农就业人员工作地点分布情况

地点	杨村		长陵村		两个村庄的平均占比（%）
	人数（人）	占比（%）	人数（人）	占比（%）	
本村	20	6.92	0	0.00	2.78
本乡镇	1	0.35	49	11.34	6.93
本县县城	84	29.07	21	4.86	14.57
本市其他乡镇	2	0.69	2	0.46	0.55
本市其他县城	3	1.04	9	2.08	1.66
本市市区	4	1.38	17	3.94	2.91
郑州市区	19	6.57	4	0.93	3.19
郑州县区	0	0.00	2	0.46	0.28
省内其他地级市下辖乡镇	0	0.00	4	0.93	0.55
省内其他地级市下辖县区	0	0.00	0	0.00	0.00
本省其他地级市区	1	0.35	4	0.93	0.69
外省乡镇	0	0.00	6	1.39	0.83
外省县城	0	0.00	6	1.39	0.83
外省一般地级市	70	24.22	33	7.64	14.29
外省省会城市	37	12.80	3	0.69	5.55
京津冀地区	9	3.11	0	0.00	1.25
长三角地区	2	0.69	221	51.15	30.94
珠三角地区	37	12.80	51	11.81	12.21
我国港澳台地区及国外	0	0.00	0	0.00	0.00

　　总体来看，两个村占比最高的是从事制造业的，达到27.60%；其次是从事建筑业（含装修）的，占比为18.86%。具体来看，杨村非农就业人员大

多数从事制造业和建筑业（含装修），占比分别为 42.55% 和 33.91%；长陵村非农就业人员从事生活服务业、打零工和从事制造业的较多，占比分别为 25.00%、21.30% 和 17.59%（见表 1 - 19）。

可见，调研村庄非农就业人员相对集中在技术含量低、对劳动技能要求不高的行业，如对体力要求较高的建筑业（含装修）等；从事组织管理型、高新技术和技术创新开发型行业的人员相对较少。

表 1 - 19　　　　　　　　非农就业人员行业分布情况

行业	杨村		长陵村		两个村庄的平均占比（%）
	人数（人）	占比（%）	人数（人）	占比（%）	
副业（家庭手工或手工业）	13	4.50	4	0.93	2.36
乡村旅游业	3	1.04	2	0.46	0.69
制造业	123	42.56	76	17.59	27.60
建筑业（含装修）	98	33.91	38	8.80	18.86
运输业	7	2.42	22	5.09	4.02
采掘业	1	0.35	1	0.23	0.28
商业和商务中介	4	1.38	6	1.39	1.39
教育业	5	1.73	17	3.94	3.05
医疗业	2	0.69	0	0.00	0.28
金融服务业	3	1.04	5	1.16	1.11
生活服务业	16	5.54	108	25.00	17.20
企业白领	0	0.00	22	5.09	3.05
开办企业	0	0.00	2	0.46	0.28
个体户	13	4.50	30	6.94	5.96
公务员或事业单位员工	0	0.00	7	1.62	0.97
打零工	1	0.35	92	21.30	12.90

从空间位置来看受教育程度差异，学历较高的人群倾向于选择到外省地区就业，如学历为大专、本科及以上的人群有 56.92% 选择到外省地区就业。

但另外一个现象是，受教育程度为初中和文盲或小学的人群，除了愿意选择在本县就业外，更倾向于到外省如长三角地区等地方就业。根据数据可以看出，外省地区对于不同受教育程度的非农就业人员都具有强大的吸引力（见表1-20、图1-7、图1-8）。

表1-20　　　　　　　非农就业人员不同空间的受教育分布情况

村庄	受教育程度	本县	本市（本县外）	郑州市区	省内其他地区	外省地区
杨村	文盲或小学	44.13%	2.76%	3.45%	0.00%	49.66%
	初中	27.42%	4.03%	8.87%	0.00%	59.68%
	高中或中专	37.50%	0.00%	0.00%	0.00%	62.50%
	大专、本科及以上	36.37%	0.00%	27.27%	9.09%	27.27%
长陵村	文盲或小学	66.57%	0.83%	0.00%	0.00%	32.60%
	初中	25.41%	6.56%	1.64%	3.28%	63.11%
	高中或中专	34.88%	6.98%	0.00%	0.00%	58.14%
	大专、本科及以上	12.97%	14.81%	1.85%	7.41%	62.96%
总计	文盲或小学	60.15%	1.38%	0.99%	0.00%	37.48%
	初中	26.08%	5.71%	4.08%	2.17%	61.96%
	高中或中专	35.30%	5.88%	0.00%	0.00%	58.82%
	大专、本科及以上	16.93%	12.31%	6.15%	7.69%	56.92%

注：文盲或小学受教育程度百分数各空间占比以文盲或小学受教育程度所有空间分布为1，得出各空间文盲或小学受教育程度占比；其他受教育程度各空间占比计算方法同上。

总体上，女性选择在本县、省内其他地区和外省地区就业的比例高于男性，男性选择在本市（本县外）和郑州市区就业的比例高于女性。同时，无论男女，均有超过一半的人选择在省内就业。但省外就业的比例也是不可忽视的，其中男性出省就业的比例为41.74%，女性则为42.96%。但是，不同村的情况有所不同，如长陵村男性选择在本市（本县外）就业的比例远远高于女性，而杨村女性选择在本市（本县外）就业的比例高于男性（见表1-21、图1-9、图1-10）。

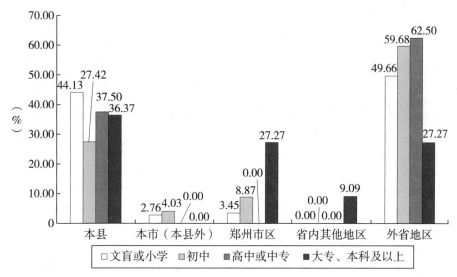

图 1-7　杨村非农就业人员不同空间的受教育程度分布情况

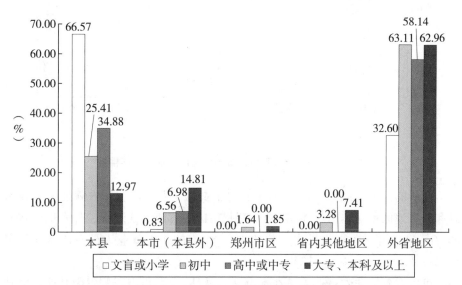

图 1-8　长陵村非农就业人员不同空间的受教育程度分布情况

表 1-21　　　　　　　非农就业人员不同空间的性别分布情况

村庄	性别	本县	本市（本县外）	郑州市区	省内其他地区	外省地区
杨村	男	38.50%	2.50%	6.50%	0.50%	52.00%
	女	31.47%	4.49%	6.74%	0.00%	57.30%

续 表

村庄	性别	本县	本市（本县外）	郑州市区	省内其他地区	外省地区
长陵村	男	29.66%	30.80%	0.76%	0.95%	37.83%
	女	53.70%	4.75%	0.30%	2.08%	39.17%
总计	男	32.09%	23.00%	2.34%	0.83%	41.74%
	女	49.07%	4.69%	1.64%	1.64%	42.96%

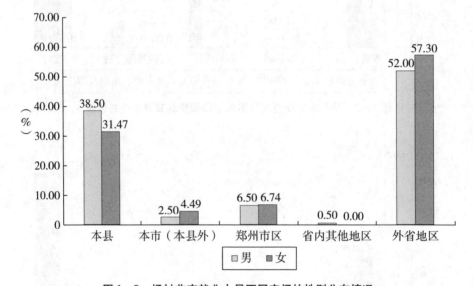

图 1-9 杨村非农就业人员不同空间的性别分布情况

调研的两个村庄整体，45～65 岁的非农就业人员进行非农就业主要在本县和外省地区；在本市（本县外）、郑州市区、省内其他地区、外省地区就业的 16～44 岁非农就业人员占比均比 45～65 岁的非农就业人员占比高（见表 1-22、图 1-11、图 1-12）。

可以看到，非农就业人员在本市（本县外）、郑州市区、省内其他地区和外省地区的比例随着年龄的增长而下降；而在本县的比例随着年龄的增长而上升。年龄对农村非农就业人员外出就业空间选择的影响也是显而易见的，一般来说，年龄较小者越倾向于到离家较远的空间就业，而年龄较大者更倾向于在离家较近的空间就业。

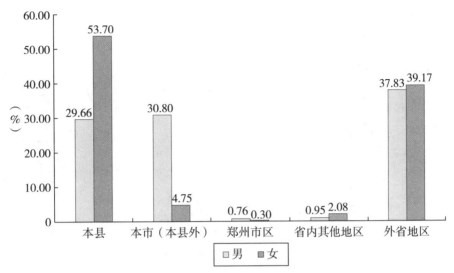

图 1-10　长陵村非农就业人员不同空间的性别分布情况

表 1-22　　　　　　　非农就业人员不同空间的年龄分布情况

村庄	年龄段	本县	本市 （本县外）	郑州市区	省内其他 地区	外省地区
杨村	16~44 岁	26.46%	3.17%	9.52%	0.53%	60.32%
	45~65 岁	53.84%	3.30%	0.00%	0.00%	42.86%
长陵村	16~44 岁	16.52%	6.38%	1.45%	2.90%	72.75%
	45~65 岁	66.24%	1.69%	0.00%	0.85%	31.22%
总计	16~44 岁	20.04%	5.24%	4.31%	2.06%	68.35%
	45~65 岁	62.81%	2.13%	0.00%	0.61%	34.45%

3. 非农就业人员工资情况

由于涉及收入情况，在调研的时候获得准确的数据比较困难，部分被调研的人不愿回答，经整理之后总共得到有效数据 741 个。从调研的两个村庄的情况来看，农村非农就业人员年收入的平均数为 54620.03 元，折合月均收入约为 4551.67 元。其中，杨村有超过 96% 的人年收入在 8 万元以下；年收入在 8 万元（含）以上的占比为 3.79%。长陵村有超过 92% 的人年收入在 8 万元以下；年收入在 8 万元（含）以上的占比为 7.09%（见表 1-23、图 1-13）。

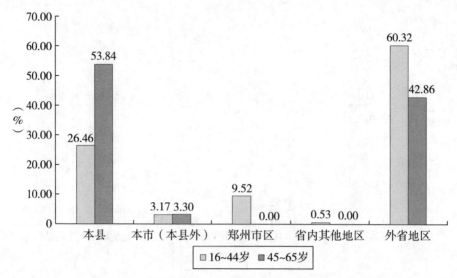

图1－11　杨村非农就业人员不同空间的年龄分布情况

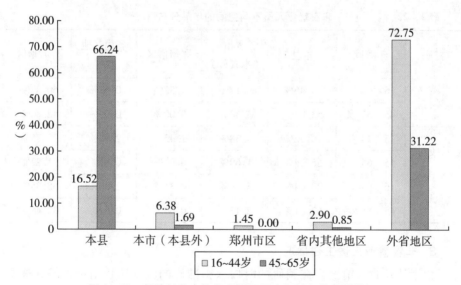

图1－12　长陵村非农就业人员不同空间的年龄分布情况

表1－23　　　　　　　非农就业人员不同年均工资水平占比情况

工资水平区间	杨村	长陵村
2万元以下	6.55%	6.88%
2万～<4万元	15.86%	34.59%

续　表

工资水平区间	杨村	长陵村
4 万 ~ <6 万元	45.52%	35.25%
6 万 ~ <8 万元	28.28%	16.19%
8 万 ~ 10 万元	2.41%	2.88%
10 万元以上	1.38%	4.21%

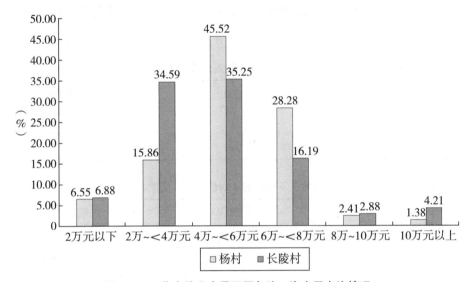

图 1 - 13　非农就业人员不同年均工资水平占比情况

（五）家庭收支及借贷情况

1. 家庭收入情况

从杨村家庭年均总收入来看，该村大多数家庭的年均总收入超过 10 万元，并且非农收入[①]的占比为 76.39%，农业收入的占比为 23.61%。由于经济作物价格的波动，杨村村民的收入结构在不同的年份必然会有一定的波动。总之，农业收入在总收入中的地位仍然十分重要，因此在短期内，村民完全放弃土地从事非农工作的可能性不大。

从长陵村家庭年均总收入来看，该村大多数家庭的年均总收入超过 10 万

---

① 非农收入也称务工收入。

元，并且非农收入的占比高达90.45%，而农业收入的占比仅为9.55%。由于长陵村较少种植经济作物，加之每户拥有的土地较少，每户种植农作物用于出售的也较少，所以农业收入占比较小（见表1-24、表1-25和图1-14、图1-15）。

虽然调研获得的两个村庄家庭总收入差距不大，但杨村农业收入占比比长陵村高14.06%，一方面是因为杨村部分村民种植花生、大豆等经济作物，比种植小麦、玉米、水稻等农作物收入稍高；更多的是由于杨村村民的非农收入比长陵村低，这可能与长陵村村民的受教育程度更为优越以及村民的就业地点选择、就业行业选择有关。

表1-24　　　　　　　　　调研村庄家庭收入结构情况

村庄	农业收入占比（%）	非农收入占比（%）
杨村	23.61	76.39
长陵村	9.55	90.45

表1-25　　　　　　　　调研村庄不同家庭年均总收入占比情况

家庭年均总收入	杨村		长陵村	
	户数（户）	占比（%）	户数（户）	占比（%）
总收入≤1万元	6	3.06	5	2.65
1万元＜总收入≤2万元	7	3.57	8	4.23
2万元＜总收入≤3万元	8	4.09	2	1.06
3万元＜总收入≤4万元	3	1.53	7	3.70
4万元＜总收入≤5万元	3	1.53	12	6.35
5万元＜总收入≤10万元	68	34.69	58	30.69
10万元＜总收入	101	51.53	97	51.32

2. 家庭主要支出情况

从家庭总支出情况来看，杨村和长陵村村民大部分支出在日常生活和子女教育上。在有人生病的家庭中，医疗费用也是开支的一项（见表1-26）。

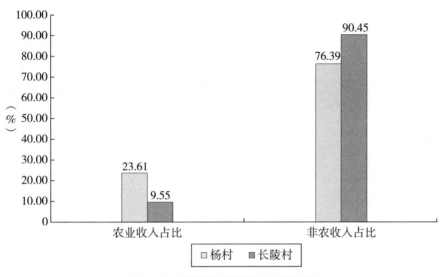

图 1-14 调研村庄家庭收入结构情况

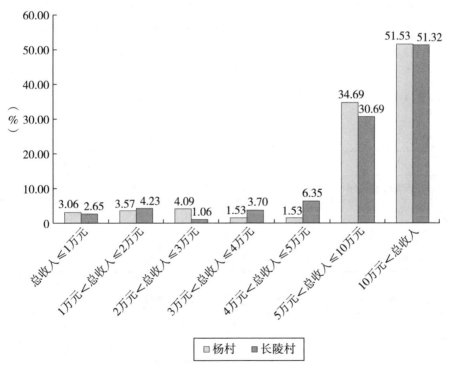

图 1-15 调研村庄不同家庭年均总收入占比情况

表1-26　　　　　　　　　　调研村庄家庭主要支出情况

家庭主要支出	杨村		长陵村	
	户数（户）	占比（%）	户数（户）	占比（%）
医疗	9	4.59	10	5.10
结婚	1	0.52	2	1.02
建房/购房	9	4.59	5	2.55
子女教育	19	9.69	28	14.29
农业生产投资	10	5.10	4	2.04
非农业生产投资	2	1.02	0	0.00
日常生活开支	146	74.49	147	75.00

3. 借贷情况

调研的两个村庄，近两年有29.20%的人员有借贷需求，借款金额相差巨大，最高为50万元，最低为1000元；借贷周期基本都在5年以内。从借款首选对象来看，两村的情况有所差别。杨村村民的首选借贷对象为正规金融机构，占比为82.14%。而长陵村村民的首选借贷对象为亲戚，占比高达93.88%，主要原因为：一是长陵村村民认为正规金融机构贷款利息高；二是不了解贷款渠道；三是认为贷款手续繁杂、耗时长（见表1-27、表1-28）。

表1-27　　　　　　　　　　调研村庄首选借贷对象占比情况

借贷对象	杨村	长陵村
正规金融机构	82.14%	2.55%
民间金融	0.00%	0.00%
亲戚	17.86%	93.88%
朋友或生意伙伴	0.00%	3.57%

表1-28　　　　　　　　　　未选择正规金融机构借贷的原因

原因	杨村	长陵村
金融机构距离远	0.00%	0.00%
可贷资金有限	0.00%	0.00%
贷款手续繁杂、耗时长	40.00%	0.52%

续　表

原因	杨村	长陵村
不了解贷款渠道	60.00%	1.04%
正规金融机构贷款利息高	0.00%	98.44%

（六）被访者长期迁移意愿情况

从长期迁移意愿来看，两个村庄的情况略有差别。杨村受访人员有长期迁移意愿的占比为41.39%，愿意继续在本村生活的占比为58.61%。长陵村受访人员大多数没有长期迁移意愿，占比高达94.71%（见表1-29）。

表1-29　　　　　受访人员长期迁移意愿占比情况

是否有长期迁移意愿	是	否
杨村	41.39%	58.61%
长陵村	5.29%	94.71%
平均占比	24.02%	75.98%

从计划迁移地点来看，绝大多数受访人员的计划迁移地点为本县县城，占比高达92.26%。具体来看，杨村受访人员的计划迁移地点多为本县县城，占比高达93.33%，计划迁移地点为本市（本县外）的占比为3.82%，计划迁移地点为郑州市区的占比为1.90%，计划迁移地点为外省地区的占比为0.95%。长陵村受访人员的计划迁移地点也多为本县县城，占比为76.19%，计划迁移地点为本市（本县外）的占比为4.76%，计划迁移地点为外省地区的占比为19.05%（见表1-30）。

表1-30　　　　　有迁移意愿者计划迁移地点占比情况

村庄	本县县城	本市（本县外）	郑州市区	省内其他地区	外省地区
杨村	93.33%	3.82%	1.90%	0.00%	0.95%
长陵村	76.19%	4.76%	0.00%	0.00%	19.05%
总体情况	92.26%	3.87%	1.79%	0.00%	2.08%

两个调研村庄的受访人员有长期迁移意愿的主要原因是城市有更好的发展机会（82.60%）和城市有更好的物质生活（69.06%），其次是城市有更好

的医疗教育资源（49.17%）及为后代发展考虑（38.12%）等。因此，调研村庄受访人员向往城市的原因主要同自己当前的生活质量有关，对于以后的医疗和子女教育没有太多考虑。受访人员没有长期迁移意愿是因为认为城市生活成本高（68.32%），习惯了农村生活，不愿意改变（37.05%），农村还有土地和房屋尚未变现（34.09%），更喜欢农村的生活（27.65%），在城市无法获得足够高的收入（27.52%）及不愿放弃土地（20.94%）等（见表1-31、表1-32）。

表 1-31　　　　　　　受访人员有长期迁移意愿的主要原因

原因	杨村	长陵村	平均占比
城市有更好的发展机会	83.57%	60.00%	82.60%
在城市的子女或其他亲属要带自己一起生活	5.19%	33.33%	6.35%
城市有更好的医疗教育资源	49.28%	46.67%	49.17%
城市有更丰富的精神生活	2.02%	13.33%	2.49%
城市有更好的物质生活	70.89%	26.67%	69.06%
为后代发展考虑	37.18%	60.00%	38.12%

表 1-32　　　　　　　受访人员没有长期迁移意愿的主要原因

原因	杨村	长陵村	平均占比
更喜欢农村的生活	36.94%	9.80%	27.65%
在城市无法获得足够高的收入	2.24%	76.08%	27.52%
认为城市生活成本高	67.35%	70.20%	68.32%
在城市生活存在子女受教育或医疗等不便利之处	4.29%	12.16%	6.98%
城市的生活节奏快	6.53%	1.96%	4.97%
城市的自然环境不好	3.27%	1.57%	2.68%
认为城市与农村生活并无太大区别	1.02%	2.75%	1.61%
习惯了农村生活，不愿改变	43.06%	25.49%	37.05%
农村还有土地和房屋尚未变现	47.14%	9.02%	34.09%
不愿放弃土地	13.27%	35.69%	20.94%

三、调研结论

一是非农收入已成为农村家庭收入的主要来源。一方面，农村劳动力大部分从事非农工作，调研村庄非农就业人口占比为74.56%。另一方面，非农收入在农户家庭总收入中的比重超过七成，以杨村为例，非农收入在村民家庭总收入中的占比为76.39%。

二是本县县域是农村劳动力最为重要的就业空间。从调研的两个村庄的情况来看，本县县域（本村、本乡镇、本县县城）承载了农村劳动力非农就业的24.27%，占省内非农就业的比重超过70%。

三是农村劳动力素质水平偏低。劳动力的素质水平不仅指劳动力的知识水平，还包括身体、职业等多方面的素质水平。我国大部分地区是青壮年外出务工，年老体弱者留守农村。从长远来看，随着我国经济的不断发展，国家对高新技术产业的重视，将会需要更多的高素质劳动力。由于农村经济相对不发达，教育发展也相对落后，调研村庄农村劳动力外出务工从事的多为建筑工地的杂工、工厂普通工人、饭店服务员等一些体力工作。

四是农民的进城意愿不强。调研发现，受访人员愿意长期迁移到其他地方的人的占比仅为24.02%。不愿长期迁移的主要原因包括认为城市生活成本高，习惯了农村生活，不愿改变，以及农村还有土地和房屋尚未变现等。

四、政策建议

一是加强农村劳动力的教育和培训。通过调研可以发现，农村劳动力的受教育程度会影响农村劳动力对于非农就业地点的选择，受教育程度越高，则获取就业信息的渠道越宽，适应工作的能力越强，可以从事的行业越多。尽管国家不断加大对农村的教育扶持力度，但农村非农劳动力的受教育程度仍较低。目前，用工单位对劳动者的素质要求越来越高，很多农村劳动力由于自身素质较低，达不到用工单位的要求而出现结构性失业，城市用工荒和农村剩余劳动力共存。因此，农村劳动力自身素质的提高，有助于增强就业竞争力。同时，要加强对农村劳动力的技能培训，具备一定技能特长的农村劳动力可以满足某些岗位的特殊需求，从而拓宽就业渠道。

二是加快推进乡镇企业升级，承接大中城市的产业转移。农村劳动力进城务工面临多重困难，经济成本、心理压力和社会歧视成为农村劳动力非农就业空间决策的重要阻碍。随着经济结构的转型升级，受教育程度低、年龄较大、没有一技之长的农村劳动力将不再被许多地区需要，这部分劳动力的非农就业问题需要妥善解决，这就需要乡镇企业能够提供足够的岗位吸纳农村剩余劳动力。因此需要推动乡镇企业产业升级，积极引进战略性企业，发展地方特色产业，积极承接大中城市的产业转移，加快推进乡村振兴战略，促进农村劳动力非农就业，提高非农就业水平和收入水平。

第二章　整村分析报告二

——基于祖师庙村和河南村的整村调查

2021年11月，河南中原经济发展研究院及河南大学经济学院、河南大学中原发展研究院联合整村调研课题组，分别对河南省洛阳市栾川县三川镇的祖师庙村和三门峡市卢氏县五里川镇河南村进行了入户调研，通过访谈的方式共获得有效问卷387份。

栾川县位于河南省洛阳市西南部，总面积2477平方千米，现辖15个乡镇（重渡沟管委会）、213个行政村（居委会）①。根据第七次人口普查数据，栾川县常住人口约为32.71万人②。栾川县素有"四河三山两道川，九山半水半分田"之称，全县地势西南高而东北低，地貌起伏跌宕，形成中山、低山和河谷三种类型。海拔千米以上的中山区面积，占全县总面积的49.4%；海拔千米以下的低山区面积及河谷沟川面积共占全县总面积的50.6%③。栾川县旅游资源丰富，境内有老君山、龙峪湾、重渡沟、伏牛山等8个国家4A级以上旅游景区，是首批中国旅游强县，曾经获得"世界十大乡村度假胜地""国际乡村休闲旅游目的地"等荣誉。除此之外，栾川县矿产资源也十分丰富，是我国著名的多金属矿集区，也是全国16个重要多金属成矿带的核心区域，"中国钼都"闻名国内外。

卢氏县位于三门峡市南部，总面积4004平方千米，现辖9个镇、10个乡、277个行政村④。根据第七次人口普查数据，卢氏县常住人口约为31.71万人⑤。卢氏县是全国重点生态功能保护区，曾获得"中国百佳深呼吸小城"

---

① 数据来源：中国河南栾川县党政门户网，http://www.luanchuan.gov.cn/class.php?id=1。
② 数据来源：洛阳市第七次全国人口普查公报。
③ 数据来源：中国河南栾川县党政门户网，http://www.luanchuan.gov.cn/class.php?id=1。
④ 数据来源：卢氏县人民政府网站，http://www.lushixian.gov.cn/。
⑤ 数据来源：三门峡市第七次全国人口普查公报。

"中国最具特色生态旅游名县"等荣誉称号。卢氏县境内河流分属黄河、长江两大水系，水资源丰富；以熊耳山为界，属黄河水系的主要有洛河和杜关河；属长江水系的主要有老灌河和淇河。境内主要有豫西大峡谷、熊耳山风景区、玉皇山国家森林公园等风景名胜区。此外，卢氏县境内矿产资源也十分丰富，有十大类50多种矿藏。

一、调研村庄整体情况

祖师庙村和河南村的村民总数分别为650户和853户，调研组分别获得有效问卷187份和200份。从地形和区位特征看，两村都位于山地之中，距离县城和市区都有一定的距离；两个村庄的耕地面积较少，且土地细碎化严重，人均耕地面积和河南省的整体水平有较大差距，村民家庭收入以非农收入为主，非农劳动力在本县区域工作的占有相当一部分比例。总体上看，两个村庄有不少相同的特征，但也各有其特色。

（一）祖师庙村

祖师庙村位于三川镇北部，距镇中心约4千米，距栾川县城约50千米，乘公交车到县城需要100分钟左右；距洛阳市中心约190千米，以公共交通方式出行需要4小时。全村户籍户数共650户，户籍人口2269人；全村常年外出务工人数约780人，务工地主要集中在本县区域，其次为郑州市区和长三角地区。全村耕地面积为1680亩，基本农田保护区面积为1209亩，主要种植玉米、大豆和土豆。近3年来，村内流转土地面积约为236亩，全部转入农民专业合作社，主要种植经济作物，每亩流转价格为700元/年。村内已有土地托管经营的情况，托管面积达到了600亩，约占全村耕地面积的35.71%，受托管方主要提供除草、经济林栽植等服务，托管后每亩年均收入达到了2万元。村内有一家外地投资人开设的企业，主要产品为钨和钼。村内有农业专业合作社3家，参社人员2269人。村里的基础设施建设较好，通路、通电、通水（自来水）、通网，生活垃圾统一收集处理，生活污水自排，村民厕所以水冲式卫生厕所为主，没有集中供暖。在公共服务方面，村内没有幼儿园和小学，有1个卫生室、1处体育健身场所、1个图书室和1个文化站，体育健身场所、图书室和文化站均经常使用；村医已过50岁，中专毕业后已从业20多年。

（二）河南村

河南村位于卢氏县南部，距卢氏县城约 50 千米，乘公共汽车到县城需要 60 分钟；距三门峡市区约 160 千米，以公共交通方式到市区需要 180 分钟。全村户籍户数共 853 户，户籍人口 2309 人；村内常住户数约 784 户，常年外出务工人数约 670 人；调研的 200 户 929 位村民中，务工人员有 288 位，分布于全国 20 个省份，务工地主要集中在本市区域内。村内有 3 个民族，分别是汉族、回族和蒙古族，村民信仰的宗教主要是佛教和基督教，村内有宗教活动场所，并举办宗教活动。全村土地总面积为 13200 亩，其中耕地面积为 1255 亩，基本农田保护区面积为 950 亩，主要种植玉米、连翘、红薯、大豆等作物。全村近年来被征收土地面积为 40 亩，每亩征地补偿 3.2 万元；近年来，向村外人员转让宅基地的共有 4 宗，转让价格每亩达到了 8 万元；近 3 年来，村内流转耕地 168 亩，平均每亩价格 800 元/年；其中 144 亩流转入农民专业合作社，用来种植经济作物。村内有农民专业合作社 5 家，参社人员共 70 人。村内基础设施建设较好，生活垃圾和生活污水都集中处理，但没有通天然气。公共服务方面，村内有电子商务配送站，有 2 个体育健身场所，有 1 个图书室、1 个文化站、1 个卫生室，有 3 个业余文化组织；没有小学，有 2 所幼儿园，公办和民办各 1 所，共有 12 间教室和 390 名儿童；2 所幼儿园共有 34 名教师，其中高中学历的有 15 名，大专学历的有 15 名，本科学历的有 4 名。村内共有低保户 66 户，约占常住户的 8.42%。

二、调研村庄农户情况

（一）人口基本情况

1. 人口年龄情况

祖师庙村现有户籍户数 650 户，户籍人口 2269 人，样本选择 187 户 807 人（问卷内容以访谈形式获取）。调研样本户籍人口年龄结构情况为：未成年（18 岁以下）人口 135 人，占比约 16.73%；青年（18~45 岁）人口 308 人，占比约 38.17%；中年（46~60 岁）人口 243 人，占比约 30.11%；老年（60 岁以上）人口 121 人，占比约 14.99%。祖师庙村受访村民平均年龄为 39.81 岁。

　　河南村户籍户数共853户，户籍人口2309人，常住户数784户，样本选择200户929人（问卷内容以访谈形式获取）。调研样本户籍人口年龄结构情况为：未成年（18岁以下）人口190人，占比约20.45%；青年（18~45岁）人口335人，占比约36.06%；中年（46~60岁）人口254人，占比约27.34%；老年（60岁以上）人口150人，占比约16.15%。河南村受访村民平均年龄为38.57岁。从人口年龄结构来看，两村差别不大（见表2-1、图2-1）。

表2-1　　　　　　　　　　调研村庄人口年龄结构

村庄	18岁以下		18~45岁		46~60岁		60岁以上	
	人数（人）	占比（%）	人数（人）	占比（%）	人数（人）	占比（%）	人数（人）	占比（%）
祖师庙村	135	16.73	308	38.17	243	30.11	121	14.99
河南村	190	20.45	335	36.06	254	27.34	150	16.15
总计	325	18.72	643	37.04	497	28.63	271	15.61

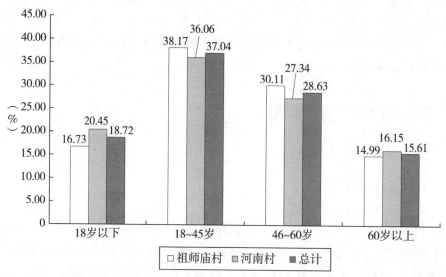

图2-1　调研村庄人口年龄结构

2. 家庭人口情况

从调研结果来看，两个村庄受访家庭人口最多者为 10 人，这样的家庭共有 5 户，且都位于祖师庙村。

祖师庙村家庭人口以 3 人及以上为主，人口为 3 人、4 人、5 人的家庭占比分别为 24.60%、19.25%、20.32%，6 人及以上家庭占比为 21.92%。河南村 1 人、2 人、3 人、4 人、5 人的家庭占比分别为 0.50%、4.50%、16.00%、27.50%、24.50%，6 人及以上家庭占比为 27.00%。两个村庄的样本中，1 人、2 人家庭的占比都不高，6 人及以上家庭的占比均较高，说明成家的儿子和父母一起生活的情况普遍存在（见表 2-2）。

表 2-2　　　　　　　调研村庄家庭总人口分布

村庄	家庭人口											
	1 人		2 人		3 人		4 人		5 人		6 人及以上	
	户数（户）	占比（%）	户数（户）	占比（%）	户数（户）	占比（%）	户数（户）	占比（%）	户数（户）	占比（%）	户数（户）	占比（%）
祖师庙村	10	5.35	16	8.56	46	24.60	36	19.25	38	20.32	41	21.92
河南村	1	0.50	9	4.50	32	16.00	55	27.50	49	24.50	54	27.00

3. 个人受教育情况

祖师庙村受访样本中，村民受教育程度以初中为主，占比为 60.12%，大专、本科及以上学历占比仅为 6.10%。从各年龄段受教育程度来看，46~60 岁和 60 岁以上的高中或中专学历占比有些让人意外。一般情况下，随着社会的发展和生活水平的提高，受教育程度也随之提高；但在这两个年龄段并非如此，两个年龄段的大专、本科及以上学历的人数占比差别不大，但高中或中专学历的中年人口比老年人口低 3.79%；青年人口的大专、本科及以上学历的占比提升明显，从中年人口的 0.39% 提升到了 12.99%。

河南村村民的受教育程度在不断提高，文盲或小学学历占比从老年人口的 47.72% 降到了中年人口的 30.51%，再降到青年人口的 5.41%；初中学历占比从老年人口的 29.55%，提升到中年人口的 48.16%，降到青年人口的 35.74%，符合发展的趋势；高中或中专学历在三个年龄段中的占比差别不大，同样让人感到意外的是，高中或中专学历在中年人口中的占比要比在老年人口中的占比稍低；大专、本科及以上学历的占比，青年一代有了十分明显的提升，从中年人口的 1.10% 一跃达到了 33.03%。

总体来看，河南村的受教育程度更高，河南村村民学历为高中或中专的比祖师庙村高 11.02%；大专、本科及以上学历占比比祖师庙村高 9.37%；如果相比青年一代的大专、本科及以上受教育程度情况，祖师庙村更是远不及河南村，祖师庙村比河南村低 20.04%，差别显而易见。另从两个村庄的分年龄段受教育情况可见，随着义务教育的普及，年青一代的受教育情况有了较大改善：接受高等教育的人口比例正在逐渐上升，说明了改革开放和高校扩招政策对教育的推进作用（见表 2 - 3、图 2 - 2、图 2 - 3）。

表 2 - 3　　　　　　调研村庄村民各年龄段受教育情况

村庄	年龄段	文盲或小学	初中	高中或中专	大专、本科及以上
祖师庙村	18～45 岁	9.74%	58.77%	18.51%	12.99%
	46～60 岁	21.88%	72.27%	5.47%	0.39%
	60 岁以上	55.56%	35.19%	9.26%	0.00%
	总计	21.73%	60.12%	12.05%	6.10%
河南村	18～45 岁	5.41%	35.74%	25.83%	33.03%
	46～60 岁	30.51%	48.16%	20.22%	1.10%
	60 岁以上	47.72%	29.55%	21.97%	0.76%
	总计	22.25%	39.21%	23.07%	15.47%

（二）农业耕地及生产经营情况

1. 农业耕地情况

祖师庙村全村共有耕地 1680 亩，目前人均耕地面积为 0.74 亩，户均耕地面积为 2.58 亩。河南村全村共有耕地 1255 亩，人均耕地面积约为 0.54 亩，户均耕地面积为 1.47 亩。由于地理位置的原因，两个村庄在人均耕地面积上均远低于河南省的 1.12 亩和全国的 1.36 亩（见表 2 - 4）。祖师庙村人均耕地面积约为全国人均耕地面积的 54.41%，河南村人均耕地面积更是仅占全国人均耕地面积的 39.71% 左右。

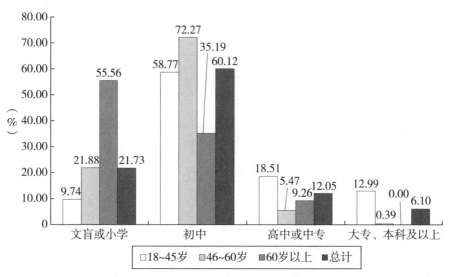

图 2-2　祖师庙村村民各年龄段受教育情况

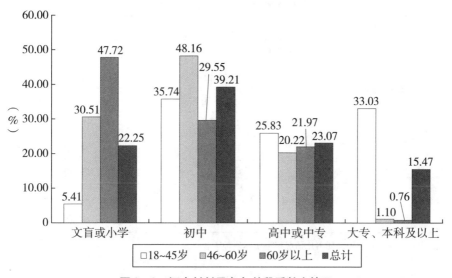

图 2-3　河南村村民各年龄段受教育情况

表 2－4   调研村庄农业耕地情况

地域	耕地总面积（亩）	总人数（人）	人均耕地面积（亩）
祖师庙村	1680	2269	0.74
河南村	1255	2309	0.54
河南省	—	—	1.12
全国	—	—	1.36

数据来源：河南省人民政府网和第三次全国国土调查主要数据公报。

两个村庄因地处山地，家庭耕地面积都比较少。祖师庙村受访户实际种植面积在 1 亩以下的占比为 4.81%，1～<5 亩的占比为 94.12%，5～<10 亩的占比为 1.07%。河南村受访户耕地面积在 1 亩以下的占比为 54.00%，1～<5 亩的占比为 43.50%，5～<10 亩的占比为 2.50%。在受访户中，两个村庄均没有耕地面积为 10 亩及以上的；耕地面积为 5 亩及以上的也较少（见表 2－5、图 2－4）。

表 2－5   调研村庄家庭实际耕地面积区间占比情况

村庄	土地经营面积区间	占比
祖师庙村	1 亩以下	4.81%
	1～<5 亩	94.12%
	5～<10 亩	1.07%
	10 亩及以上	0.00%
河南村	1 亩以下	54.00%
	1～<5 亩	43.50%
	5～<10 亩	2.50%
	10 亩及以上	0.00%

注：土地经营面积区间占比情况根据实际耕地面积计算。

根据两个村庄的调研情况来看，祖师庙村流转户数占比为 20.32%，河南村流转户数占比为 52.50%。其中，祖师庙村最大土地流转面积为 3.18 亩，河南村最大土地流转面积为 7.00 亩。两个村庄土地流转的价格稍有不同，祖师庙村土地的流转价格为 700 元/亩/年，河南村的流转价格为 100～1000 元/亩/年（见表 2－6）。造成这种差异的原因主要是土地的流转对象不同，祖师

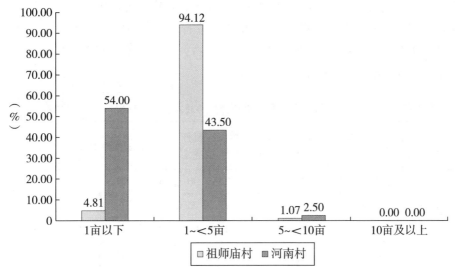

图2-4 调研村庄家庭实际耕地面积区间占比情况

庙村流转的耕地统一转入农民专业合作社，主要种植经济作物；河南村除了一部分转入农民专业合作社种植经济作物外，还流向其他家庭种植粮食作物，因为流转价格与土地质量、粮食产量息息相关，所以河南村的土地流转价格区间较宽泛。由此也可以看出，专业化地种植经济作物比单独的家庭种植粮食作物能获得更多的利润。

表2-6   调研村庄土地流转情况

村庄	土地流转面积（亩）	流转户数占比（%）	流转价格（元/亩/年）
祖师庙村	48.23	20.32	700
河南村	114.00	52.50	100~1000

2. 农业生产经营情况

根据所处地理环境情况，祖师庙村以夏秋季大豆、玉米和冬春季土豆的一年两季的粮食作物为主。正常年份下，大豆每亩产300斤左右，售价每斤在2元左右，每亩产值在600元左右；玉米每亩产800斤左右，售价每斤在1.5元左右，每亩产值在1200元左右；土豆每亩产500斤左右，售价每斤在1元左右，每亩产值在500元左右。

河南村同样以夏秋季大豆、玉米和冬春季土豆为主，同时还种植红薯。大豆每亩产200斤左右，售价为每斤3元左右，每亩产值为600元左右；玉米亩产 700 斤左右，比祖师庙村每亩少产 100 斤，且售价为每斤 1.1 元左右，每亩产值为 770 元左右；土豆每亩产 1000 斤左右，售价为每斤 1 元左右，每亩产值为 1000 元左右；红薯每亩产 1500 斤左右，售价为每斤 1.5 元左右，每亩产值为 2250 元左右（见表 2-7）。

表 2-7　　　　　调研村庄主要农作物每亩耕种成本、收益情况　　　　　单位：元/亩

村庄	种类	种子成本	化肥成本	农药成本	灌溉成本	耕种成本	收割成本	总成本	总收入	净收益
祖师庙村	玉米	45	200	25	0	90	0	360	1200	840
	大豆	24	0	20	0	90	0	134	600	466
	土豆	100	180	20	0	90	0	390	500	110
河南村	玉米	55	160	20	0	20	0	255	770	515
	大豆	90	40	20	0	20	0	170	600	430
	土豆	120	140	15	0	15	0	290	1000	710
	红薯	150	120	0	0	60	60	390	2250	1860

从农业生产经营的风险来看，调研村民认为农业收入的影响因素主要为农业自然风险（祖师庙村占比为 76.63%，河南村占比为 98.00%）、价格波动（祖师庙村占比为 54.01%，河南村占比为 2.00%）。从村民采取的应对风险的措施来看，两个村庄有所差异，祖师庙村超过 70% 的村民选择听天由命，16.12% 的村民选择购买农业保险和靠期货市场，也有低于 8% 的村民选择靠政府帮助、靠农业技术和基础设施。而河南村的村民选择听天由命的占比高达 100%，其他均为 0（见表 2-8、表 2-9）。

表 2-8　　　　　调研村庄村民认为农业收入影响因素占比情况

因素	祖师庙村	河南村
农业自然风险	76.63%	98.00%
缺乏销售渠道	8.02%	0.00%
价格波动	54.01%	2.00%
政策变动	5.35%	0.00%

续　表

因素	祖师庙村	河南村
缺乏农业技术和资金	7.49%	0.00%

表2-9　　　调研村庄村民规避农业生产经营风险方式占比情况

规避风险方式	祖师庙村	河南村
靠政府帮助	1.34%	0.00%
购买农业保险	16.12%	0.00%
靠农业技术和基础设施	6.04%	0.00%
靠期货市场	17.45%	0.00%
听天由命	76.51%	100.00%

随着人们生活水平的提高，农民接受新事物的能力逐渐增强，越来越多的村民开始选择使用较为基础的市场化风险管理工具来降低农业风险，如购买农业保险。本课题组所调研的两个村庄的样本户中还没有已购买农业保险者，但祖师庙村有23.98%的村民愿意购买农业保险；有76.02%的村民不愿购买，这些村民认为农业保险价格太高（占比为45.45%）、理赔程序烦琐（占比为34.22%）、保险险种不满足需求（占比为22.46%）等。河南村的受访村民都不愿购买农业保险，原因是不了解农业保险（见表2-10、表2-11）。

表2-10　　　调研村庄村民农业保险购买意向占比情况

购买意向	祖师庙村	河南村
已购买	0.00%	0.00%
未购买但愿意购买	23.98%	0.00%
不愿购买	76.02%	100.00%

表2-11　　　调研村庄村民不愿购买农业保险的原因占比情况

原因	祖师庙村	河南村
不了解	13.37%	100.00%
价格太高	45.45%	0.00%

续 表

原因	祖师庙村	河南村
保障水平低	13.90%	0.00%
理赔程序烦琐	34.22%	0.00%
保险险种不满足需求	22.46%	0.00%

（三）宅基地及房屋情况

1. 宅基地情况

祖师庙村户均宅基地面积为 2.43 分，其中，宅基地面积最大值为 5.80 分，最小值为 2.40 分。宅基地面积为 2～<3 分的占比为 96.79%，3～<4 分的占比为 2.67%，大于 4 分的占比为 0.54%。宅基地来源主要是划拨，受访户中只有 2 户是购买的宅基地。

河南村户均宅基地面积为 2.63 分，宅基地面积中以 2～<3 分的占绝大多数，占比为 85.50%；面积为 1～<2 分的占比为 14.00%，宅基地大于 3 分的仅有 1 户，面积为 4 分（见表 2－12、表 2－13、图 2－5）。

表 2－12　　　　　　　　调研村庄宅基地基本情况

村庄	调研户数（户）	调研的户均宅基地面积（分）	最大值（分）	最小值（分）
祖师庙村	187	2.43	5.80	2.40
河南村	200	2.63	4.00	1.00

表 2－13　　　　　　　调研村庄农户拥有宅基地面积情况

村庄	宅基地面积区间	占比
祖师庙村	1～<2 分	0.00%
	2～<3 分	96.79%
	3～<4 分	2.67%
	4～5 分	0.00%
	>5 分	0.54%

续　表

村庄	宅基地面积区间	占比
河南村	1 ~ <2 分	14.00%
	2 ~ <3 分	85.50%
	3 ~ <4 分	0.00%
	4 ~5 分	0.50%
	>5 分	0.00%

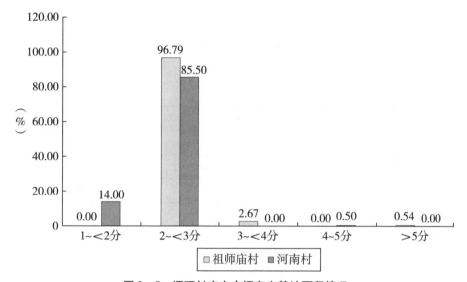

图 2 - 5　调研村庄农户拥有宅基地面积情况

由于调研对"户"概念的严格划分（子女已经成家并且与父母分户的视为新的 1 户），祖师庙村农户拥有宅基地数量只有 1 处的占绝对比重，占比达到 98.93%，仅有 2 户有 2 处宅基地。河南村农户拥有宅基地数量同样是只有 1 处的占绝对比重，占比为 90.00%，有 2 处及以上的加起来有 10.00%（见表 2 - 14），有 2 处宅基地的大多也是户主和子女各使用 1 处。

表 2 - 14　　　　　调研村庄农户宅基地拥有数量占比情况

宅基地数量	1 处	2 处	3 处
祖师庙村	98.93%	1.07%	0.00%
河南村	90.00%	9.50%	0.50%

2. 房屋及村外房产情况

祖师庙村房屋建筑面积为 61～120 平方米的占比高达 72.48%，121～180 平方米的占比为 20.11%，超过 180 平方米的占比较低，仅为 5.29%。河南村房屋建筑面积为 0～60 平方米、61～120 平方米、121～180 平方米、180 平方米以上的占比分别为 5.88%、48.87%、18.55%、26.70%（见表 2－15、图 2－6）。

表 2－15　　　　　　　　　调研村庄房屋建筑面积情况

村庄	房屋建筑面积区间	占比
祖师庙村	0～60 平方米	2.12%
	61～120 平方米	72.48%
	121～180 平方米	20.11%
	＞180 平方米	5.29%
河南村	0～60 平方米	5.88%
	61～120 平方米	48.87%
	121～180 平方米	18.55%
	＞180 平方米	26.70%

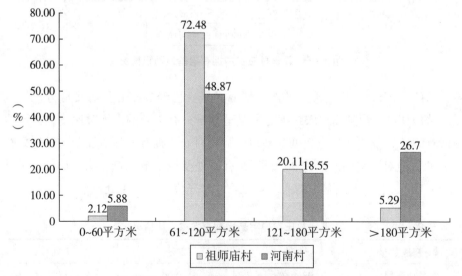

图 2－6　调研村庄房屋建筑面积情况

祖师庙村在村外有房产的受访农户数占比为30.48%，其中，村外房产位于本乡镇的占比为24.56%，位于本县县城的占比为71.93%，位于本市市区的占比为3.51%。河南村在村外有房产的受访农户数占比为20.50%，其中，村外房产位于本乡镇的占比为63.41%，位于本县县城的占比为26.83%，位于郑州市区和省内其他地区的占比都是2.44%，位于外省地区的占比为4.88%。祖师庙村农户村外房产位于本县县城的比例比河南村要高45.10%，河南村农户村外房产位于本乡镇的比例比祖师庙村高38.85%（见表2-16、表2-17），造成这种差异的原因和村民非农务工地有较大的联系。祖师庙村村民在本乡镇务工的仅占务工总人数的3.26%，务工地为本县县城的高达51.12%；相反，河南村村民务工地在本乡镇的占比为25.00%，务工地在本县县城的占比仅为11.46%（见表2-18）。

表2-16 调研村庄农户拥有村外房产情况

村庄	村外有房产农户（户）	占比（%）
祖师庙村	57	30.48
河南村	41	20.50

表2-17 调研村庄农户村外房产所在地情况

村庄	村外房产所在地	占比（%）
祖师庙村	本乡镇	24.56
	本县县城	71.93
	本市市区	3.51
	郑州市区	0.00
	省内其他地区	0.00
	外省地区	0.00
河南村	本乡镇	63.41
	本县县城	26.83
	本市市区	0.00
	郑州市区	2.44
	省内其他地区	2.44
	外省地区	4.88

（四）非农就业情况

1. 非农就业人口情况

祖师庙村受访家庭中，16～65 岁人口共有 600 人，其中正在上学的有 55 人，去除在本村务农的人口，获得的有效非农就业人口共 491 人，占 16～65 岁人口的 81.83%。河南村 16～65 岁人口共 671 人，其中正在上学的有 78 人，获得的有效非农就业人口共 288 人，约占 16～65 岁人口的 42.92%。

2. 非农就业地点与非农就业行业情况

从全部非农就业者工作地点来看，两个村庄务工人员的就业选择地有所不同，祖师庙村务工者的工作地在本县县城的占比最高，为 51.12%；河南村村民务工地占比最高的是本乡镇，为 25.00%。另外，河南村务工者工作地点在外省一般地级市、京津冀地区、长三角地区的比例也明显高于祖师庙村（见表 2-18）。祖师庙村在本县县城务工的村民大多打零工，因栾川县县城就在省内 5A 级景区老君山脚下，就业岗位的多少也随旅游业的淡旺季变化而变化，所以在家务农的村民也会在农闲时进城工作。位于五里川镇的河南村，就业人口流向本乡镇的有很大一部分，五里川镇是豫陕两省三市（三门峡、南阳、商洛）边界地区的中心乡镇，是卢氏县南山七乡镇的经济、文化、教育、卫生、交通、商贸物流和通信中心，素有"中州名镇""卢氏西南重镇"之称，是卢氏县第一副中心城镇、豫西南商贸重镇；五里川镇的矿产资源也十分丰富，有金矿、石煤、大理石等，卢氏县在此建有辉锑冶炼厂，镇区创造了不少就业岗位。

表 2-18　　　　　非农就业人员工作地点分布情况

地点	祖师庙村		河南村		两个村庄的平均占比（%）
	人数（人）	占比（%）	人数（人）	占比（%）	
本村	10	2.04	10	3.47	2.57
本乡镇	16	3.26	72	25.00	11.30
本县县城	251	51.12	33	11.46	36.46
本市其他乡镇	3	0.61	0	0.00	0.39
本市其他县城	38	7.74	11	3.82	6.29
本市市区	6	1.22	8	2.78	1.80

地点	祖师庙村		河南村		两个村庄的平均占比（%）
	人数（人）	占比（%）	人数（人）	占比（%）	
郑州市区	84	17.11	23	7.99	13.74
郑州县区	0	0.00	0	0.00	0.00
省内其他地级市下辖乡镇	0	0.00	1	0.35	0.13
省内其他地级市下辖县区	22	4.48	7	2.43	3.72
本省其他地级市区	1	0.20	14	4.86	1.93
外省乡镇	0	0.00	0	0.00	0.00
外省县城	11	2.24	0	0.00	1.41
外省一般地级市	3	0.61	49	17.01	6.68
外省省会城市	8	1.63	8	2.78	2.05
京津冀地区	0	0.00	9	3.13	1.16
长三角地区	38	7.74	35	12.15	9.37
珠三角地区	0	0.00	7	2.43	0.90
我国港澳台地区及国外	0	0.00	1	0.35	0.13

　　总体来看，两个村庄村民非农就业占比最高的是打零工，祖师庙村占比达 73.73%，河南村占比达 43.75%（见表 2-19）。打零工的村民大多位于本县县城和本乡镇，年龄较大且受教育程度偏低。这类群体一方面在家务农，另一方面会根据劳动力市场上对用工需求的增加寻求工作机会，比如祖师庙村村民会在旅游旺季涌入栾川县县城，河南村村民也会在农闲时在镇区寻找工作机会，但这类非农工作不稳定，对村民的收入有不小的影响。此外，河南村村民中个体户也明显多于祖师庙村，这些个体户有六成多在五里川镇，这也充分说明了五里川镇镇区经济发展水平较三川镇更高，创造的就业机会更多。

表 2-19　　　　　　　　非农就业人员行业分布情况

行业	祖师庙村		河南村		两个村庄的平均占比（%）
	人数（人）	占比（%）	人数（人）	占比（%）	
副业（家庭手工或手工业）	2	0.41	0	0.00	0.26
乡村旅游	3	0.61	0	0.00	0.39
制造业	7	1.43	3	1.04	1.28
建筑业（含装修）	6	1.22	20	6.95	3.34
运输业	6	1.22	12	4.17	2.31
采掘业	84	17.11	10	3.47	12.07
商业和商务中介	0	0.00	7	2.43	0.90
教育业	4	0.81	20	6.95	3.08
医疗业	2	0.41	10	3.47	1.54
金融服务业	0	0.00	1	0.35	0.13
生活服务业	5	1.02	38	13.19	5.52
企业白领	0	0.00	0	0.00	0.00
开办企业	0	0.00	2	0.69	0.26
个体户	2	0.41	26	9.03	3.59
公务员或事业单位员工	8	1.62	13	4.51	2.70
打零工	362	73.73	126	43.75	62.63

从空间位置来看受教育程度差异，祖师庙村非农就业人员在本县务工的在各学历段中都占有不小的比重，比重最低的为大专、本科及以上学历，占比也达到了 42.11%；在郑州市区就业的在各学历段中的占比差别不大，占比最高的是高中或中专学历，为 20.70%，最低的是文盲或小学，占比为 13.40%。河南村非农就业人员中，无论什么学历，在本县和外省地区务工的占绝大多数，具有大专、本科及以上学历的选择在本县和外省地区工作的合计占比高达 70.97%（见表 2-20、图 2-7、图 2-8）。

表 2 – 20   非农就业人员不同空间的受教育程度分布情况

村庄	受教育程度	本县	本市 （本县外）	郑州市区	省内其 他地区	外省地区
祖师 庙村	文盲或小学	73.20%	4.12%	13.40%	3.09%	6.19%
	初中	60.85%	10.32%	14.81%	4.76%	9.26%
	高中或中专	50.00%	1.72%	20.70%	1.72%	25.86%
	大专、本科及以上	42.11%	15.79%	15.79%	5.26%	21.05%
河南村	文盲或小学	56.25%	12.50%	3.13%	9.38%	18.74%
	初中	44.26%	4.42%	9.73%	5.31%	36.28%
	高中或中专	36.36%	11.69%	5.19%	3.90%	42.86%
	大专、本科及以上	32.26%	1.61%	11.29%	16.13%	38.71%
总计	文盲或小学	66.42%	5.97%	10.45%	4.48%	12.68%
	初中	57.03%	8.96%	13.65%	4.89%	15.47%
	高中或中专	42.22%	7.41%	11.85%	2.96%	35.56%
	大专、本科及以上	34.57%	4.94%	12.35%	13.58%	34.56%

注：文盲或小学受教育程度百分数各空间占比以文盲或小学受教育程度所有空间分布为1，得出各空间文盲或小学受教育程度占比；其他受教育程度各空间占比计算方法同上。

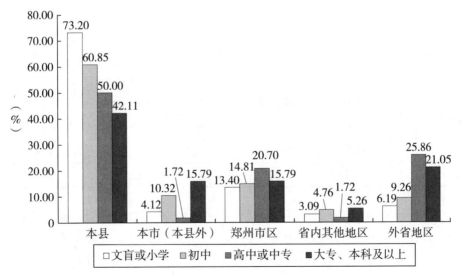

图 2 – 7   祖师庙村非农就业人员不同空间的受教育程度分布情况

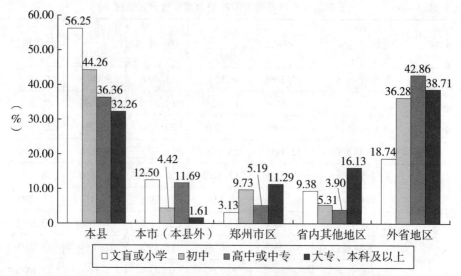

图 2 - 8　河南村非农就业人员不同空间的受教育程度分布情况

从空间位置来看性别差异，调研的两个村庄的非农就业女性主要留在本县，非农就业男性在本县务工的也占有相当一部分比例（见表 2 - 21、图 2 - 9、图 2 - 10）。

表 2 - 21　　　　　　　非农就业人员不同空间的性别分布情况

村庄	性别	本县	本市（本县外）	郑州市区	省内其他地区	外省地区
祖师庙村	男	37.94%	13.83%	23.79%	7.40%	17.04%
	女	91.29%	1.66%	4.15%	0.00%	2.90%
河南村	男	38.00%	6.50%	7.50%	7.00%	41.00%
	女	44.94%	6.74%	8.99%	8.99%	30.34%
总计	男	37.96%	10.96%	17.42%	7.24%	26.42%
	女	78.79%	3.03%	5.45%	2.43%	10.30%

从调研的两个村庄的整体情况来看，45～65 岁的农村劳动力进行非农就业主要在本县和外省地区；16～44 岁人口中，祖师庙村非农就业地点占比最高的是本县，为 49.81%；河南村非农就业地点占比最高的是外省地区，达到了 41.84%（见表 2 - 22、图 2 - 11、图 2 - 12）。

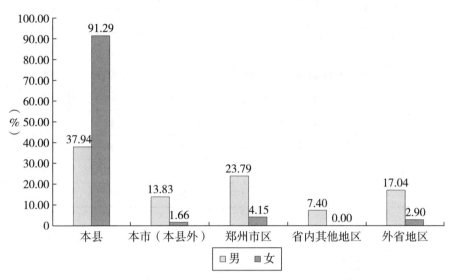

图 2 - 9　祖师庙村非农就业人员不同空间的性别分布情况

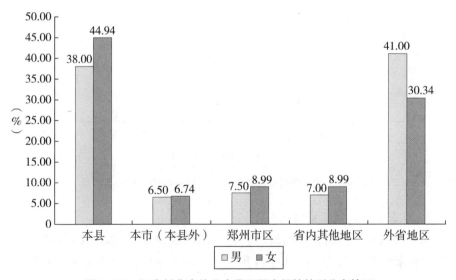

图 2 - 10　河南村非农就业人员不同空间的性别分布情况

表 2 – 22　　　　　　非农就业人员不同空间的年龄分布情况

村庄	年龄段	本县	本市（本县外）	郑州市区	省内其他地区	外省地区
祖师庙村	16～44 岁	49.81%	4.94%	28.52%	2.66%	14.07%
	45～65 岁	69.81%	12.83%	3.02%	6.04%	8.30%
河南村	16～44 岁	33.16%	6.52%	10.33%	8.15%	41.84%
	45～65 岁	52.42%	6.80%	3.88%	6.80%	30.10%
总计	16～44 岁	42.96%	5.59%	21.03%	4.92%	25.50%
	45～65 岁	64.95%	11.14%	3.26%	6.25%	14.40%

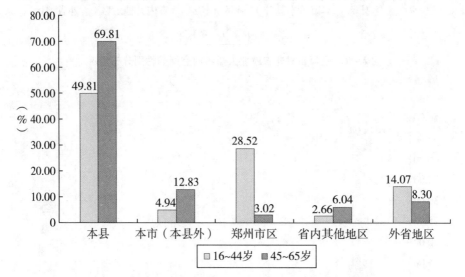

图 2 – 11　祖师庙村非农就业人员不同空间的年龄分布情况

3. 非农就业人员工资情况

由于涉及收入情况，在调研时获得准确的数据比较困难，部分被调研者不愿意回答，经整理之后祖师庙村共有 503 个有效数据，河南村有 277 个有效数据。从调研的两个村庄的情况来看，祖师庙村有 89.87% 的非农就业人员年收入在 6 万元以下，河南村非农就业人员的年收入在 6 万元以下的占比更是达到了 97.11%。两个村庄的非农就业人员年收入在 4 万元以下的占比都超过了 70%（见表 2 – 23、图 2 – 13）。

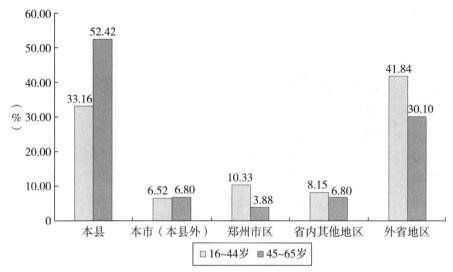

图 2 - 12　河南村非农就业人员不同空间的年龄分布情况

表 2 - 23　　　　　　　　非农就业人员不同年均工资水平占比情况

工资水平区间	祖师庙村	河南村
2 万元以下	40.16%	39.35%
2 万 ~ <4 万元	30.62%	44.40%
4 万 ~ <6 万元	19.09%	13.36%
6 万 ~ <8 万元	5.96%	2.17%
8 万 ~10 万元	2.78%	0.72%
10 万元以上	1.39%	0.00%

（五）家庭收支及借贷情况

1. 家庭收入情况

从祖师庙村的家庭年均总收入来看，该村家庭年均总收入为 5 万 ~ 10 万元（含）的占比最高，达 50.27%，并且非农收入占比超 91.00%，农业收入占比仅为 8.53%。另外，祖师庙村家庭年均总收入超过 10 万元的也有不少，占比为 29.41%。

从河南村的家庭年均总收入来看，河南村农业收入在家庭总收入中的占比为 30.72%，该村家庭年均总收入占比最高的同样为 5 万 ~ 10 万元（含），占

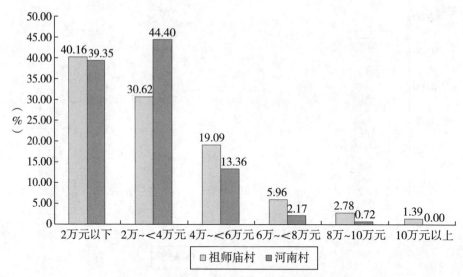

图2-13 非农就业人员不同年均工资水平占比情况

比为40.00%；相比之下，河南村家庭年均总收入大于10万元的比祖师庙村低17.41%，占比仅为12.00%（见表2-24、表2-25、图2-14、图2-15）。

两个村庄家庭收入结构有明显的差异，主要是祖师庙村非农就业人口占比较多，在16~45岁人口中，非农就业人口占比达到88.00%，而河南村仅占比42.62%，还不足祖师庙村的一半，所以祖师庙村非农就业人员的务工收入要比河南村高出很多。

表2-24　　　　　　　　　调研村庄家庭收入结构情况

村庄	农业收入占比（%）	非农收入占比（%）
祖师庙村	8.53	91.47
河南村	30.72	69.28

表2-25　　　　　　　　　调研村庄不同家庭年均总收入占比情况

家庭年均总收入	祖师庙村		河南村	
	户数（户）	占比（%）	户数（户）	占比（%）
总收入≤1万元	4	2.14	8	4.00
1万元＜总收入≤2万元	5	2.67	9	4.50
2万元＜总收入≤3万元	5	2.67	25	12.50

续　表

家庭年均总收入	祖师庙村		河南村	
	户数（户）	占比（％）	户数（户）	占比（％）
3万元＜总收入≤4万元	8	4.28	29	14.50
4万元＜总收入≤5万元	16	8.56	25	12.50
5万元＜总收入≤10万元	94	50.27	80	40.00
10万元＜总收入	55	29.41	24	12.00

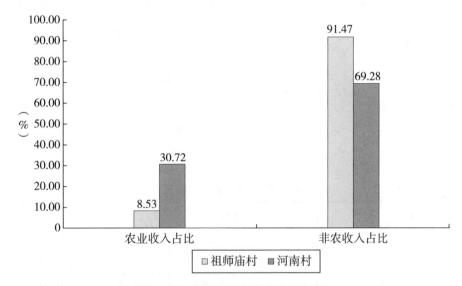

图2-14　调研村庄家庭收入结构情况

2. 家庭主要支出情况

从家庭总支出情况来看，祖师庙村和河南村村民大部分支出在日常生活上，祖师庙村占比为32.09％，河南村占比为53.00％；祖师庙村的受访户中，家庭主要开支用在建房/购房上的占26.20％，而河南村中只有2户，占比仅为1.00％（见表2-26）。另外，河南村受访户中，农业生产投资支出占主要支出的比重较大，达21.00％，这也印证了此前说明的河南村农业收入在家庭总收入中占有相当的比例。

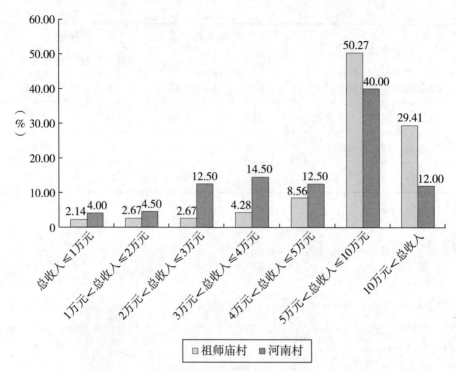

图 2 - 15　调研村庄不同家庭年均总收入占比情况

表 2 - 26　　　　　　　　　调研村庄家庭主要支出情况

家庭主要支出	祖师庙村		河南村	
	户数（户）	占比（%）	户数（户）	占比（%）
医疗	47	25.13	14	7.00
结婚	1	0.53	0	0.00
建房/购房	49	26.20	2	1.00
子女教育	29	15.52	36	18.00
农业生产投资	1	0.53	42	21.00
非农业生产投资	0	0.00	0	0.00
日常生活开支	60	32.09	106	53.00

3. 借贷情况

调研的两个村庄近两年有 35.40% 的人员有借贷需求，首选借贷对象中，正规金融机构占比最多，祖师庙村占比为 62.86%，河南村占比为 88.06%；

其次占比较高的是亲戚。祖师庙村不选择正规金融机构的人中，有50.00%认为金融机构距离远，认为金融机构可贷资金有限和贷款利息高的占比都是15.38%；河南村中不选择在正规金融机构借贷的都因为正规金融机构贷款利息高（见表2-27、表2-28）。

表2-27   调研村庄首选借贷对象占比情况

借贷对象	祖师庙村	河南村
正规金融机构	62.86%	88.06%
民间金融	0.00%	0.00%
亲戚	35.71%	11.94%
朋友或生意伙伴	1.43%	0.00%

表2-28   未选择正规金融机构借贷的原因

原因	祖师庙村	河南村
金融机构距离远	50.00%	0.00%
可贷资金有限	15.38%	0.00%
贷款手续繁杂、耗时长	7.69%	0.00%
不了解贷款渠道	11.55%	0.00%
正规金融机构贷款利息高	15.38%	100.00%

（六）被访者长期迁移意愿情况

两个受访村庄村民的长期迁移意愿差别较大，祖师庙村具有长期迁移意愿的村民高达69.02%，河南村仅有26.90%。造成差异的原因是祖师庙村非农就业人员占劳动年龄人口比重比河南村多很多，且祖师庙村务工地在本县县城的占所有务工地的51.12%，有相当一部分家庭已经在县城买房安家。关于计划迁移的地点，祖师庙村有迁移意愿的村民愿意迁移的地点只有本乡镇和本县县城，且本县县城占比高达97.67%；河南村村民的计划迁移地点为本县县城的同样占较高比例，为41.38%；其次为外省地区和郑州市区，占比分别为20.00%和16.55%（见表2-29、表2-30、图2-16、图2-17）。

表 2 - 29 　　　　　　　受访人员长期迁移意愿占比情况

是否有长期迁移意愿	是	否
祖师庙村	69.02%	30.98%
河南村	26.90%	73.10%

表 2 - 30 　　　　　　有迁移意愿者计划迁移地点占比情况

村庄	本乡镇	本县县城	本市（本县外）	郑州市区	省内其他地区	外省地区
祖师庙村	2.33%	97.67%	0.00%	0.00%	0.00%	0.00%
河南村	2.76%	41.38%	13.79%	16.55%	5.52%	20.00%

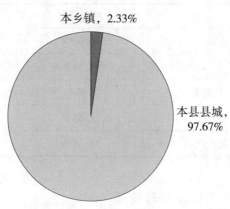

图 2 - 16　祖师庙村有长期迁移意愿者计划迁移地点占比情况

　　调研的两个村庄的受访者愿意迁往城市的主要原因是城市有更好的发展机会，其次是城市有更好的医疗教育资源，也有一部分人是在城市的子女或其他亲属要带自己一起生活，等等。对于不愿迁往城市的原因，两个村庄有差异，祖师庙村占比最多的原因是更喜欢农村的生活（80.67%），河南村占比最多的原因是习惯了农村生活，不愿改变（61.93%）；另外，河南村村民不愿迁往城市的原因中，认为城市生活成本高的占比也较多，为37.55%（见表 2 - 31、表 2 - 32）。

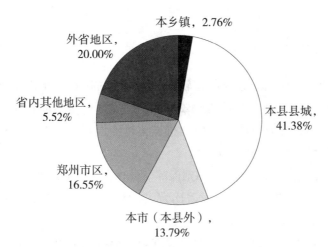

图 2 - 17　河南村有长期迁移意愿者计划迁移地点占比情况

表 2 - 31　　　　　　　　受访人员愿意迁往城市的主要原因

原因	祖师庙村	河南村
城市有更好的发展机会	87.95%	85.26%
在城市的子女或其他亲属要带自己一起生活	3.78%	4.49%
城市有更好的医疗教育资源	8.27%	6.41%
城市有更丰富的精神生活	0.00%	0.64%
城市有更好的物质生活	0.00%	2.56%
为后代发展考虑	0.00%	0.64%

表 2 - 32　　　　　　　　受访人员不愿迁往城市的主要原因

原因	祖师庙村	河南村
更喜欢农村的生活	80.67%	0.52%
在城市无法获得足够高的收入	4.20%	0.00%
认为城市生活成本高	8.40%	37.55%
城市的自然环境不好	0.84%	0.00%
认为城市与农村生活并无太大区别	1.68%	0.00%
习惯了农村生活，不愿改变	4.21%	61.93%
农村还有土地和房屋尚未变现	0.00%	0.00%
不愿放弃土地	0.00%	0.00%

三、调研结论

一是两个村庄村民的务农收益较低。因两个村庄都位于山区地带，受地理环境的影响，两个村庄的耕地比较零碎，一方面是耕地面积小，另一方面是耕地细碎，不太可能发展大规模的机械化耕作模式。所以两个村庄家庭的非农收入占家庭总收入的绝大部分。

二是村民的就业稳定状况得不到保障。外出务工人员当中大部分是零工，祖师庙村占比为73.73%，河南村占比为43.75%。务工人员经常更换就业岗位，得不到就业单位的长期聘用。造成这一现象的主要原因是：部分农民工是兼业式的，农闲时节打工，无法稳定就业。很多用人单位因行业特点在某一时段会出现用工短缺，所以亟须招聘工人，但是过了这一时段就不再需要那么多的劳动力了。于是有些人因就业不稳定而出现失业问题，有一小部分人通过亲友、熟人介绍能够很快找到第二份工作，但大部分人只能奔波于城市之间开始新一轮艰难的就业。

三是两个村庄有相当一部分人有迁移意愿。随着经济社会的发展，越来越多的农村人希望获得更高的生活水平已是不争的事实，大部分人认为在城市有更好的发展机会、更好的物质生活和更丰富的精神生活。

四是县城将成为农村人口迁移的主要承载地。调研发现，两个村庄的村民希望迁移的地点为本县县城的占比较高，河南村为41.38%，祖师庙村更是高达97.67%；这也需要更好更快地推动县域经济的发展，以吸纳更多进城安居的人，保障就业的稳定。

四、政策建议

一是大力发展农业合作社。努力推进农业经营体制机制创新，加快农业经营方式转变。积极发展新型集体经济，大力培育新型合作组织，建立健全农业社会化服务体系，着力提高组织化程度，推动统一经营向发展农户联合与合作，形成多元化、多层次、多形式经营服务体系的方向转变。

二是进一步加强劳动就业管理，加大农民工权益保护工作力度，延伸农民工管理服务机构，在农民工较为集中的区域或企业派驻办事处或工作站。建立健全农民工工资支付监督体系，规范用人单位支付农民工工资的行为，明确相关部门的责任，确保农民工工资按时足额发放。

三是加强基础情况调查，选取代表性强、一定数量的村庄，掌握乡村户籍出生人口与生育率变化趋势、年龄结构变化趋势、人口迁移流失情况、男女性别比变化趋势、青壮劳动力变化趋势、死亡人口的变化趋势，准确预测乡村未来人口情况，为乡村振兴各项规划提供基础数据。

四是突出地方特色，培育和发展县域主导产业。依据自身区位、自然和资源禀赋条件，因地制宜，确定主导产业，实行重点开发，在资源优势中培育地方特色，在传统产品中筛选优势品牌，打造特色产业和名牌产品，提供更具稳定性与长期性的就业岗位。

第三章　整村分析报告三

——基于熊家岗村和白窑村的整村调查

2021 年 11 月，河南中原经济发展研究院及河南大学经济学院、河南大学中原发展研究院联合整村调研课题组，分别对河南省南阳市淅川县马蹬镇熊家岗村和平顶山市鲁山县仓头乡白窑村进行了入户调研，通过访谈的方式共获得有效问卷 374 份。

淅川县位于河南省的西南边陲、南阳盆地西缘，与陕西省、湖北省相邻；西北部为低山区，中部为丘陵区，东南部为岗地及冲积平原区，亚洲最大的人工淡水湖丹江口水库位于淅川县南部。县北部和西北部属于秦岭东段延伸部分的伏牛山南侧，山体大致为东西走向，海拔在 900 米左右的山脉自北向南连绵不断，县西和西南部有秦岭和大巴山，地势险要。淅川古称丹阳，是楚文化的发祥地之一，春秋时为楚国始都丹阳所在地。曾孕育了一代商圣范蠡、史学家范晔、思想家范缜等一批有重要影响的历史人物。全县总面积2820 平方千米，辖 17 个乡镇（街道）①。根据第七次人口普查数据，淅川县常住人口约为 53.86 万人②。

鲁山县位于河南省中西部，伏牛山东麓，北依宝丰县和汝州市，南临南召县和方城县，东接叶县和平顶山市区，西靠汝阳县和嵩县。县域面积为2432.32 平方千米，地势西高东低，北、西、南三面环山，东部为沙河冲积平原。山地面积占 20.4%，丘陵面积占 62.2%，平原面积占 17.4%，耕地面积54.55 万亩；全县辖 24 个乡（镇、办事处），常住人口为 78.71 万人③。鲁山

---

① 数据来源：淅川人民政府门户网，http://www.xichuan.gov.cn/xcxzfw/xq/A0213index_1.htm。
② 数据来源：南阳市第七次全国人口普查公报（第二号），http://tj.nanyang.gov.cn/tjbw/tjgb/449802.htm。
③ 数据来源：平顶山市第七次全国人口普查公报［1］，https://www.pds.gov.cn/contents/22180/217448.html。

县古称鲁阳，曾孕育出春秋战国时期思想家墨子、唐代文学家元结、宋代抗金名将牛皋、现代诗人徐玉诺等一大批历史文化名人。境内有5A级景区尧山和4A级景区画眉谷，尧山地处亚热带和暖温带分界线，区内植被覆盖率达97%，其中的多种珍稀植物已列入国家和省级保护名录；画眉谷因栖息众多的画眉鸟而得名，地处亚热带与暖温带过渡地带，森林覆盖率高达95%，植被完整，动植物类型较多。鲁山县曾获"中国天然氧吧""全国县域旅游发展潜力百佳县"等荣誉称号。

一、调研村庄整体情况

熊家岗村和白窑村的村民总数分别为458户和227户，调研组分别获得有效问卷192份和182份。从地形和区位特征来看，两个村庄均位于丘陵地带，因地理因素和土壤问题，两个村庄每亩粮食产量都较低，基本没有任何工业基础，多数村民以"务农＋务工"的半耕半工的方式生活。

（一）熊家岗村

熊家岗村位于淅川县南部，丹江口水库北部，处于丘陵地区；距离淅川县城约22千米，距南阳市区约120千米；以公共交通方式出行，到达县城需要30分钟；到达市区需要180分钟左右。全村户籍户数458户，户籍人口1937人，但常住户数约365户，常住人口约1100人。调研的192户803位村民中，务工人数有458人，务工地主要集中在长三角地区和珠三角地区。全村土地总面积为3750亩，耕地面积为2500亩，基本农田保护区面积为2150亩，主要种植小麦、玉米和花生；村内有农业专业合作社3家，但参社人员较少，仅16人，涉及土地面积30亩。村内基础设施一般，虽然说本村生活垃圾和生活污水都集中处理，但村内还没有路灯，且村民饮用水源主要是井水或泉水，还没有通自来水，也没有通天然气，厕所也主要是普通的旱厕。公共服务方面，村内有1所小学，12间教室，每个年级各有1个班，共有110名学生；该小学共有教师12名，其中高中以下学历教师3名，高中学历教师3名，大专学历教师2名，本科及以上学历教师4名。此外，村内还有1所公办幼儿园，但是入园儿童较少，只有17名，且教师只有1人；村内还有一间拥有3名医生的卫生室，村医年龄最大者已有69岁；村内有1处健身场所，1间图书室和1个文化站。另外，村内有56户低保户，低保人数达到了170人。

（二）白窑村

白窑村位于鲁山县西北部，所处地形与熊家岗村一样，都是丘陵地带。白窑村距离鲁山县城约 30 千米，距平顶山市区约 50 千米。全村户籍户数为 227 户，户籍人数为 850 人，本次调研有效户数为 182 户（722 人），覆盖率约为 80.18%；另外，村内全家迁出 57 户，转非农户口有 50 人；部分村民信奉基督教，还有一部分村民信奉道教。村内耕地面积非常少，仅有 530 亩，主要种植小麦、玉米和花生。近 5 年，该村新批宅基地 19 亩，目前宅基地面积为 492 亩。村内主导产业为农业、林业、牧业，没有企业。村民外出务工主要去向为郑州市区、本县县城和长三角地区。村内基础设施较差，目前村内还没有集中处理生活垃圾和生活污水，还没有通有线电视，也没有通天然气，厕所也主要是旱厕，村口也没有公共交通；公共服务方面，该村没有幼儿园和小学，虽说有体育健身场所、图书室和文化站，但是长期处于闲置状态；村内有一间卫生室，村医中专毕业，目前 34 岁，从医十余年。

二、调研村庄农户情况

（一）人口基本情况

1. 人口年龄情况

熊家岗村户籍户数为 458 户，户籍人口为 1937 人，样本户选择 192 户（问卷内容以访谈形式获取）。调研样本户籍人口年龄结构情况为：未成年（18 岁以下）人口 156 人，占比约 19.43%；青年（18~45 岁）人口 325 人，占比约 40.47%；中年（46~60 岁）人口 202 人，占比约 25.16%；老年（60 岁以上）人口 120 人，占比约 14.94%。熊家岗村受访村民的平均年龄为 38.06 岁。

白窑村户籍户数为 227 户，户籍人数为 850 人，样本选择 182 户（问卷内容以访谈形式获取）。调研样本户籍人口年龄结构情况为：未成年（18 岁以下）人口 209 人，占比约 28.95%；青年（18~45 岁）人口 247 人，占比约 34.21%；中年（46~60 岁）人口 156 人，占比约 21.61%；老年（60 岁以上）人口 110 人，占比约 15.24%。白窑村受访村民的平均年龄为 36.47 岁。从人口年龄结构来看，两个村庄老年人口占比差别不大，但白窑村未成年人口占比较熊家岗村多（见表3-1、图3-1）。

表3-1   调研村庄人口年龄结构

村庄	18岁以下		18~45岁		46~60岁		60岁以上	
	人数（人）	占比（%）	人数（人）	占比（%）	人数（人）	占比（%）	人数（人）	占比（%）
熊家岗村	156	19.43	325	40.47	202	25.16	120	14.94
白窑村	209	28.95	247	34.21	156	21.61	110	15.24
总计	365	23.93	572	37.51	358	23.48	230	15.08

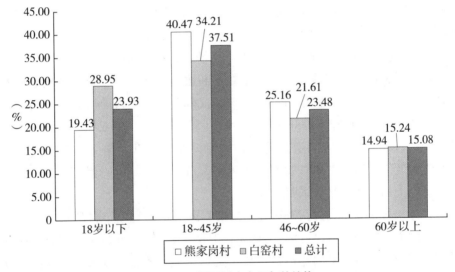

图3-1 调研村庄人口年龄结构

2. 家庭人口情况

从调研结果来看，两个村庄的受访户家庭总人口中，家庭人数最多的为8人，且占比非常低。

熊家岗村家庭人口为6人及以上的占比最高，达到28.13%；其次占比最高的是4人之家，为21.35%。白窑村家庭人口数为1人、2人、3人、4人、5人的占比分别为4.40%、17.58%、17.03%、21.43%、21.43%，有6人及以上的家庭占比为18.13%，1人之家占比最低，不足5%（见表3-2）。

表 3-2 调研村庄家庭总人口分布

村庄	家庭人口											
	1 人		2 人		3 人		4 人		5 人		6 人及以上	
	户数（户）	占比（%）	户数（户）	占比（%）	户数（户）	占比（%）	户数（户）	占比（%）	户数（户）	占比（%）	户数（户）	占比（%）
熊家岗村	10	5.21	35	18.23	24	12.50	41	21.35	28	14.58	54	28.13
白窑村	8	4.40	32	17.58	31	17.03	39	21.43	39	21.43	33	18.13

3. 个人受教育情况

熊家岗村受访户样本中，村民受教育程度以初中及以下学历为主，占比高达 74.46%；总体上高等学历（大专、本科及以上）占比为 13.31%，主要是因为青年人口受教育程度普遍较高，具有大专、本科及以上学历的占比为 26.42%，对比中年人口和老年人口的学历情况具有质的提升。

白窑村村民受教育情况总体上也在不断改善。文盲或小学学历从老年人口的 71.82% 降到了中年人口的 47.59%，又降到青年人口的 7.18%；初中学历从老年人口的 21.82% 提升到青年人口的 59.49%；高中或中专学历在中年人口中的占比较老年人口有所降低；大专、本科及以上学历从中年人口的 1.20% 和老年人口的 1.82% 提高到了青年人口的 20.25%，青年人口的大专、本科及以上的学历水平有了明显提高。

总体来看，熊家岗村受教育程度为文盲或小学的比白窑村高 6.29%，受教育程度为初中的比白窑村低 13.89%；但是在更高的学历方面，熊家岗村受教育程度为高中或中专的比白窑村高 4.43%，受教育程度为大专、本科及以上学历的比白窑村高 3.17%；如果仅看青年人口的高等教育情况，熊家岗村比白窑村高 6.17%。从两个村庄分年龄段受教育情况可见，年青一代受高等教育的人口比例显著提升（见表 3-3、图 3-2、图 3-3）。

表 3-3 调研村庄村民各年龄段受教育情况

村庄	年龄段	文盲或小学	初中	高中或中专	大专、本科及以上
熊家岗村	18~45 岁	14.15%	40.88%	18.55%	26.42%
	46~60 岁	58.85%	33.49%	7.18%	0.48%

续 表

村庄	年龄段	文盲或小学	初中	高中或中专	大专、本科及以上
熊家岗村	60 岁以上	78.15%	16.81%	4.20%	0.84%
	总计	40.40%	34.06%	12.23%	13.31%
白窑村	18～45 岁	7.18%	59.49%	13.08%	20.25%
	46～60 岁	47.59%	48.80%	2.41%	1.20%
	60 岁以上	71.82%	21.82%	4.54%	1.82%
	总计	34.11%	47.95%	7.80%	10.14%

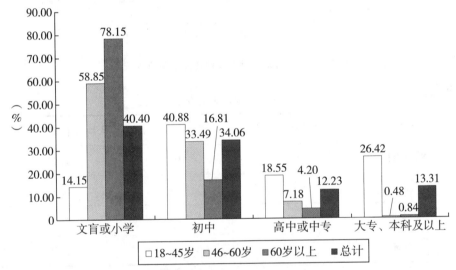

图 3-2 熊家岗村村民各年龄段受教育情况

(二) 农业耕地及生产经营情况

1. 农业耕地情况

虽说熊家岗村和白窑村都处于丘陵之地，但两个村庄的耕地情况差别较大。熊家岗村全村共有耕地 2500 亩，目前人均耕地面积为 1.29 亩，比河南省人均耕地面积稍高，但还没有达到全国人均耕地水平。白窑村耕地面积仅有 530 亩，人均耕地仅为 0.62 亩，约占河南省人均水平的 55.36%，约占全国人均水平的 45.59% (见表 3-4)。

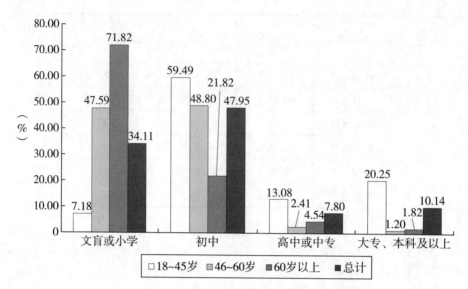

图 3-3　白窑村村民各年龄段受教育情况

表 3-4　　　　　　　　　调研村庄农业耕地情况

地域	耕地总面积（亩）	总人数（人）	人均耕地面积（亩）
熊家岗村	2500	1937	1.29
白窑村	530	850	0.62
河南省	—	—	1.12
全国	—	—	1.36

数据来源：河南省人民政府网和第三次全国国土调查主要数据公报。

　　因耕地总面积相差较大，两个村庄受访户的实际耕种面积差别也较大。熊家岗村实际耕地面积在 1 亩以下的占比为 2.80%，1～＜5 亩的占比为 37.06%，5～＜10 亩的占比为 35.66%，10 亩及以上的占比为 24.48%。白窑村耕地面积在 1 亩以下的占比为 0.70%，1～＜5 亩的占比为 77.62%，5～＜10 亩的占比为 17.48%，10 亩及以上的占比仅为 4.20%（见表 3-5、图 3-4）。从实际耕地面积来看，熊家岗村土地经营面积没有超过 50 亩的家庭，面积最大的为 40 亩，白窑村家庭经营土地面积最大的为 106 亩。

表3-5　　　　　　　　　调研村庄家庭实际耕地面积区间占比情况

村庄	土地经营面积区间	占比
熊家岗村	1亩以下	2.80%
	1～<5亩	37.06%
	5～<10亩	35.66%
	10亩及以上	24.48%
白窑村	1亩以下	0.70%
	1～<5亩	77.62%
	5～<10亩	17.48%
	10亩及以上	4.20%

注：土地经营面积区间占比情况按实际耕地面积计算。

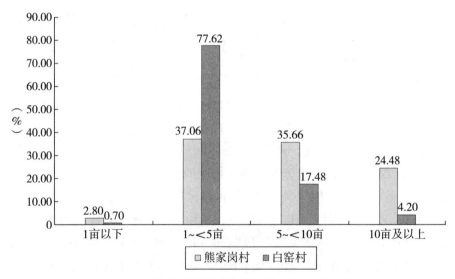

图3-4　调研村庄家庭实际耕地面积区间占比情况

2. 农业生产经营情况

　　熊家岗村和白窑村主要种植小麦、玉米和花生。正常年份下，熊家岗村小麦每亩产500斤左右，售价为每斤1元，每亩产值为500元左右；玉米每亩产量在600斤左右，售价为每斤1.2元，每亩产值为720元左右。白窑村小麦每亩产650斤左右，售价为每斤1.2元，每亩产值为780元左右；玉米每亩产量在700斤左右，但是售价每斤只有0.8元，在单价上比熊家岗村每斤少0.4

元，每亩产值在560元左右。两个村庄的花生亩产都不高，熊家岗村每亩仅能产200斤左右，白窑村每亩能产350斤左右。白窑村三种作物亩产均比熊家岗村高，除了土壤不一样外，施肥量可能也是影响因素之一，白窑村每亩地在化肥上的花费比熊家岗村多50~65元（见表3-6）。另外，白窑村在收割玉米和花生时都没有选择使用机械，总体上看熊家岗村的机械化程度较高。

表3-6 调研村庄主要农作物每亩耕种成本、收益情况 单位：元/亩

村庄	种类	种子成本	化肥成本	农药成本	灌溉成本	耕种成本	收割成本	总成本	总收入	净收益
熊家岗村	小麦	50	70	60	0	50	50	280	500	220
	玉米	50	65	55	0	50	50	270	720	450
	花生	50	60	50	0	50	50	260	560	300
白窑村	小麦	60	125	35	0	70	70	360	780	420
	玉米	50	130	35	0	70	70	285	560	275
	花生	130	110	25	0	70	0	335	980	645

从农业生产经营的风险来看，两个村庄的村民都认为农业收入的影响因素主要是农业自然风险，另外，白窑村村民认为收入的影响因素还有缺乏销售渠道（占比为90.85%）、缺乏农业技术和资金（占比为88.41%）等。从村民采取的规避风险的措施来看，两个村庄的村民在应对农业风险方面的态度和措施上有差异，熊家岗村几乎全部村民选择听天由命（占比高达98.81%），只有极个别村民选择靠农业技术和基础设施（占比仅为1.19%）；白窑村的大部分村民选择靠政府帮助（占比为96.95%）和购买农业保险（占比为97.56%），但同时他们也有不少人选择听天由命（占比为87.20%）（见表3-7、表3-8）。

表3-7 调研村庄村民认为农业收入影响因素占比情况

因素	熊家岗村	白窑村
农业自然风险	100.00%	98.78%
缺乏销售渠道	0.00%	90.85%
价格波动	0.00%	6.10%

因素	熊家岗村	白窑村
政策变动	0.00%	0.00%
缺乏农业技术和资金	0.00%	88.41%

表 3 - 8　　　　调研村庄村民规避农业生产经营风险方式占比情况

规避风险方式	熊家岗村	白窑村
靠政府帮助	0.00%	96.95%
购买农业保险	0.00%	97.56%
靠农业技术和基础设施	1.19%	7.32%
靠期货市场	0.00%	0.61%
听天由命	98.81%	87.20%

熊家岗村只有 22.60% 的村民已经购买农业保险，还有 76.03% 的村民不愿购买。不愿购买农业保险的村民均是因为对农业保险不了解。白窑村有 86.75% 的村民已经购买了农业保险，不愿购买农业保险的村民是因为认为农业保险保障水平低和理赔程序烦琐（见表 3 - 9、表 3 - 10）。

表 3 - 9　　　　　　　调研村庄村民农业保险购买意向占比情况

购买意向	熊家岗村	白窑村
已购买	22.60%	86.75%
未购买但愿意购买	1.37%	1.80%
不愿购买	76.03%	11.45%

表 3 - 10　　　　调研村庄村民不愿购买农业保险的原因占比情况

原因	熊家岗村	白窑村
不了解	100.00%	0.00%
价格太高	0.00%	0.00%
保障水平低	0.00%	50.00%
理赔程序烦琐	0.00%	50.00%
保险险种不满足需求	0.00%	0.00%

（三）宅基地及房屋情况

1. 宅基地情况

熊家岗村户均宅基地面积数为 2.70 分，其中 1 ~ < 2 分的占比为 52.41%，2 ~ < 3 分的占比为 27.27%，3 ~ < 4 分的占比为 10.16%，4 ~ 5 分的占比为 8.56%，大于 5 分的占比为 1.60%。

白窑村户均宅基地面积数为 2.65 分，其中 1 ~ < 2 分的占比为 21.02%，2 ~ < 3 分的占比为 58.52%，占比最高，3 ~ < 4 分的占比为 19.89%，4 ~ 5 分的仅占 0.57%，且没有农户拥有大于 5 分的宅基地（见表 3 - 11、表 3 - 12、图 3 - 5）。

表 3 - 11　　　　　　　　　　调研村庄宅基地基本情况

村庄	调研户数（户）	调研的户均宅基地面积数（分）	最大值（分）	最小值（分）
熊家岗村	192	2.70	10.00	1.00
白窑村	182	2.65	4.50	1.05

表 3 - 12　　　　　　　　　　调研村庄农户拥有宅基地面积情况

村庄	宅基地面积区间	占比
熊家岗村	1 ~ < 2 分	52.41%
	2 ~ < 3 分	27.27%
	3 ~ < 4 分	10.16%
	4 ~ 5 分	8.56%
	> 5 分	1.60%
白窑村	1 ~ < 2 分	21.02%
	2 ~ < 3 分	58.52%
	3 ~ < 4 分	19.89%
	4 ~ 5 分	0.57%
	> 5 分	0.00%

由于调研对"户"概念的严格划分（子女已经成家并且与父母分户的视为新的一户），调研的两个村庄宅基地数量只有 1 处的村户占绝对比重，熊家

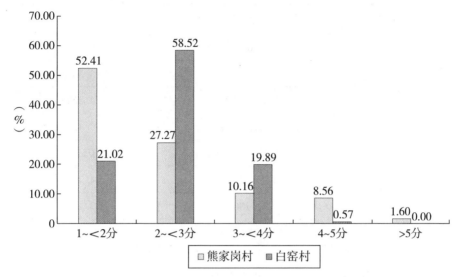

图 3 - 5　调研村庄农户拥有宅基地面积情况

岗村只有 1 处宅基地的村户占比为 94.79%，白窑村只有 1 处宅基地的占比为 96.11%，且两个村庄村户都不存在有 3 处及以上宅基地的情况，说明仍存在子女和父母住在一起的情况（虽然分户，但实际仍住在一起），而有 2 处宅基地的大多也是户主和子女各使用 1 处（见表 3 - 13）。

表 3 - 13　　　　　　　　调研村庄农户宅基地拥有数量占比情况

宅基地数量	1 处	2 处	3 处及以上
熊家岗村	94.79%	5.21%	0.00%
白窑村	96.11%	3.89%	0.00%

2. 房屋及村外房产情况

　　熊家岗村房屋建筑面积大于 180 平方米的农户数占比高达 57.42%，61 ~ 120 平方米的占比为 15.35%，121 ~ 180 平方米的占比为 24.26%。白窑村农户房屋建筑面积在 61 ~ 120 平方米的占大多数，占比为 64.71%；超过 180 平方米的占比仅为 1.60%，远低于熊家岗村（见表 3 - 14、图 3 - 6）。

表 3-14 调研村庄房屋建筑面积情况

村庄	房屋建筑面积区间	占比
熊家岗村	0~60平方米	2.97%
	61~120平方米	15.35%
	121~180平方米	24.26%
	>180平方米	57.42%
白窑村	0~60平方米	0.53%
	61~120平方米	64.71%
	121~180平方米	33.16%
	>180平方米	1.60%

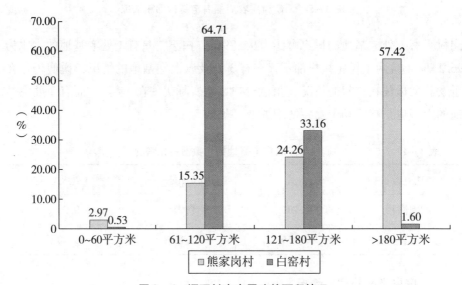

图 3-6 调研村庄房屋建筑面积情况

由于涉及隐私问题，在谈到房产情况时，有些村民不愿意说明具体情况。在本次调研中，获取的熊家岗村村民村外房产情况有效数据为 0；获取的白窑村有效数据为 8 户，约占受访总户数的 4.40%，且村外房产主要分布在本市市区（见表 3-15、表 3-16）。

表 3 - 15　　　　　　　调研村庄农户拥有村外房产情况

村庄	村外有房产农户（户）	占比（%）
熊家岗村	0	0.00
白窑村	8	4.40

表 3 - 16　　　　　　　调研村庄农户村外房产所在地情况

村庄	村外房产所在地	占比（%）
熊家岗村	本乡镇	0.00
	本县县城	0.00
	本市市区	0.00
	郑州市区	0.00
	省内其他地区	0.00
	外省地区	0.00
白窑村	本乡镇	12.50
	本县县城	12.50
	本市市区	50.00
	郑州市区	12.50
	省内其他地区	0.00
	外省地区	12.50

（四）非农就业情况

1. 非农就业人口情况

熊家岗村受访家庭中，16～65 岁的人口共有 575 人，其中正在上学的有
101 人，去掉在本村务农的人口，获得有效非农就业人口 193 人，约占 16～65
岁人口的 33.57%。白窑村 16～65 岁的人口共有 465 人，正在上学的有 58
人，获得的有效非农就业人口共 220 人，约占 16～45 岁人口的 47.31%。

2. 非农就业地点与非农就业行业情况

从两个村庄全部非农就业人员工作地点来看，长三角地区的占比最高，
为 21.31%；其次是郑州市区和珠三角地区，占比分别为 14.04% 和 11.86%。
从两个村庄各自的情况来看，熊家岗村在长三角地区和珠三角地区的占比较

多，两个区域加起来的占比已占熊家岗村村民务工地的一半以上。相反，白窑村村民务工地点在长三角地区和珠三角地区的没有在郑州市区和本县县城的多（见表3-17）。主要原因是熊家岗村位于河南省的边界，距离长江经济带更近，长江经济带的工作岗位也更多；而白窑村位于河南省的中部偏北地区，受长三角地区和珠三角地区经济发展的影响较小。此外，白窑村村民在本县县城、本市市区和郑州市区务工的明显比熊家岗村多，这和非农就业地点的距离有很大关系，白窑村距离鲁山县城约30千米，距平顶山市区约50千米，且交通便利；位于河南省中部偏南的平顶山市，也在郑州的辐射范围内，而熊家岗村位于河南省的南部边界，受郑州的影响较小。

表3-17 非农就业人员工作地点分布情况

地点	熊家岗村		白窑村		两个村庄的平均占比（%）
	人数（人）	占比（%）	人数（人）	占比（%）	
本村	0	0.00	0	0.00	0.00
本乡镇	3	1.55	30	13.63	7.99
本县县城	12	6.21	36	16.36	11.62
本市其他乡镇	2	1.04	2	0.91	0.97
本市其他县城	1	0.52	5	2.27	1.45
本市市区	6	3.11	23	10.45	7.02
郑州市区	17	8.81	41	18.63	14.04
郑州县区	4	2.07	0	0.00	0.97
省内其他地级市下辖乡镇	0	0.00	0	0.00	0.00
省内其他地级市下辖县区	0	0.00	6	2.73	1.45
本省其他地级市区	6	3.11	1	0.45	1.69
外省乡镇	0	0.00	0	0.00	0.00
外省县城	0	0.00	15	6.82	3.63
外省一般地级市	11	5.70	8	3.64	4.60
外省省会城市	19	9.84	10	4.55	7.04
京津冀地区	13	6.74	5	2.27	4.36
长三角地区	58	30.05	30	13.63	21.31

续　表

地点	熊家岗村		白窑村		两个村庄的平均占比（％）
	人数（人）	占比（％）	人数（人）	占比（％）	
珠三角地区	41	21.24	8	3.64	11.86
我国港澳台地区及国外	0	0.00	0	0.00	0.00

总体来看，两个村庄占比最高的是从事制造业的，占比达到47.70％，两个村庄非农就业人员从事制造业的占比分别为78.23％和20.91％（见表3-18）。两个村庄从事制造业的人员占比相差如此之大和非农就业人员务工地点的选择有很大关系，熊家岗村非农就业人员务工地大多在长三角地区和珠三角地区，这两个区域的制造业发达，吸纳的劳动力较多。

表3-18　　　　　　非农就业人员行业分布情况

行业	熊家岗村		白窑村		两个村庄的平均占比（％）
	人数（人）	占比（％）	人数（人）	占比（％）	
副业（家庭手工或手工业）	0	0.00	0	0.00	0.00
乡村旅游	2	1.04	1	0.45	0.73
制造业	151	78.23	46	20.91	47.70
建筑业（含装修）	6	3.11	52	23.64	14.04
运输业	1	0.52	22	10.00	5.57
采掘业	0	0.00	11	5.00	2.66
商业和商务中介	2	1.04	1	0.45	0.73
教育业	3	1.55	6	2.73	2.18
医疗业	0	0.00	4	1.82	0.97
金融服务业	0	0.00	2	0.91	0.48
生活服务业	7	3.63	14	6.36	5.08
企业白领	15	7.77	3	1.36	4.36
开办企业	0	0.00	0	0.00	0.00
个体户	1	0.52	17	7.73	4.36
公务员或事业单位员工	4	2.07	10	4.55	3.39
打零工	1	0.52	31	14.09	7.75

从空间位置来看受教育程度差异，熊家岗村不同学历的非农就业人口在外省地区的占比都超过55%，文盲或小学学历的人员到外省务工的人数占比为76.47%，初中学历的人员到外省务工的人数占比为77.78%，高中或中专学历的人员到外省务工的人数占比为58.33%，大专、本科及以上学历的人员到外省务工的人数占比为66.67%。白窑村大专、本科及以上学历的村民到外省务工的较少，主要集中在郑州市区、本县和本市（本县外）（见表3-19、图3-7、图3-8）。

表3-19　　　　　非农就业人员不同空间的受教育程度分布情况

村庄	受教育程度	本县	本市（本县外）	郑州市区	省内其他地区	外省地区
熊家岗村	文盲或小学	2.95%	5.88%	11.76%	2.94%	76.47%
	初中	5.55%	4.63%	4.63%	7.41%	77.78%
	高中或中专	25.00%	4.17%	12.50%	0.00%	58.33%
	大专、本科及以上	7.41%	3.70%	18.52%	3.70%	66.67%
白窑村	文盲或小学	44.12%	5.88%	17.65%	8.82%	23.53%
	初中	27.14%	14.29%	16.43%	2.14%	40.00%
	高中或中专	30.00%	10.00%	15.00%	0.00%	45.00%
	大专、本科及以上	26.91%	23.08%	34.62%	3.85%	11.54%
总计	文盲或小学	23.53%	5.88%	14.71%	5.88%	50.00%
	初中	17.74%	10.08%	11.29%	4.44%	56.45%
	高中或中专	27.27%	6.82%	13.64%	0.00%	52.27%
	大专、本科及以上	16.98%	13.21%	26.42%	3.77%	39.62%

注：文盲或小学受教育程度百分数各空间占比以文盲或小学受教育程度所有空间分布为1，得出各空间文盲或小学受教育程度占比；其他受教育程度各空间占比计算方法同上。

从空间位置来看性别差异，熊家岗村女性主要在外省地区务工，没有在本县务工的；相反，白窑村在本县务工的女性占比为40.48%，在外省地区务工的仅占26.19%（见表3-20、图3-9、图3-10）。

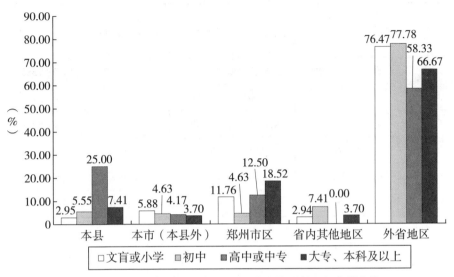

图 3-7　熊家岗村非农就业人员不同空间的受教育程度分布情况

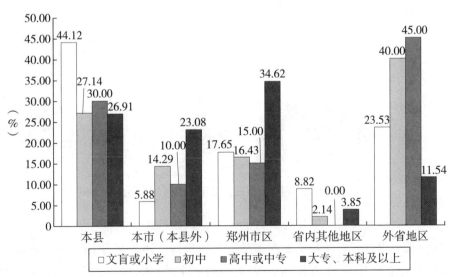

图 3-8　白窑村非农就业人员不同空间的受教育程度分布情况

表 3 - 20 非农就业人员不同空间的性别分布情况

村庄	性别	本县	本市（本县外）	郑州市区	省内其他地区	外省地区
熊家岗村	男	12. 20%	5. 69%	8. 13%	3. 25%	70. 73%
	女	0. 00%	2. 86%	10. 00%	8. 57%	78. 57%
白窑村	男	27. 53%	14. 04%	19. 10%	2. 81%	36. 52%
	女	40. 48%	11. 90%	16. 67%	4. 76%	26. 19%
总计	男	21. 26%	10. 63%	14. 62%	2. 99%	50. 50%
	女	15. 18%	6. 25%	12. 50%	7. 14%	58. 93%

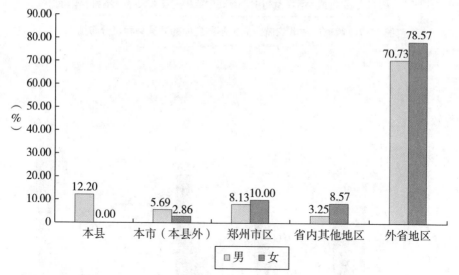

图 3 - 9 熊家岗村非农就业人员不同空间的性别分布情况

从空间位置来看不同年龄人口的差异，调研的两个村庄中，45~65 岁的农村劳动力进行非农就业主要在本县和外省地区；16~44 岁的劳动力非农就业地也主要集中在外省地区，熊家岗村占比为 75.95%，白窑村占比为 41.67%（见表 3 - 21、图 3 - 11、图 3 - 12）。

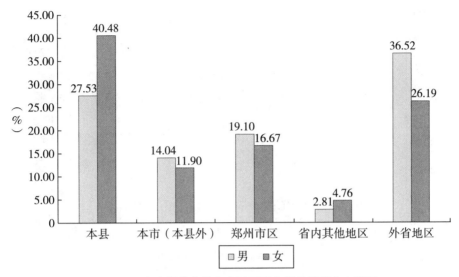

图 3-10　白窑村非农就业人员不同空间的性别分布情况

表 3-21　　　　　　　　非农就业人员不同空间的年龄分布情况

村庄	年龄段	本县	本市 （本县外）	郑州市区	省内其他地区	外省地区
熊家 岗村	16～44 岁	6.34%	3.16%	9.49%	5.06%	75.95%
	45～65 岁	14.29%	11.43%	5.71%	5.71%	62.86%
白窑村	16～44 岁	18.18%	15.15%	21.97%	3.03%	41.67%
	45～65 岁	43.90%	12.20%	14.63%	3.66%	25.61%
总计	16～44 岁	11.73%	8.62%	15.17%	4.14%	60.34%
	45～65 岁	35.04%	11.97%	11.97%	4.27%	36.75%

3. 非农就业人员工资情况

由于涉及收入情况，在调研的时候获得准确的数据比较困难，部分被调研的人不愿回答，经整理之后总共得到有效数据 413 个。从调研的两个村庄的情况来看，熊家岗村非农就业人员年收入集中在 4 万～<6 万元，占比为 50.26%；白窑村非农就业人员年收入同样集中在此区间，占比为 53.18%，但白窑村非农就业人员年收入为 6 万～<8 万元的占比比熊家岗村多 19.83%（见表 3-22、图3-13）。

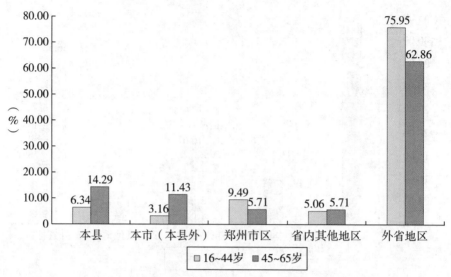

图3-11　熊家岗村非农就业人员不同空间的年龄分布情况

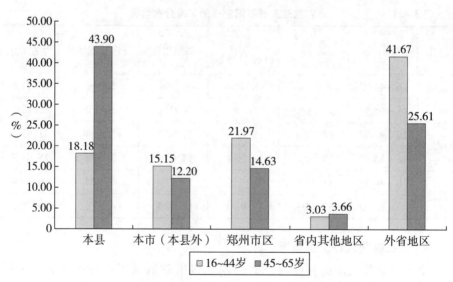

图3-12　白窑村非农就业人员不同空间的年龄分布情况

表3-22　　　　　　非农就业人员不同年均工资水平占比情况

工资水平	熊家岗村	白窑村
2万元以下	10.36%	0.91%
2万～<4万元	29.53%	14.54%

工资水平	熊家岗村	白窑村
4万～<6万元	50.26%	53.18%
6万～<8万元	8.81%	28.64%
8万～10万元	1.04%	1.82%
10万元以上	0.00%	0.91%

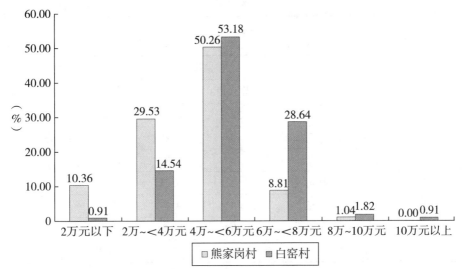

图3-13　非农就业人员不同年均工资水平占比情况

（五）家庭收支及借贷情况

1. 家庭收入情况

从家庭收入结构看，两个村庄的情况基本一致，农业收入占总收入的比重都比较低（熊家岗村为7.74%，白窑村为7.85%），村民主要靠外出务工获得收入。

从熊家岗村的家庭年均总收入来看，该村大多数家庭的年收入为5万～10万元（含），占比为30.73%，但也值得注意的是，该村有16.67%的家庭年收入在1万元及以下。

从白窑村家庭年均总收入来看，该村家庭年收入占比最多的区间同样是5万～10万元（含），占比高达50.54%，比熊家岗村高19.81%；此外，白窑村家庭年收入在10万元以上的家庭占比也比熊家岗的高，高3.42%（见

表3－23、表3－24、图3－14、图3－15）。熊家岗村的低收入家庭中，家庭成员主要是独居老人或与子女分户的老人，收入来源单一，这样的受访户占比较白窑村高。

表3－23　　　　　　　　调研村庄家庭收入结构情况

村庄	农业收入占比（％）	非农收入占比（％）
熊家岗村	7.74	92.26
白窑村	7.85	92.15

表3－24　　　　　　调研村庄不同家庭年均总收入占比情况

家庭年均总收入	熊家岗村		白窑村	
	户数（户）	占比（％）	户数（户）	占比（％）
总收入≤1万元	32	16.67	17	9.34
1万元＜总收入≤2万元	12	6.25	6	3.30
2万元＜总收入≤3万元	16	8.33	6	3.30
3万元＜总收入≤4万元	12	6.25	6	3.30
4万元＜总收入≤5万元	18	9.37	8	4.40
5万元＜总收入≤10万元	59	30.73	92	50.54
10万元＜总收入	43	22.40	47	25.82

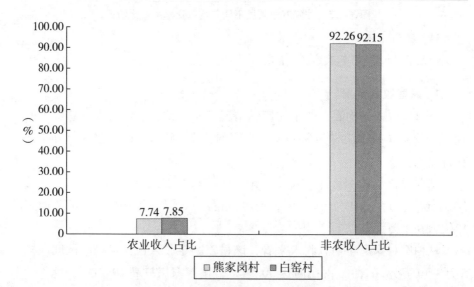

图3－14　调研村庄家庭收入结构情况

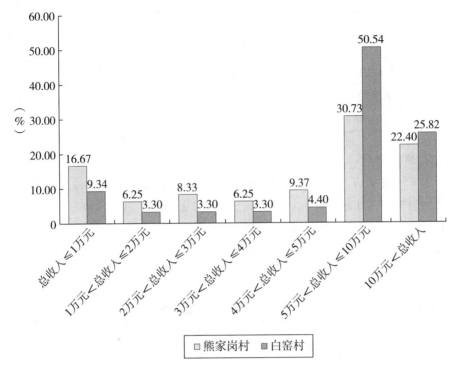

图 3 - 15 调研村庄不同家庭年均总收入占比情况

2. 家庭主要支出情况

从家庭总支出情况来看，熊家岗村和白窑村村民大部分支出在日常生活和子女教育上。在有人生病的家庭中，医疗费用也是开支的一项（见表3 - 25）。

表 3 - 25 调研村庄家庭主要支出情况

家庭主要支出	熊家岗村		白窑村	
	户数（户）	占比（%）	户数（户）	占比（%）
医疗	7	3.64%	30	16.48%
结婚	0	0.00%	0	0.00%
建房/购房	1	0.52%	2	1.10%
子女教育	54	28.13%	33	18.13%

家庭主要支出	熊家岗村		白窑村	
	户数（户）	占比（%）	户数（户）	占比（%）
农业生产投资	0	0.00%	3	1.65%
非农业生产投资	0	0.00%	7	3.85%
日常生活开支	130	67.71%	107	58.79%

3. 借贷情况

熊家岗村受访人员近两年来有4.69%的人有借贷需求，首选借贷对象中正规金融机构占比最高，为66.66%；白窑村受访人员近两年来有15.93%的人有借贷需求，首选借贷对象中正规金融机构的占比最高，为68.96%。借款金额相差巨大，最高为20万元，最少为1000元；在没有选择正规金融机构借贷的村民中，大多数人是因为不了解贷款渠道（见表3－26、表3－27）。

表3－26　　　　　　　　调研村庄首选借贷对象占比情况

借贷对象	熊家岗村	白窑村
正规金融机构	66.66%	68.96%
民间金融	0.00%	0.00%
亲戚	33.34%	27.59%
朋友或生意伙伴	0.00%	3.45%

表3－27　　　　　　　　未选择正规金融机构借贷的原因

原因	熊家岗村	白窑村
金融机构距离远	—	0.00%
可贷资金有限	—	11.11%
贷款手续繁杂，耗时长	—	11.11%
不了解贷款渠道	—	77.78%
正规金融机构贷款利息高	—	0.00%

（六）被访者长期迁移意愿情况

两个受访村庄村民的长期迁移意愿差别较大，熊家岗村具有长期迁移意愿的村民只有1.13%，白窑村则高达24.38%。关于计划迁移的地点，熊家岗村有迁移意愿的村民愿意迁往的地点只有本乡镇、本县县城和外省地区；白窑村村民计划迁移的地点为本县县城的占比最大，为63.58%，其次为本市（本县外）（见表3-28、表3-29、图3-16、图3-17）。两个村庄受访人员迁移意愿差别巨大，和村民务工地选择不无关系，熊家岗村非农就业人员主要集中在长三角地区和珠三角地区，主要从事制造业，多数人员就业不稳定，且距离家乡较远，故迁移意愿不高。

表3-28　　　　　　　受访人员长期迁移意愿占比情况

是否有长期迁移意愿	是	否
熊家岗村	1.13%	98.87%
白窑村	24.38%	75.62%

表3-29　　　　　　有迁移意愿者计划迁移地点占比情况

村庄	本乡镇	本县县城	本市（本县外）	郑州市区	省内其他地区	外省地区
熊家岗村	33.34%	33.33%	0.00%	0.00%	0.00%	33.33%
白窑村	11.56%	63.58%	16.76%	5.78%	0.00%	2.32%

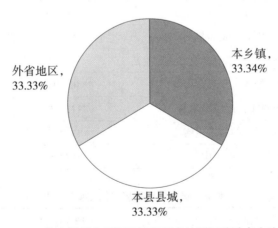

图3-16　熊家岗村有长期迁移意愿者计划迁移地点占比情况

调研的两个村庄的受访者愿意迁往城市的主要原因是城市有更好的发展机会、城市有更好的物质生活和城市有更丰富的精神生活等；此外，白窑村还有村民是为后代发展考虑，也有一部分人是在城市的子女或其他亲属要带

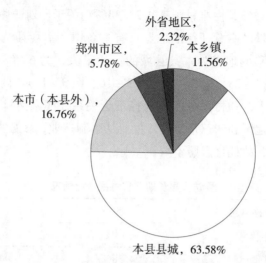

图 3 - 17 白窑村有长期迁移意愿者计划迁移地点占比情况

自己一起生活。关于不愿迁往城市的原因，熊家岗村绝大多数村民是因为认为城市生活成本高（占比为 83.50%）；白窑村村民主要是因为认为在城市无法获得足够高的收入（占比为 82.53%）（见表 3 - 30、表 3 - 31）。

表 3 - 30 　　　　　　　　　受访人员愿意迁往城市的主要原因

原因	熊家岗村	白窑村
城市有更好的发展机会	55.55%	83.23%
在城市的子女或其他亲属要带自己一起生活	0.00%	20.50%
城市有更好的医疗教育资源	0.00%	39.13%
城市有更丰富的精神生活	11.11%	47.20%
城市有更好的物质生活	33.33%	40.37%
为后代发展考虑	0.00%	25.47%

表 3 - 31 　　　　　　　　　受访人员不愿迁往城市的主要原因

原因	熊家岗村	白窑村
更喜欢农村的生活	15.62%	44.03%
在城市无法获得足够高的收入	0.00%	82.53%
认为城市生活成本高	83.50%	45.81%

原因	熊家岗村	白窑村
在城市生活存在子女受教育或医疗等不便之处	0.00%	4.99%
城市生活节奏快	0.00%	3.57%
城市的自然环境不好	0.00%	0.00%
认为城市与农村生活并无太大区别	0.88%	0.53%
习惯了农村生活，不愿改变	0.00%	18.00%
农村还有土地和房屋尚未变现	0.00%	23.35%
不愿放弃土地	0.00%	8.20%

三、调研结论

一是农民收入低，产业化水平不高，增收渠道窄；外出务工已成为农民收入的主要来源之一。因两个村庄都位于丘陵地带，受地理环境与土壤的影响，平均粮食亩产量与平原农区差距较大，所以两个村庄的务工收入占家庭总收入的绝大部分。

二是留守儿童在生活、教育上的问题突出。以熊家岗村为例，受访人口中有许多人远赴珠三角地区和长三角地区从事制造业。而儿童的临时监护人一般年纪较大，缺少精力和耐心管教孩子，导致大部分孩子没有形成良好的生活、学习习惯。这些孩子长期与父母分离，缺少父母的关爱，其心理需求得不到满足。

三是子女教育支出在农村家庭收入中的占比越来越高。目前，农村人口接受高等教育的比例逐步提升，农村人口受教育结构进一步优化，随之而来的是子女教育的支出在家庭支出中占有很大比重，子女多的家庭不得不借钱供子女上学，农村家长和农村学生共同承担着"因教致贫"的痛苦。而社会上的攀比风气已进入校园，被贫困困扰的学生特别容易产生不平衡心理，进而产生挫败感。

四、政策建议

一是加大产业和区域调控力度，增加农民工的就业机会，增加农民工的家庭收入。降低中小微企业的准入条件，简化准入手续，缩短审批时间，加大税收优惠，积极引导、扶持中小微企业的发展，特别是要鼓励、扶持有条件的农民工自主创业。积极发展多种所有制的服务业，支持、鼓励和引导私营、个体企业，充分发挥其在增加就业方面的作用。

二是强化政府统筹管理，加大社会支持力度。在农民工密集的地方，增加教育设施，降低务工子女的入学收费标准，逐步改善农民工子女的就学条件。可以通过开办寄宿制学校、假期学校等，逐步建立社会监管体制，打破城乡体制，给予务工者及其子女切实的市民待遇，运用现有的教育资源帮助务工者把子女带到务工地学习和生活，开辟务工子女就学的"绿色通道"。

三是健全对农村大学生的帮困体系，积极开展大学生心理健康教育。通过建立奖学金制度、勤工助学制度、困难补助制度，多元化、多层次地建立健全农村大学生帮困体系，在一定程度上缓解农村大学生的经济压力。建立大学生心理档案，为大学生提供免费心理咨询服务，依据农村大学生的心理特点有的放矢地做好工作。做好农村大学毕业生的就业服务工作，建立健全毕业生就业服务体系。

第四章　整村分析报告四

——基于立新村和祥云镇村的整村调查

2021年7月，河南中原经济发展研究院及河南大学经济学院、河南大学中原发展研究院联合整村调研课题组，分别对河南省信阳市商城县河凤桥乡立新村和焦作市温县祥云镇祥云镇村进行了入户调研，通过访谈的方式共获得有效问卷327份。

商城县隶属河南省信阳市，位于淮河以南，江淮西部，大别山北麓，鄂豫皖三省交界处。截至2020年，全县总面积为2130平方千米，常住人口为45.95万人，辖23个乡镇（处）①。商城文化艺术独具地方风格，地方戏剧、曲艺众多，人们喜爱以歌舞表达情感，被誉为"歌舞之乡"，一曲《八月桂花遍地开》使商城全球扬名。商城也是著名革命史迹"金刚台三年红旗不倒"所在地，为豫南革命老区之一，据统计，商城重点革命旧址和抗战史迹有70多处。

温县隶属于河南省焦作市，地处豫北平原西部，南滨黄河，北依太行山。截至2020年，全县总面积为481.3平方千米，辖7个乡镇、4个街道、262个行政村②。温县古时因境内有温泉而得名。温县诞生了思想家卜商，三国时期著名政治家、军事家司马懿，北宋画家郭熙等历史名人，是太极拳的发源地，全国闻名的"武术之乡""怀药之乡"和优质小麦种子基地。

---

① 数据来源：商城县人民政府网，http：//www.hnsc.gov.cn/zjsc/index.html。

② 数据来源：温县党政门户网站，http：//www.wenxian.gov.cn/sitesources/wxdzw/page_pc/zjwx/index.html。

一、调研村庄整体情况

立新村和祥云镇村的农户总数分别为 475 户和 840 户，调研组分别获得有效问卷 157 份和 170 份。从地形和区位特征看，立新村处于山地丘陵地区，祥云镇村地处平原地区，虽地形不同，但两个村庄共同的特征在于距离所属县城的路程相近。立新村的粮食作物为水稻和玉米，祥云镇村为小麦和玉米，均以种粮为主，辅以少量的经济作物。两个村庄基本没有工业基础，多数村民以"务农＋务工"的半耕半工的方式生活。不同的是，祥云镇村种植大户较多，农业规模化经营程度较高，依靠当地旅游资源，部分村民从事旅游餐饮业。同时，我们也发现，不少村民把自己的承包地转租出去或者赠送给亲朋好友，完全脱离了农业生产活动。上述特征在农业生产情况、家庭成员情况、人口流动、家庭收入与支出情况等方面均有体现。总体来看，两个村庄表现出很多共同特征，但又各有特色。

（一）立新村

立新村位于丘陵地区，距离河凤桥乡中心约 8 千米，距离商城县中心约 12 千米，距离信阳市中心约 131 千米。全村 475 户 2280 人，外出务工人员约 750 人，外出就业大多去往长三角地区、珠三角地区以及当地县城。全村总面积 7125 亩，其中耕地面积 2430 亩，主要种植水稻、玉米和花生。村内有农业专业合作社 4 家，参社农户 20 户。全村家庭耕地面积为 50 亩以上的农户有 14 户，最大规模为 310 亩。村内有 3 家企业，为畜牧养殖企业和食品加工企业。村里的基础设施建设与公共服务均比较好，通路、通电、通水（自来水）、通网，生活垃圾统一收集处理，生活污水自排，村民厕所以冲水式卫生厕所为主，没有集中供暖。村小学有 8 间教室，学生 19 名，教师 3 名，其中 1 名为高中学历，另外 2 名为大专学历。村内设有 1 所幼儿园，幼儿园里有 1 间教室，1 名教师。有村卫生室 1 个，有村医 3 名，村医平均年龄为 45 岁，均为专科学历，从医近 30 年。村内有 1 个体育健身场所、1 个图书室、1 个文化站和 1 个农民业余文化组织。

（二）祥云镇村

祥云镇村距离祥云镇中心约 1 千米，距离温县中心约 10 千米，距离焦作市中心约 40 千米。全村 840 户 3675 人，外出务工人员约 275 人，外出就业大多去往当地乡镇、当地县城、郑州市区。全村总面积 3000 亩，其中耕地面积 2800 亩，主要种植小麦和玉米，以及花生等经济作物。村内没有农业专业合作社。全村家庭耕地面积为 200 亩以上的农户有 15 户，最大规模为 400 亩。村内没有企业。村内的基础设施建设与公共服务均比较好，通路、通电、通水（自来水）、通网、通沼气，生活垃圾统一收集处理，生活污水集中处理，村民厕所以冲水式卫生厕所为主，没有集中供暖。村小学有学生 836 名，教师 43 名，其中 15 名教师为大专学历，28 名为本科学历。村内有 2 所幼儿园，入园儿童 579 名，教师 38 名，其中 4 名来自本村。有村卫生室 1 个，有村医 2 名，村医年龄均为 45 岁，大专学历，从医 20 余年。村内有 4 个体育健身场所、2 个图书室、1 个文化站和 1 个农民业余文化组织。

二、调研村庄农户情况

（一）人口基本情况

1. 人口年龄情况

立新村人口现有 475 户 2280 人，常住人口有 200 户 1428 人，样本选择 157 户，平均年龄为 37 岁（调研问卷大多数为常住人口自己填写；个别外出务工人员由村委会主任代填）。调研样本户籍人口年龄结构情况为：未成年（18 岁以下）人口 229 人，占比为 24.76%；青年（18~45 岁）人口 340 人，占比为 36.76%；中年（46~60 岁）人口 227 人，占比为 24.54%；老年（60 岁以上）人口 129 人，占比为 13.94%。

祥云镇村人口现有 840 户，3675 人，常住人口有 3300 人，样本选择 170 户，平均年龄为 38 岁（调研问卷大多数为常住人口自己填写；个别外出务工人员由村委会主任代填）。调研样本户籍人口年龄结构情况为：未成年（18 岁以下）人口 168 人，占比为 23.43%；青年（18~45 岁）人口 279 人，占比为 38.91%；中年（46~60 岁）人口 136 人，占比为 18.97%；老年（60 岁以上）人口 134 人，占比为 18.69%。从两个村庄调研的人口年龄结构可以看出，立新村和祥云镇村都存在人口老龄化现象，但祥云镇村老龄化要严重一点，且未成年人口比重低于立新村（见表 4-1、图 4-1）。

表 4-1　　　　　　　　　调研村庄人口年龄结构

村庄	18 岁以下		18~45 岁		46~60 岁		60 岁以上	
	人数（人）	占比（%）	人数（人）	占比（%）	人数（人）	占比（%）	人数（人）	占比（%）
立桥村	229	24.76	340	36.76	227	24.54	129	13.94
祥云镇村	168	23.43	279	38.91	136	18.97	134	18.69
总计	397	24.18	619	37.70	363	22.11	263	16.01

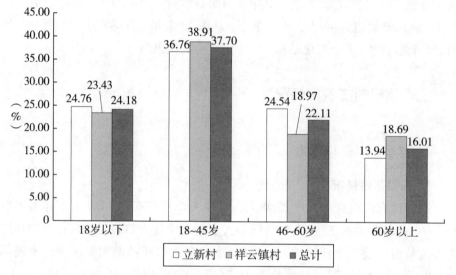

图 4-1　调研村庄人口年龄结构

2. 家庭人口情况

从调研结果来看，两个村庄样本家庭中，1 口之家均不超过 10 户，尤其在立新村，调研样本中不存在 1 口之家，说明独居老人不多，大部分老人和子女一起生活。

立新村受访家庭人口数以 4 人及以上为主，4 人、5 人家庭占比分别为 12.74%、19.12%，6 人及以上家庭占比为 55.41%。祥云镇村受访家庭中，1 人、2 人、3 人、4 人、5 人之家占比分别为 4.12%、8.82%、20.59%、19.41%、23.53%，6 人及以上的大家庭占比为 23.53%。6 人及以上的大家庭在两个样本村中均较多，说明成家的儿子和父母一起生活的情况普遍存在（见表 4-2）。

表4-2 调研村庄家庭总人口分布

村庄	家庭人口											
	1人		2人		3人		4人		5人		6人及以上	
	户数（户）	占比（%）	户数（户）	占比（%）	户数（户）	占比（%）	户数（户）	占比（%）	户数（户）	占比（%）	户数（户）	占比（%）
立新村	0	0.00	9	5.71	11	7.02	20	12.74	30	19.12	87	55.41
祥云镇村	7	4.12	15	8.82	35	20.59	33	19.41	40	23.53	40	23.53

3. 个人受教育情况

立新村受教育程度以文盲或小学和初中学历为主，占比分别为39.69%和38.00%，大专、本科及以上学历占比仅为14.54%。文盲或小学学历从老年人口的87.22%降低到中年人口的54.66%，再降低到青年人口的9.38%；初中学历占比从老年人口的6.38%提高到中年人口的36.44%，再提高到青年人口的52.20%；大专、本科及以上学历占比从老年人口的0.70%提高到中年人口的3.82%，再提高到青年人口的27.57%，青年人口的大专、本科及以上学历的占比有了明显提高。

祥云镇村村民的受教育情况在不断改善：文盲或小学学历从老年人口的51.49%降低到中年人口的14.29%，再降低到青年人口的7.28%；初中学历占比从老年人口的38.80%提高到中年人口的63.64%，到青年人口呈现显著的下降，说明该时期青年的辍学率较高；高中或中专学历占比从老年人口的9.71%提高到中年人口的19.48%，再提高到青年人口的22.54%，提高幅度较小；大专、本科及以上学历占比从老年人口的0%提高到中年人口的2.59%，再提高到青年人口的21.82%，青年人口的大专、本科及以上学历的占比水平有了明显提高。总体来看，祥云镇村村民的受教育程度更高，村民受教育程度为文盲或小学的比立新村低19.73%，受教育程度为高中或中专的比立新村高10.75%。

从两个村庄分年龄段受教育情况可见，随着义务教育的普及，年青一代的受教育情况有了较大改善：接受高等教育的人口比例正在逐渐提高，说明改革开放和高校扩招政策对教育有推进作用（见表4-3、图4-2、图4-3）。

表 4－3　　　　　　　　　调研村庄村民各年龄段受教育情况

村庄	年龄段	文盲或小学	初中	高中或中专	大专、本科及以上
立新村	18~45 岁	9.38%	52.20%	10.85%	27.57%
	46~60 岁	54.66%	36.44%	5.08%	3.82%
	60 岁以上	87.22%	6.38%	5.70%	0.70%
	总计	39.69%	38.00%	7.77%	14.54%
祥云镇村	18~45 岁	7.28%	48.36%	22.54%	21.82%
	46~60 岁	14.29%	63.64%	19.48%	2.59%
	60 岁以上	51.49%	38.80%	9.71%	0.00%
	总计	19.96%	50.18%	18.52%	11.34%

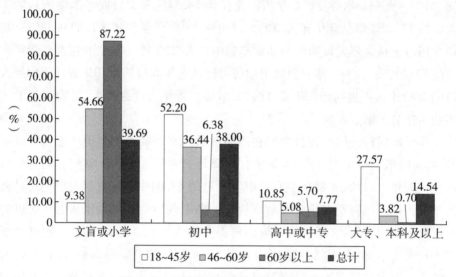

图 4－2　立新村村民各年龄段受教育情况

（二）农业耕地及生产经营情况

1. 农业耕地情况

立新村全村共有耕地 2430 亩，目前人均耕地面积约为 1.07 亩，户均耕地面积约为 5.12 亩。祥云镇村全村共有耕地 2800 亩，人均耕地面积大约为 0.76 亩，户均耕地面积约为 3.33 亩。两个村庄的人均耕地面积均低于河南省的平均水平 1.12 亩，与全国的平均水平 1.36 亩差距较大，祥云镇村尤为明

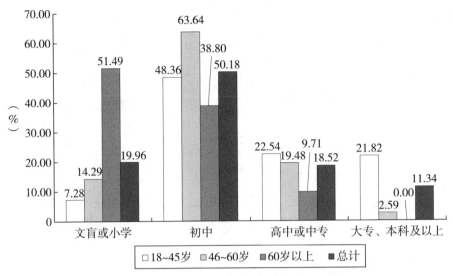

图 4-3　祥云镇村村民各年龄段受教育情况

显，人均耕地面积仅达到全国平均水平的 55.88%（见表 4-4）。

表 4-4　　　　　　　　调研村庄农业耕地情况

地域	耕地总面积（亩）	总人数（人）	人均耕地面积（亩）
立新村	2430	2280	1.07
祥云镇村	2800	3675	0.76
河南省	—	—	1.12
全国	—	—	1.36

数据来源：河南省人民政府网和第三次全国国土调查主要数据公报。

　　两个村庄的家庭实际耕地面积均低于全国平均水平，两个村庄的家庭实际耕地面积区间占比差别较大，立新村家庭实际耕地面积在 1 亩以下的占比为 36.94%，1～<5 亩的占比为 22.93%，5～<10 亩的占比为 20.38%，10亩及以上的占比为 19.75%。祥云镇村家庭实际耕地面积在 1 亩以下的占比为 94.71%，1～<5 亩的占比为 2.35%，5～<10 亩的占比为 0.00%，10 亩及以上的占比为 2.94%。立新村在各区间的分布比较均匀，祥云镇村则主要集中在 1 亩以下（见表 4-5、图 4-4）。祥云镇村家庭土地经营面积在 200 亩以上的共有 15 户，主要种植小麦、花生、山药。而立新村家庭土地经营面积在 200 亩以上的仅有 1 户。

表4-5　　　　　　　调研村庄家庭实际耕地面积区间占比情况

村庄	土地经营面积区间	占比
立新村	1亩以下	36.94%
	1~<5亩	22.93%
	5~<10亩	20.38%
	10亩及以上	19.75%
祥云镇村	1亩以下	94.71%
	1~<5亩	2.35%
	5~<10亩	0.00%
	10亩及以上	2.94%

注：土地经营面积区间占比情况按实际耕地面积计算。

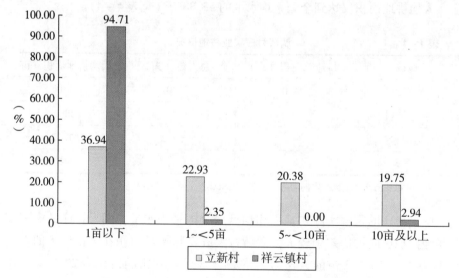

图4-4　调研村庄家庭实际耕地面积区间占比情况

　　根据在两个村庄的调研情况来看，立新村流转户数占比为52.23%，祥云镇村流转户数占比为94.71%（见表4-6）。其中立新村土地最大流转面积为300亩。

表 4－6   调研村庄土地流转情况

村庄	土地流转面积（亩）	流转户数占比（%）	流转价格（元/亩/年）
立新村	1000	52.23	80～300
祥云镇村	2800	94.71	600～1000

2. 农业生产经营情况

立新村主要以水稻和玉米等粮食作物和花生、红薯等经济作物为主。正常年份下，水稻每亩产1100斤左右，售价每斤在1.2元左右，每亩产值为1320元左右；玉米每亩产900斤左右，售价为每斤1.15元，每亩产值在1035元左右；土豆每亩产500斤左右，售价为每斤1元，每亩产值为500元左右。

由于两个村庄地理位置的显著差异，祥云镇村农业生产主体更多的是大农户，主要以小麦、玉米等粮食作物和花生、山药等经济作物为主，其他少数农户主要以春冬季节小麦、夏秋季玉米为主。正常年份下，小麦每亩产1000斤左右，售价平均每斤1.2元，每亩产值为1200元左右；玉米每亩产900斤左右，售价为每斤1.15元，每亩产值在1035元左右（见表4－7）。除此之外还有村民种植花生，花生折合下来每亩产值为800元。由于人均耕地数量较少与农业种植机械化的普及，农忙时间普遍较短，一般为每年的5—6月和9—10月。

表 4－7   调研村庄主要农作物每亩耕种成本、收益情况   单位：元/亩

村庄	种类	种子成本	化肥成本	农药成本	灌溉成本	犁地成本	收割成本	总成本	总收入	净收益
立新村	水稻	75	156	29	14	120	80	474	1320	846
	玉米	89	58	16	0	120	0	283	1035	752
祥云镇村	小麦	67	207	38	22	73	56	463	1200	737
	玉米	49	187	29	26	83	36	410	1035	625

从农业生产经营的风险来看，调研农户认为农业收入的影响因素主要为农业自然风险（立新村占比为68.15%，祥云镇村占比为3.53%）、价格波动（立新村占比为19.75%，祥云镇村占比为2.35%）等。从农户采取的应对风险的措施来看，两个村庄的农户在应对农业风险方面的态度和措施有差异。

从具体比例来看，立新村村民选择靠农业技术和基础设施的占比为 47.13%，靠政府帮助的占比为 33.12%，购买农业保险和听天由命的占比分别为 21.02% 和 19.75%，选择靠期货市场的为 0.00%；祥云镇村村民选择靠农业技术和基础设施、听天由命的占比均为 1.76%，选择靠政府帮助、购买农业保险和靠期货市场的占比分别为 0.59%、1.18% 和 0.00%（见表 4 - 8、表 4 - 9）。

表 4 - 8   调研村庄村民认为农业收入影响因素占比情况

因素	立新村	祥云镇村
农业自然风险	68.15%	3.53%
缺乏销售渠道	10.83%	0.59%
价格波动	19.75%	2.35%
政策变动	8.92%	0.00%
缺乏农业技术和资金	11.46%	0.59%

表 4 - 9   调研村庄村民规避农业生产经营风险方式占比情况

规避风险方式	立新村	祥云镇村
靠政府帮助	33.12%	0.59%
购买农业保险	21.02%	1.18%
靠农业技术和基础设施	47.13%	1.76%
靠期货市场	0.00%	0.00%
听天由命	19.75%	1.76%

随着人们生活水平的提高，农民的思想也越来越开放，接受新事物的能力逐渐增强，越来越多的农民开始选择使用较为基础的市场化风险管理工具来降低农业风险，如购买农业保险。立新村已购买农业保险的村民占比高达 95.54%，基本上实现了种植户的全覆盖，没有农户表示不愿购买（见表 4 - 10）。祥云镇村仅有两户村民表示不愿购买保险，原因是农业保险价格太高以及不了解农业保险。

表 4 - 10　　　　　调研村庄农业保险购买意向占比情况

购买意愿	立新村	祥云镇村
已购买	95.54%	1.18%
未购买但愿意购买	0.00%	0.00%
不愿购买	0.00%	1.18%

（三）宅基地及房屋情况

1. 宅基地情况

立新村户均宅基地面积数为 2.25 分，最大值为 5.40 分，最小值为 0.90 分（见表 4 - 11）。其中，0 ~ <2.5 分的占比为 39.49%，2.5 ~ <5 分的占比为 59.87%，5 ~ 10 分的占比为 0.64%，10 分以上的占比为 0.00%（见表 4 - 12、图 4 - 5）。与其他村庄相比，立新村农户拥有宅基地面积处于中下等水平。村里很多年前就已经停止划拨宅基地了，宅基地来源主要是继承上一代的。

祥云镇村户均宅基地面积数为 3.38 分，最大值为 8.00 分，最小值为 1.50 分。农户拥有的宅基地面积在 2.5 ~ <5 分的最多，占比为 77.65%，0 ~ <2.5 分的占比为 15.88%，5 ~ 10 分的占比为 6.47%，没有拥有 10 分以上宅基地的农户。与其他村庄相比，祥云镇村农户拥有宅基地面积属于中等水平。

表 4 - 11　　　　　调研村庄宅基地基本情况

村庄	调研户数（户）	调研的户均宅基地面积数（分）	最大值（分）	最小值（分）
立新村	157	2.25	5.40	0.90
祥云镇村	170	3.38	8.00	1.50

表 4 - 12　　　　　调研村庄农户拥有宅基地面积情况

村庄	宅基地面积区间	占比
立新村	0 ~ <2.5 分	39.49%
	2.5 ~ <5 分	59.87%
	5 ~ 10 分	0.64%
	>10 分	0.00%

续　表

村庄	宅基地面积区间	占比
祥云镇村	0 ~ <2.5 分	15.88%
	2.5 ~ <5 分	77.65%
	5 ~ 10 分	6.47%
	>10 分	0.00%

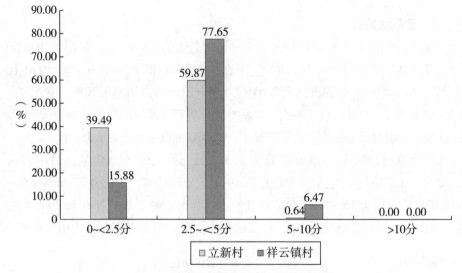

图 4 - 5　调研村庄农户拥有宅基地面积情况

　　由于调研对"户"概念的严格划分（子女已经成家并且与父母分户的视为新的一户），立新村农户只有 1 处宅基地的所占比重较大，占比达到 58.60%，有 2 处的占比为 31.21%，有 3 处及以上的占比为 10.19%，部分宅基地闲置，仍存在子女和父母住在一起的情况（虽然分户，但实际仍住在一起）。祥云镇村农户只有 1 处宅基地的占绝大部分比重，占比达到 85.29%，有 2 处宅基地的占 14.71%，没有拥有 3 处及以上的，而有 2 处宅基地的大多是户主和子女各使用 1 处（见表 4 - 13）。

表 4 - 13　　　　　调研村庄农户宅基地拥有数量占比情况

宅基地数量	1 处	2 处	3 处及以上
立新村	58.60%	31.21%	10.19%

宅基地数量	1 处	2 处	3 处及以上
祥云镇村	85.29%	14.71%	0.00%

2. 房屋及村外房产情况

立新村房屋建筑面积（包括购买的商品房）为 180 平方米以上的占比高达 87.90%，121～180 平方米的占比为 7.00%，61～120 平方米的占比为 3.83%，0～60 平方米的占比为 1.27%。祥云镇村房屋建筑面积为 0～60 平方米、61～120 平方米、121～180 平方米、180 平方米以上的占比分别为 7.65%、21.76%、22.36%、48.23%。目前，立新村和祥云镇村房屋建筑面积均以 180 平方米以上为主，显示出农民住房需求的提升以及居住环境的改善（见表 4－14、图 4－6）。

表 4－14　　　　　　　　调研村庄房屋建筑面积情况

村庄	房屋建筑面积区间	占比
立新村	0～60 平方米	1.27%
	61～120 平方米	3.83%
	121～180 平方米	7.00%
	>180 平方米	87.90%
祥云镇村	0～60 平方米	7.65%
	61～120 平方米	21.76%
	121～180 平方米	22.36%
	>180 平方米	48.23%

立新村农户在村外有房产的占比为 36.31%，其中，村外房产位于本县县城的占比为 40.35%，位于外省地区的占比为 29.82%，位于本乡镇的占比为 21.06%。祥云镇村农户在村外有房产的占比为 11.76%，其中，村外房产位于本县县城的占比为 50.00%，位于郑州市区的占比为 25.00%，位于省内其他地区和外省地区的占比均为 10.00%（见表 4－15、表 4－16）。

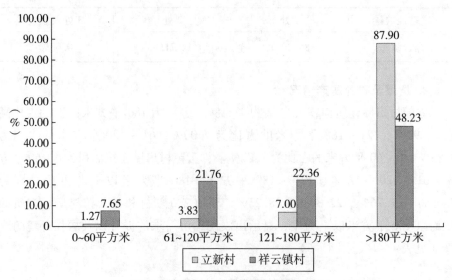

图4-6　调研村庄房屋建筑面积情况

表4-15　　　　　　　　　调研村庄农户拥有村外房产情况

村庄	村外有房产农户（户）	占比（%）
立新村	57	36.31
祥云镇村	20	11.76

表4-16　　　　　　　　　调研村庄农户村外房产所在地情况

村庄	村外房产所在地	占比（%）
立新村	本乡镇	21.06
	本县县城	40.35
	本市市区	7.02
	郑州市区	1.75
	省内其他地区	0.00
	外省地区	29.82

续 表

村庄	村外房产所在地	占比（%）
祥云镇村	本乡镇	0.00
	本县县城	50.00
	本市市区	5.00
	郑州市区	25.00
	省内其他地区	10.00
	外省地区	10.00

（四）非农就业情况

1. 非农就业人口情况

在两个村庄的调研样本中，立新村村民年龄在 16～65 岁的一共有 619 人，扣除上学和务工信息不全的样本，非农就业人口为 400 人，占比约为 64.62%；祥云镇村村民年龄在 16～65 岁的一共有 476 人，扣除上学和务工信息不全的样本，非农就业人口为 258 人，占比约为 54.20%。

2. 非农就业地点与非农就业行业情况

从两个村庄全部非农就业人员的工作地点来看，在长三角地区的占比最高，为 27.01%；其他占比较高的是本乡镇、本县县城、珠三角地区和郑州市区，分别为 23.76%、15.94%、7.36%、6.34%。就两个村庄非农就业务工地点对比来看差异较大，立新村主要集中在长三角地区和珠三角地区，其次是本县县城，这与商城县所处三省交界的地理位置有关；而祥云镇村则主要集中在本乡镇、本县县城和郑州市区，去往省外的较少，这是因为祥云镇村当地有旅游资源，所以在当地从事旅游餐饮相关工作的人较多（见表 4-17）。

表 4-17　　　　　非农就业人员工作地点分布情况

地点	立新村		祥云镇村		两个村庄的平均占比（%）
	人数（人）	占比（%）	人数（人）	占比（%）	
本村	13	3.25	10	3.88	3.56
本乡镇	18	4.50	111	43.02	23.76

续 表

地点	立新村		祥云镇村		两个村庄的平均占比（%）
	人数（人）	占比（%）	人数（人）	占比（%）	
本县县城	36	9.00	59	22.87	15.94
本市其他乡镇	4	1.00	0	0.00	0.50
本市其他县城	3	0.75	0	0.00	0.38
本市市区	6	1.50	6	2.34	1.92
郑州市区	12	3.00	25	9.69	6.34
郑州县区	1	0.25	4	1.55	0.90
省内其他地级市下辖乡镇	0	0.00	0	0.00	0.00
省内其他地级市下辖县区	0	0.00	2	0.78	0.39
本省其他地级市区	7	1.75	7	2.71	2.22
外省乡镇	0	0.00	0	0.00	0.00
外省县城	0	0.00	0	0.00	0.00
外省一般地级市	14	3.50	5	1.94	2.72
外省省会城市	18	4.50	5	1.94	3.22
京津冀地区	19	4.75	4	1.55	3.14
长三角地区	199	49.75	11	4.26	27.01
珠三角地区	48	12.00	7	2.72	7.36
我国港澳台地区及国外	2	0.50	2	0.78	0.64

总体来看，两个村庄非农就业人员中从事制造业的占比最高，达到25.64%，立新村和祥云镇村从事制造业的非农就业人员占比分别为15.75%和35.53%。两个村庄从事生活服务业的占比为15.31%。就两个村庄非农就业人员工作分布情况来看，既有相同之处，又存在明显的不同：立新村和祥云镇村从事制造业、生活服务业和是个体户的占比都比较高；不同的是，两个村从事建筑业（含装修）的占比差异较大，立新村到省外务工的村民比较多，从事建筑业（含装修）的占比为20.00%，而祥云镇村从事建筑业（含装修）的村民仅占6.23%，祥云镇村非农就业人员从事金融服务业、商业和商务中介等的比重明显要比立新村高（见表4－18）。

表 4-18　　　　　　　　　　非农就业人员行业分布情况

行业	立新村		祥云镇村		两个村庄的平均占比（％）
	人数（人）	占比（％）	人数（人）	占比（％）	
副业（家庭手工或手工业）	4	1.00	5	1.83	1.42
乡村旅游	4	1.00	0	0.00	0.50
制造业	63	15.75	97	35.53	25.64
建筑业（含装修）	80	20.00	17	6.23	13.12
运输业	13	3.52	18	6.59	5.06
采掘业	2	0.50	0	0.00	0.25
商业和商务中介	8	2.00	15	5.49	3.75
教育业	14	3.50	4	1.47	2.49
医疗业	3	0.75	1	0.37	0.56
金融服务业	6	1.50	12	4.40	2.95
生活服务业	58	14.50	44	16.12	15.31
企业白领	31	7.75	1	0.37	4.06
开办企业	0	0.00	2	0.73	0.37
个体户	74	18.50	33	12.09	15.30
公务员或事业单位员工	12	3.00	9	3.30	3.15
打零工	28	7.00	15	5.49	6.25

　　从空间位置来看受教育程度差异，调研的两个村庄整体，本县非农就业人口以文盲或小学、初中、高中或中专学历为主，大专、本科及以上学历人口占比相对较小；本市（本县外）非农就业人口以高中或中专，大专、本科及以上学历为主；郑州市区非农就业人口以高中或中专，大专、本科及以上学历为主；省内其他地区非农就业人口以文盲或小学，大专、本科及以上学历为主（见表 4-19、图 4-7、图 4-8）。

表4-19　　　　非农就业人员不同空间的受教育程度分布情况

村庄	受教育程度	本县	本市 （本县外）	郑州市区	省内其他地区	外省地区
立新村	文盲或小学	23.53%	0.00%	1.18%	7.05%	68.24%
	初中	15.89%	1.40%	1.40%	0.47%	80.84%
	高中或中专	17.65%	5.88%	5.88%	0.00%	70.59%
	大专、本科及以上	20.00%	5.71%	10.00%	0.00%	64.29%
祥云镇村	文盲或小学	91.43%	0.00%	5.71%	0.00%	2.86%
	初中	78.72%	1.42%	5.67%	1.42%	12.77%
	高中或中专	61.42%	3.50%	19.30%	1.75%	14.03%
	大专、本科及以上	37.84%	5.40%	21.62%	16.22%	18.92%
总计	文盲或小学	43.33%	0.00%	2.50%	5.00%	49.17%
	初中	40.85%	1.41%	3.10%	0.84%	53.80%
	高中或中专	45.05%	4.41%	14.28%	1.10%	35.16%
	大专、本科及以上	26.17%	5.61%	14.02%	5.61%	48.59%

　　注：文盲或小学受教育程度百分数各空间占比以文盲或小学受教育程度所有空间分布为1，得出各空间文盲或小学受教育程度占比；其他受教育程度各空间占比计算方法同上。

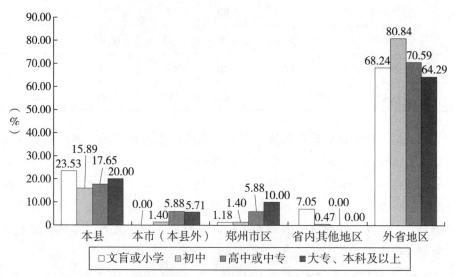

图4-7　立新村非农就业人员不同空间的受教育程度分布情况

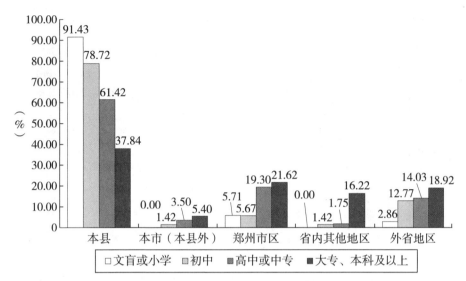

图4-8 祥云镇村非农就业人员不同空间的受教育程度分布情况

从空间位置来看性别差异，调研的两个村庄女性主要在本县和外省地区务工，但男性在外省地区的占比较女性稍高一些（见表4-20、图4-9、图4-10）。

表4-20 　　　　　　　　非农就业人员不同空间的性别分布情况

村庄	性别	本县	本市（本县外）	郑州市区	省内其他地区	外省地区
立新村	男	17.57%	2.09%	3.35%	2.51%	74.48%
	女	19.51%	2.44%	3.05%	0.61%	74.39%
祥云镇村	男	68.79%	2.31%	9.25%	3.47%	16.18%
	女	76.00%	2.00%	13.00%	3.00%	6.00%
总计	男	39.08%	2.18%	5.83%	2.91%	50.00%
	女	40.91%	2.27%	6.82%	1.52%	48.48%

从空间位置来看年龄差异，调研的两个村庄45~65岁的农村劳动力进行非农就业主要在本县和外省地区；本市（本县外）、郑州市区16~44岁非农就业人口占比比45~65岁非农就业人口占比高（见表4-21、图4-11、图4-12）。

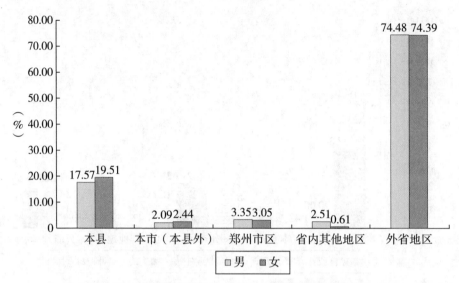

图 4－9　立新村非农就业人员不同空间的性别分布情况

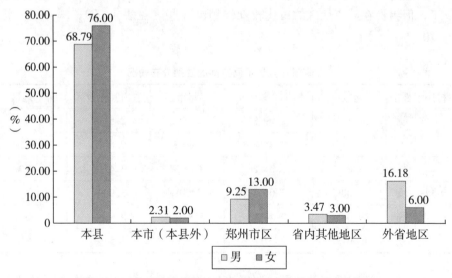

图 4－10　祥云镇村非农就业人员不同空间的性别分布情况

表 4 - 21　　　　　　　非农就业人员不同空间的年龄分布情况

村庄	年龄段	本县	本市 （本县外）	郑州市区	省内其他地区	外省地区
立新村	16～44 岁	12.69%	2.24%	4.47%	0.75%	79.85%
	45～65 岁	30.54%	2.29%	0.76%	3.05%	63.36%
祥云镇村	16～44 岁	63.83%	2.66%	14.89%	4.25%	14.37%
	45～65 岁	88.24%	1.47%	0.00%	1.47%	8.82%
总计	16～44 岁	33.78%	2.41%	8.77%	2.19%	52.85%
	45～65 岁	50.25%	2.02%	0.50%	2.51%	44.72%

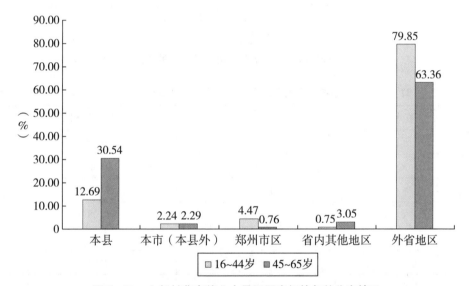

图 4 - 11　立新村非农就业人员不同空间的年龄分布情况

3. 非农就业人员工资情况

由于涉及收入情况，在调研的时候获得准确的数据比较困难，部分被调研的人不愿回答，经整理之后总共得到有效数据 665 个。从调研的两个村庄的情况来看，农村非农就业劳动力年收入的平均数为 66582 元，折合月均收入为 5548.5 元。具体来看，立新村有超过 55% 的人年收入在 6 万元以下；年收入在 6 万元及以上的占比为 44.03%。祥云镇村有 87.08% 的人年收入在 6 万元以下；年收入在 6 万元及以上的占比为 12.92%（见表 4 - 22、图 4 - 13）。

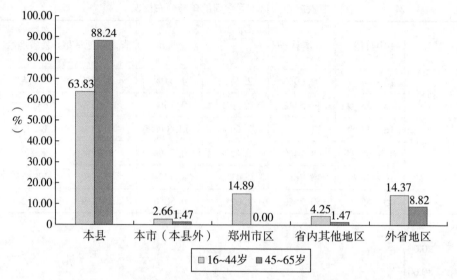

图 4 - 12　祥云镇村非农就业人员不同空间的年龄分布情况

表 4 - 22　　　　　　　　非农就业人员不同年均工资水平占比情况

工资水平	立新村	祥云镇村
2 万元以下	6.72%	16.36%
2 万 ~ <4 万元	18.16%	40.68%
4 万 ~ <6 万元	31.09%	30.04%
6 万 ~ <8 万元	17.16%	6.08%
8 万 ~ 10 万元	13.18%	2.28%
10 万元以上	13.69%	4.56%

（五）家庭收支情况

1. 家庭收入情况

从立新村家庭年均总收入来看，该村家庭收入大部分是非农收入，占比为92.35%，农业收入占比较少，为7.65%。由于立新村处于丘陵地区，较少种植经济作物，再加之每户家庭拥有的耕地面积较少，每户种植农作物用于出售的也较少，因此务工收入在立新村中占比较大。

从祥云镇村家庭年均总收入来看，该村大多数家庭年均总收入为5 万 ~ ≥10 万元，并且收入大部分源于非农收入，占比为94.68%，而农业收入占比仅为

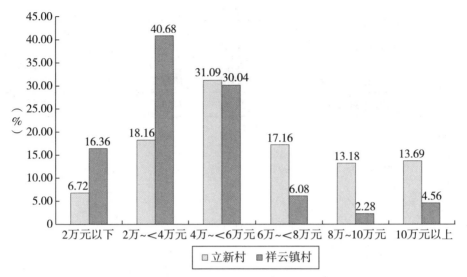

图4-13 非农就业人员不同年均工资水平占比情况

5.32%。由于经济作物价格的波动，祥云镇村家庭的收入结构在不同的年份必然会有一定的波动，总体上还是以非农收入为主（见表4-23、表4-24、图4-14、图4-15）。

表4-23 调研村庄家庭收入结构情况

村庄	农业收入占比（%）	非农收入占比（%）
立新村	7.65	92.35
祥云镇村	5.32	94.68

表4-24 调研村庄不同家庭年均总收入占比情况

家庭年均总收入	立新村		祥云镇村	
	户数（户）	占比（%）	户数（户）	占比（%）
总收入≤1万元	3	1.91	16	9.47
1万元＜总收入≤2万元	4	2.55	4	2.37
2万元＜总收入≤3万元	2	1.27	7	4.14
3万元＜总收入≤4万元	1	0.64	15	8.87
4万元＜总收入≤5万元	1	0.64	16	9.47

续 表

家庭年均总收入	立新村		祥云镇村	
	户数（户）	占比（%）	户数（户）	占比（%）
5 万元＜总收入≤10 万元	29	18.47	64	37.87
10 万元＜总收入	117	74.52	47	27.81

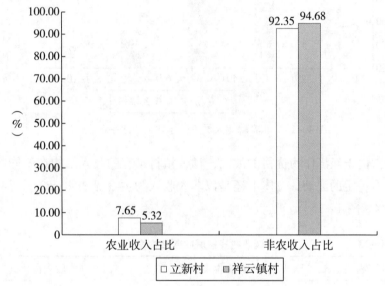

图 4－14　调研村庄家庭收入结构情况

2. 家庭主要支出情况

从家庭主要支出情况来看，立新村和祥云镇村村民大部分支出用于日常生活开支、医疗和子女教育上。在有人生病的家庭中，医疗费用成为开支的一项（见表4－25）。

表 4－25　　　　　　　　调研村庄家庭主要支出情况

家庭主要支出	立新村		祥云镇村	
	户数（户）	占比（%）	户数（户）	占比（%）
医疗	16	10.32	28	16.57
结婚	1	0.65	1	0.59

家庭主要支出	立新村		祥云镇村	
	户数（户）	占比（%）	户数（户）	占比（%）
建房/购房	23	14.84	5	2.96
子女教育	40	25.80	49	28.99
农业生产投资	9	5.81	0	0.00
非农业生产投资	15	9.68	0	0.00
日常生活开支	51	32.90	86	50.89

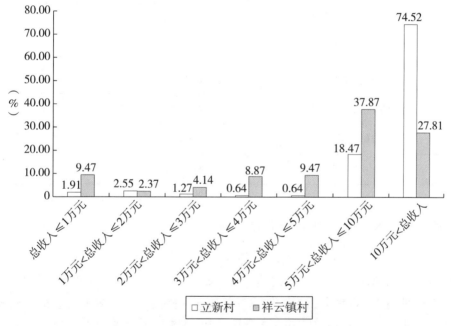

图4-15　调研村庄不同家庭年均总收入占比情况

3. 借贷情况

调研的两个村庄近两年有24.77%的人员有借贷需求，借款金额相差巨大，最高为300万元，最低为3万元；借贷周期平均为22年。首选借贷对象两村差异较大，立新村村民首选正规金融机构的最多，其次为亲戚；祥云镇村村民选亲戚的最多。两个村庄的村民未选择向正规金融机构借贷的主要原因在于村民认为正规金融机构贷款利息高，不了解贷款渠道，认为贷款手续繁杂、耗时长（见表4-26、表4-27）。

表 4 – 26   调研村庄首选借贷对象占比情况

借贷对象	立新村	祥云镇村
正规金融机构	52.23%	9.91%
民间金融	0.00%	0.00%
亲戚	47.77%	85.59%
朋友或生意伙伴	0.00%	4.50%

表 4 – 27   未选择正规金融机构借贷的原因

原因	立新村	祥云镇村
金融机构距离远	0.00%	0.00%
可贷资金有限	0.00%	0.00%
贷款手续繁杂、耗时长	6.67%	5.00%
不了解贷款渠道	0.00%	65.00%
正规金融机构贷款利息高	93.33%	30.00%

（六）被访者长期迁移意愿情况

两个村庄受访村民预计 2026 年常住地为本村的占比达 68.57%，预计 2035 年定居地还在本村的占比达 65.59%，随着时间的推移比重逐渐下降，说明有部分村民将来会因为工作或者其他原因搬离当地。两个村庄存在显著差异的是，祥云镇村预计 2026 年常住地和 2035 年定居地为本村的比例分别为 84.10% 和 83.65%，说明祥云镇村相对立新村除了上学外迁，务工外迁人员比较少，该数据在非农就业人员工作地点分布方面已经得到论证。另外，总体来看，在预计将来本村常住人口减少的同时，受访村民将来成为本县、郑州市区和外省地区常住人口的占比增长较为明显，说明这两个村庄的受访家庭未来趋向定居在本县、郑州市区和外省地区（见表 4 – 28、图 4 – 16、图 4 – 17）。

表 4 – 28　　　　　　村民预计 2026 年常住地和 2035 年定居地

村庄	年份	本村	本县	本市（本县外）	郑州市区	省内其他地区	外省地区
立新村	2026 年	56. 32%	26. 16%	2. 92%	1. 41%	0. 54%	12. 65%
	2035 年	52. 64%	28. 00%	2. 92%	1. 62%	0. 54%	14. 28%
祥云镇村	2026 年	84. 10%	8. 98%	1. 03%	2. 80%	1. 47%	1. 62%
	2035 年	83. 65%	9. 28%	1. 03%	2. 80%	1. 47%	1. 77%
总计	2026 年	68. 57%	18. 89%	2. 41%	1. 20%	0. 94%	7. 99%
	2035 年	65. 59%	20. 07%	2. 12%	2. 12%	0. 94%	9. 16%

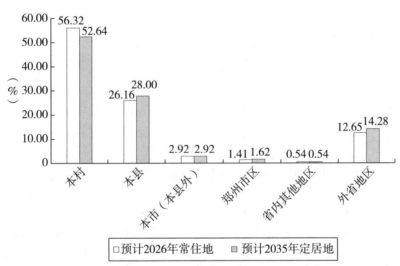

图 4 – 16　立新村村民预计 2026 年常住地和 2035 年定居地

　　从理想的生活地点来看，两个村庄的情况基本相同，受访人员大多更愿意在农村生活，其中，祥云镇村受访人员理想的生活地点为农村的占比是 82. 75%，立新村受访人员理想的生活地点为农村的占比为 55. 20%（见表 4 – 29）。

表 4 – 29　　　　　　受访人员理想的生活地点占比情况

理想的生活地点	城市	农村
立新村	44. 80%	55. 20%

续　表

理想的生活地点	城市	农村
祥云镇村	17.25%	82.75%
平均占比	34.50%	65.50%

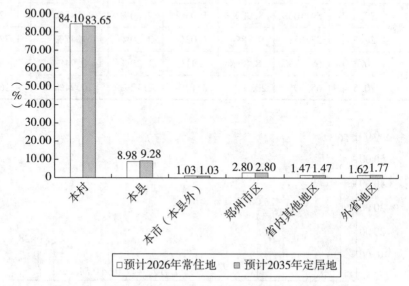

图4-17　祥云镇村村民预计2026年常住地和2035年定居地

　　两个调研村庄中部分受访者更喜欢城市生活的主要原因是，认为城市有更好的发展机会（82.31%）和为后代发展考虑（58.85%），其次是城市有更好的物质生活（33.80%），城市有更好的医疗教育资源（31.21%）及城市有更丰富的精神生活（22.86%）等。部分受访者不愿迁往城市的主要原因是认为在城市无法获得足够高的收入（44.92%），习惯了农村生活，不愿改变（32.05%）等（见表4-30、表4-31）。

表4-30　　　　　　　受访人员愿意迁往城市的主要原因

原因	立新村	祥云镇村	两个村庄的平均占比
城市有更好的发展机会	84.84%	76.60%	82.31%
在城市的子女或其他亲属要带自己一起生活	3.67%	5.32%	3.98%

续　表

原因	立新村	祥云镇村	两个村庄的平均占比
城市有更好的医疗教育资源	34.72%	15.96%	31.21%
城市有更丰富的精神生活	27.63%	2.13%	22.86%
城市有更好的物质生活	40.10%	6.38%	33.80%
为后代发展考虑	71.39%	4.26%	58.85%

表4-31　　　　　受访人员不愿迁往城市的主要原因

原因	立新村	祥云镇村	两个村庄的平均占比
更喜欢农村的生活	16.47%	11.09%	13.93%
在城市无法获得足够高的收入	74.21%	11.53%	44.92%
认为城市生活成本高	13.69%	37.25%	24.82%
在城市生活存在子女受教育或医疗等不便之处	0.00%	0.00%	0.00%
城市的生活节奏快	1.98%	0.00%	0.40%
城市的自然环境不好	1.39%	0.44%	0.94%
认为城市与农村生活并无太大区别	0.79%	9.09%	4.71%
习惯了农村生活，不愿改变	27.38%	37.25%	32.05%
农村还有土地和房屋尚未变现	0.40%	9.31%	4.61%
不愿放弃土地	2.98%	9.76%	6.18%

三、调研结论

一是在家种地的特别少。以祥云镇村为例，抽样的170户中，近95%的受访户将耕地流转出去了，很少有农户种地。从两个村庄的平均水平来看，农业收入在村民家庭总收入中占比约为6.49%。正常年景下，除去成本（不包括自家劳动力投入的人工成本），农民每亩净收益737元左右（以小麦为例），每亩净收益625元左右（以玉米为例），农民种植一亩地一年净收益约为1362元，且户均耕地面积较小，规模农业较少，导致大部分村民基本难以单纯依靠农业维持生计。但由于机械化程度高，农忙时间大大缩短，大部分村民都采用半务农半务工的方式，把农业作为一种副业，农忙时务农，农闲时外出务工。

二是目前两个村庄的土地流转价值不高、机制不完善。以立新村为例，土地流转价格为 80～300 元/亩/年。无论是商城还是温县，还没有实现农业产业化、工业化、集聚化，农产品的附加值不高，这也在一定程度上制约土地流转。而土地流转有助于农民进城定居，然而当前的土地流转范围还局限于村集体内部，不利于土地的流转与交易。

三是外出务工人员文化程度偏低，职业技术缺乏。立新村和祥云镇村外出务工农民中初中及以下文化程度占多数，这有可能阻碍其务工收入的提高。除此之外，职业技术也很重要。目前他们从事的主要是低技术构成、劳动强度大的劳动密集型行业，如制造业、建筑业（含装修）等。这些工作所需要的技能相对比较简单，无论文化程度高低，只需工作一段时间积累一定经验后就可以掌握，收入就能提高。但是，这些行业对年龄有较严格的要求，随着年龄的增长，收入会明显减少。因此，文化程度和职业技能水平抑制着外出务工农民的收入增长。另外，可能是由于外出务工农民文化程度低，只能从事体力劳动。

四是农民的长期迁移意愿不强。调研发现，受访者的长期迁移意愿不强，愿意迁往城市的比例仅为 34.50%。但由于接受访问的大部分是中老年人，这一部分人群由于习惯了农村的生活，大都不愿意做出改变。不愿进城的原因中，首先是认为在城市无法获得足够高的收入，其次是习惯了农村生活，不愿改变，以及认为城市生活成本高等。

四、政策建议

一是积极推进农村供给侧结构性改革，加快产业融合。要促进农民收入提高，就要积极推进农村供给侧结构性改革，对其产业结构进行升级改造。大力推广现代农业种植技术，加强农业从业者的劳动技能培训。随着科学技术的迅速发展，现代农业种植技术日渐成熟，投入更少的人力资本就可以得到更高的产出，这会对农业全要素生产率的提高起到积极的促进作用。虽然现代农业种植技术已越来越成熟，但也存在推广进度缓慢、农业从业者素质不高等发展困境。为了充分发挥现代农业种植技术的优势，一方面，可以通过建立县级农业科研工作站以及现代农业种植示范区等途径大力宣传和推广现代农业种植技术；另一方面，可以通过设立农业专项资金用于开展现代农业种植技术培训服务，以镇级或县级为单位，为有意愿接受新型农业种植技术、农业机械操作培训的农业从业者提供免费的技术指导。

二是在土地制度改革上争取更大的突破，同时尊重农民意愿，给予农民合理的补偿。在土地流转中，政府既要健全流转机制，又要完善土地流转平台。土地流转既需要市场机制，还需要计划机制，单单依靠其中任一方面都容易走极端。需要两方面结合。政府要充当农民保护者的角色，和农民站在一起，通过公开竞标等方式，尽可能多地为农民争取到相对丰厚的土地流转价格；还应该引导农民与承包商签订合同，保障农民合法权益，不论承包商经营状况如何，都应该按照合同履行承包责任。

三是政府要尽快完善社会保障制度，让外出务工农民在年龄大找不到工作时无后顾之忧。外出务工农民要努力提高文化水平，开拓新的就业渠道，争取能从事不受年龄限制、技术含量高、收入较高的行业。要为外出务工女性提供更多能发挥她们性别优势的劳动岗位，例如以信息服务为主的第三产业的有关岗位就能发挥女性感知能力强、心思细腻、语言表达能力较好等性别优势。

四是政府应着力完善受访村庄的基础设施建设，提升基本公共服务水平，促进受访村庄城镇化发展。另外，还应转变城镇化发展思维，从促进农民和农村发展的角度着手，改革束缚农民离乡进城的相关制度，增强农民进城定居的内生动力。

第五章 整村分析报告五

——基于西魏家村和薛河村的整村调查

2021 年 7 月，河南中原经济发展研究院及河南大学经济学院、河南大学中原发展研究院联合整村调研课题组，分别对河南省的濮阳市清丰县仙庄镇西魏家村和许昌市禹州市文殊镇薛河村进行了入户调研，通过访谈的方式共获得有效问卷 379 份。

清丰县位于河南省东北部，隶属于河南省濮阳市，截至 2021 年，总面积828 平方千米，常住人口 58.44 万人，辖 8 镇 9 乡①。清丰县有国家级非物质文化遗产清丰柳子戏、聂氏麦秆画，省级非物质文化遗产清丰彩灯、杨韩村唱秧歌、狮龙斗蛛舞、五彩纸龙、铁花火龙等。清丰县曾荣获"国家园林县城""国家卫生县城"等荣誉称号，是河南省首批百城提质建设示范县、乡村振兴示范引领县。

禹州市位于河南省中部，为河南省下辖县级市，由许昌地级市代管。全市辖26 个乡镇（街道）、678 个行政村（社区），总面积 1469 平方千米，总人口 130 万②。禹州市位于中原经济区核心区，毗邻郑州航空港经济综合实验区；是全国发展改革试点市、中国环境艺术陶瓷生产基地、全国新型城镇化综合试点市、国家城乡融合发展试验区、河南省首批文化改革发展试验区。禹州市是钧瓷的唯一产地。2021 年，全市生产总值实现 903.8 亿元③。

---

① 数据来源：清丰县人民政府网，http：//www.qingfeng.gov.cn/corp.asp。
② 数据来源：禹州市人民政府网，http：//www.yuzhou.gov.cn/yzgk/002001/singleinfo.html。
③ 同②。

一、调研村庄整体情况

西魏家村和薛河村的农户总数分别为 299 户和 483 户，调研组分别获得有效问卷 195 份和 184 份。从地形和区位特征来看，两个村庄均以平原为主，以种植粮食作物为主，辅以少量的经济作物。两个村庄基本没有任何工业基础，但村内有纸箱、木制板、服装等制造工厂和水饺等食品加工厂，多数村民以"务农＋务工"的半耕半工的方式生活。同时，我们也发现，不少村民把自己的承包地转租或者赠送了出去，完全脱离了农业生产活动。上述特征在农业生产情况、家庭成员情况、人口流动、家庭财产收入与支出情况等方面均有体现。总体来看，两个村庄有很多共同特征，但又各有特色。

（一）西魏家村

西魏家村处于平原地区，距离仙庄镇约 2.5 千米，距离清丰县城中心约 20 千米，距离濮阳市中心约 45 千米。全村 299 户 1103 人，外出务工人员约 306 人，村民的非农就业地多为本村、本市市区和京津冀地区。全村总面积 2000 亩，其中耕地面积为 1820 亩，主要种植小麦和玉米。村内有 3 个农业专业合作社，参社人员有 60 人，合作社涉及土地面积 60 亩。全村家庭种植 50 亩以上的农户有 2 户，最大规模为 70 亩。村内有 3 家工厂，就业人数 85 人，主要生产服装、水饺。村内的基础设施建设与公共服务均比较好，通路、通电、通水（自来水）、通网、通气，生活垃圾统一收集处理，生活污水自排，村民厕所以水冲式非卫生厕所为主，没有集中供暖。村内设有 1 所小学，有 5 间教室，26 名学生，4 名教师，其中有 3 名教师来自本村，2 名教师为高中学历，其余 2 名为大专学历。村内没有幼儿园。有 1 个村卫生室、2 个体育健身场所、1 个图书室，没有文化站和业余文化组织。

（二）薛河村

薛河村距离文殊镇中心约 2.5 千米，距离禹州市中心约 21 千米，距离许昌市中心约 55 千米。全村 483 户 1728 人，外出务工人员约 409 人，村民的非农就业工作地多为本乡镇、本县县城、郑州市区。全村土地面积 3023 亩，其中耕地面积 1411 亩，主要种植小麦、玉米和花生。村内有 1 个农业专业合作社。村内没有家庭种植面积为 50 亩以上的农户。村内有 2 家工厂，就业人数 40 人，主要生产木制板、纸箱。村内的基础设施建设与公共服务一般，通路、通电、通水（自来水）、通网，生活垃圾统一收集处理，生活污水自排，村民厕所以普通旱厕为主，没有集中供暖。村内设有 1 所小学，有 6 间教室，154 名学生，22 名教师，其中 5 名教师来自本村，3 名教师为高中以下学历，5 名教师为高中学历，8 名教师为大专学历，6 名教师为本科学历。村内有 1 所幼儿园，幼儿园里有 4 间教室，56 名学生，5 名教师，其中 3 名教师来自本村。有村卫生室 1 个，村医 2 名，2 名村医均为高中学历，都从医 30 余年。村内有 2 个体育健身场所、1 个农民业余文化组织，没有图书室和文化站。

二、调研村庄农户情况

（一）人口基本情况

1. 人口年龄情况

西魏家村现有人口 299 户 1103 人，常住户 288 户，样本选择 195 户 727 人（调研问卷大多数为常住户自己填写；个别外出务工村民的问卷由村委会主任代填）。调研样本户籍人口年龄结构情况为：未成年（18 岁以下）人口 234 人，占比为 32.19%；青年（18~45 岁）人口 255 人，占比为 35.08%；中年（46~60 岁）人口 138 人，占比为 18.98%；老年（60 岁以上）人口 100 人，占比为 13.75%。

薛河村现有人口 483 户 1728 人，常住户 347 户，样本选择 184 户 853 人（调研问卷大多数为常住户自己填写；个别外出务工村民的问卷由村委会主任代填）。调研样本户籍人口年龄结构情况为：未成年（18 岁以下）人口 212 人，占比为 24.85%；青年（18~45 岁）人口 309 人，占比为 36.22%；中年（46~60 岁）人口 198 人，占比为 23.22%；老年（60 岁以上）人口 134 人，占比为 15.71%。从两个村庄调研的人口年龄结构可以看出，西魏家村和薛河村都存在人口老龄化现象，但薛河村老龄化要严重一点，且未成年人口比重要低于西魏家村（见表 5-1、图 5-1）。

表5-1   调研村庄人口年龄结构

村庄	18岁以下		18～45岁		46～60岁		60岁以上	
	人数（人）	占比（%）	人数（人）	占比（%）	人数（人）	占比（%）	人数（人）	占比（%）
西魏家村	234	32.19	255	35.08	138	18.98	100	13.75
薛河村	212	24.85	309	36.22	198	23.22	134	15.71
总计	446	28.23	564	35.70	336	21.26	234	14.81

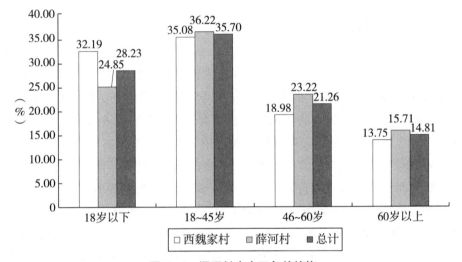

图5-1 调研村庄人口年龄结构

2. 家庭人口情况

从调研结果来看，两个村庄的样本家庭中，1口之家均不超过10户，说明独居老人不多，但仍有一定比例（见表5-2）。

西魏家村家庭人口数以4人和2人为主，4人和2人家庭占比分别为29.74%和21.54%，3人家庭占比为16.41%，5人家庭和6人及以上家庭占比分别为12.82%和14.36%。薛河村受访家庭中，1人、2人、3人、4人、5人之家占比分别为1.09%、9.24%、16.85%、22.83%、19.56%，6人及以上的大家庭占比为30.43%。6人及以上的大家庭在两个样本村中均较多，说明成家的儿子和父母一起生活的情况普遍存在。

表 5 - 2　　　　　　　　　调研村庄家庭总人口分布

村庄	家庭人口											
	1 人		2 人		3 人		4 人		5 人		6 人及以上	
	户数（户）	占比（%）	户数（户）	占比（%）	户数（户）	占比（%）	户数（户）	占比（%）	户数（户）	占比（%）	户数（户）	占比（%）
西魏家村	10	5.13	42	21.54	32	16.41	58	29.74	25	12.82	28	14.36
薛河村	2	1.09	17	9.24	31	16.85	42	22.83	36	19.56	56	30.43

3. 个人受教育情况

西魏家村受教育程度以初中学历为主，占比为51.89%，大专、本科及以上学历占比仅为4.57%。文盲或小学学历占比从老年人口的91.35%降低到中年人口的57.89%，再降低到青年人口的4.05%；高中或中专学历从老年人口的0.96%提高到中年人口的1.32%，再提高到青年人口的9.31%；大专、本科及以上学历占比从老年人口的0.00%、中年人口的1.32%提高到了青年人口的8.50%，青年人口的大专、本科及以上的学历占比有了明显提升。

薛河村村民受教育程度在不断提高，青年人口的受教育情况也有了较大改善：文盲或小学学历占比从老年人口的65.94%降低到中年人口的32.52%，再降低到青年人口的8.37%；初中学历占比从中年人口到青年人口的占比变化不大；高中或中专学历占比从中年人口的7.28%提高到青年人口的21.86%；大专、本科及以上学历占比从老年人口的0.00%提高到青年人口的18.97%，青年人口的大专、本科及以上的学历占比有了明显提升。总体来看，薛河村的受教育程度更高，薛河村村民受教育程度为文盲或小学学历的比西魏家村低10.28%，受教育程度为高中或中专学历的比西魏家村高9.18%，受教育程度为大专、本科及以上学历的比西魏家村高4.59%。

从两个村庄的分年龄段受教育情况可见，随着义务教育的普及，年青一代的受教育情况有了较大改善：接受高等教育的人口比例正在逐渐上升，说明改革开放和高校扩招政策对教育起推进作用（见表 5 - 3、图 5 - 2、图 5 - 3）。

表 5 − 3　　　　　　　　　调研村庄村民各年龄段受教育情况

村庄	年龄段	文盲或小学	初中	高中或中专	大专、本科及以上
西魏家村	18~45 岁	4.05%	78.14%	9.31%	8.50%
	46~60 岁	57.89%	39.47%	1.32%	1.32%
	60 岁以上	91.35%	7.69%	0.96%	0.00%
	总计	38.37%	51.89%	5.17%	4.57%
薛河村	18~45 岁	8.37%	50.80%	21.86%	18.97%
	46~60 岁	32.52%	59.71%	7.28%	0.49%
	60 岁以上	65.94%	26.09%	7.97%	0.00%
	总计	28.09%	48.40%	14.35%	9.16%

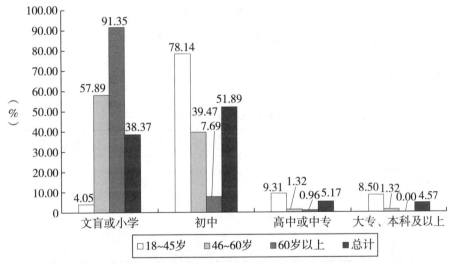

图 5 − 2　西魏家村村民各年龄段受教育情况

（二）农业耕地及生产经营情况

1. 农业耕地情况

西魏家村全村共有耕地 1820 亩，目前人均耕地面积为 1.65 亩，户均耕地面积为 6.09 亩。薛河村全村共有耕地 1411 亩，人均耕地面积大约为 0.82 亩，户均耕地面积为 2.92 亩。薛河村人均耕地面积低于河南省的平均水平 1.12 亩，与全国的平均水平 1.36 亩差距较大；西魏家村人均耕地面积高于河

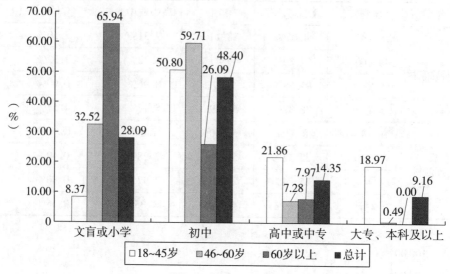

图5-3 薛河村村民各年龄段受教育情况

南省的平均水平和全国平均水平（见表5-4）。

表5-4 调研村庄农业耕地情况

地域	耕地总面积（亩）	总人数（人）	人均耕地面积（亩）
西魏家村	1820	1103	1.65
薛河村	1411	1728	0.82
河南省	—	—	1.12
全国	—	—	1.36

数据来源：河南省人民政府网和第三次全国国土调查主要数据公报。

　　两个村庄的家庭实际耕地面积相差较大，西魏家村家庭实际耕地面积为1亩以下的占比为0.00%，1～＜5亩的占比为47.12%，5～＜10亩的占比为42.93%，10亩及以上的占比为9.95%。薛河村家庭实际耕地面积在1亩以下的占比为10.33%，1～＜5亩的占比为76.62%，5～＜10亩的占比为11.96%，10亩及以上的占比为1.09%（见表5-5、图5-4）。从实际耕地面积来看，西魏家村土地经营面积最大为70亩，主要种植大蒜、辣椒。而薛河村土地经营面积最大的仅为17亩。

表 5 – 5　　　　　　　　调研村庄家庭实际耕地面积区间占比情况

村庄	土地经营面积区间	占比
西魏家村	1 亩以下	0.00%
	1 ~ <5 亩	47.12%
	5 ~ <10 亩	42.93%
	10 亩及以上	9.95%
薛河村	1 亩以下	10.33%
	1 ~ <5 亩	76.62%
	5 ~ <10 亩	11.96%
	10 亩及以上	1.09%

注：土地经营面积区间占比情况按实际耕地面积计算。

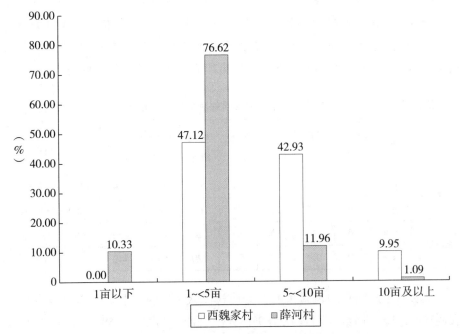

图 5 – 4　调研村庄家庭实际耕地面积区间占比情况

　　根据在两个村庄的调研情况来看，西魏家村土地流转户数占比为 40.84%，薛河村土地流转户数占比为 7.61%（见表 5 – 6）。其中，西魏家村最大土地流转面积为 70 亩，薛河村最大土地流转面积为 15 亩。

表5-6   调研村庄土地流转情况

村庄	土地流转面积（亩）	流转户数占比（%）	流转价格区间（元/亩/年）
西魏家村	420	40.84	600～1200
薛河村	320	7.61	100～500

2. 农业生产经营情况

因所处地理环境原因，西魏家村主要以夏秋季玉米和冬春季小麦的一年两季的作物为主。正常年份下，玉米每亩产1200斤左右，售价每斤在1.5元左右，每亩产值为1800元左右；小麦每亩产1000斤左右，售价为每斤1.2元，每亩产值在1200元左右。

薛河村同样以夏秋季玉米和冬春季小麦的一年两季的作物为主。受限于自然条件，产量与西魏家村相差较大，小麦每亩产600斤左右，售价为每斤1.3元左右，每亩产值为780元左右；玉米亩产为640斤左右，比西魏家村每亩少产560斤，售价为每斤1.5元，每亩产值为960元左右（见表5-7）。

表5-7   调研村庄主要农作物每亩耕种成本、收益情况   单位：元/亩

村庄	种类	种子成本	化肥成本	农药成本	灌溉成本	耕种成本	收割成本	总成本	总收入	净收益
西魏家村	小麦	53	192	48	48	57	51	449	1200	751
	玉米	59	151	51	47	0	93	401	1800	1399
薛河村	小麦	90	120	30	50	120	60	470	780	310
	玉米	40	100	30	50	120	100	440	960	520

从农业生产经营的风险来看，受访村民认为，农业收入影响因素主要为农业自然风险（西魏家村占比为99.49%，薛河村占比为58.15%）、价格波动（西魏家村占比为93.33%，薛河村占比为48.37%）。从受访村民采取的应对风险的措施来看，两个村庄的受访村民在应对农业生产经营风险方面的态度和措施有所差异：西魏家村多数村民选择靠政府帮助和购买农业保险，选择靠期货市场和听天由命的较少；而薛河村虽多数村民选择听天由命，但仍有一部分村民购买农业保险，个别村民靠期货市场规避农业生产经营风险。

从具体比例来看，西魏家村选择靠政府帮助的占比高达100.00%，选择购买农业保险、靠农业技术和基础设施的分别占57.44%和19.49%，听天由命的只占2.05%；薛河村选择听天由命的占比为79.49%，选择购买农业保险的占42.56%，靠期货市场的仅占2.05%（见表5-8、表5-9）。

表5-8 调研村庄村民认为农业收入影响因素占比情况

因素	西魏家村	薛河村
农业自然风险	99.49%	58.15%
缺乏销售渠道	14.87%	0.54%
价格波动	93.33%	48.37%
政策变动	5.64%	5.98%
缺乏农业技术和资金	0.51%	38.59

表5-9 调研村庄村民规避农业生产经营风险方式占比情况

规避风险方式	西魏家村	薛河村
靠政府帮助	100.00%	0.00%
购买农业保险	57.44%	42.56%
靠农业技术和基础设施	19.49%	0.00%
靠期货市场	0.00%	2.05%
听天由命	2.05%	79.49%

随着人们生活水平的提高，农民接受新事物的能力逐渐提升，越来越多的农民开始选择使用较为基础的市场化风险管理工具来降低农业风险，如购买农业保险。本课题组调研的两个村庄已经购买农业保险的村民占比分别为100%和96.20%，可以看出，西魏家村和薛河村村民更多地选择购买农业保险来规避农业风险，对农业保险的重视程度非常高（见表5-10）。

表5-10 调研村庄村民农业保险购买意向占比情况

购买意向	西魏家村	薛河村
已购买	100.00%	96.20%
未购买但愿意购买	0.00%	0.00%
不愿购买	0.00%	0.00%

（三）宅基地及房屋情况

1. 宅基地情况

西魏家村户均宅基地面积为 3.70 分，其中，0 ~ <2.5 分的占比为 3.08%，2.5 ~ <5 分的占比为 79.49%，5 ~ 10 分的占比为 16.41%，10 分以上的占比为 1.02%。与其他村庄相比，西魏家村农户拥有宅基地面积处于中等水平。村里很多年前就已经停止划拨宅基地了，宅基地的来源主要是继承上一代的。

薛河村户均宅基地面积为 3.54 分，宅基地的面积中 2.5 ~ <5 分的占绝大部分，其中，0 ~ <2.5 分的占比为 2.72%，2.5 ~ <5 分的占比为 96.20%，5 分及以上的占比为 1.08%。与其他村庄相比，薛河村农户拥有宅基地面积较小，处于中等偏下水平（见表 5 - 11、表 5 - 12、图 5 - 5）。

表 5 - 11　　　　　　　　调研村庄宅基地基本情况

村庄	调研户数（户）	调研的户均宅基地面积数（分）	最大值（分）	最小值（分）
西魏家村	195	3.70	10.66	2.00
薛河村	184	3.54	6.50	2.50

表 5 - 12　　　　　　　　调研村庄农户拥有宅基地面积情况

村庄	宅基地面积区间	占比
西魏家村	0 ~ <2.5 分	3.08%
	2.5 ~ <5 分	79.49%
	5 ~ 10 分	16.41%
	>10 分	1.02%
薛河村	0 ~ <2.5 分	2.72%
	2.5 ~ <5 分	96.20%
	5 ~ 10 分	1.08%
	>10 分	0.00%

由于调研对"户"概念的严格划分（子女已经成家并且与父母分户的视为新的 1 户），西魏家村农户只有 1 处宅基地的占绝大部分比重，占比达到

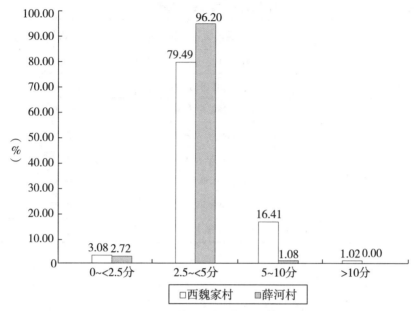

图5-5　调研村庄农户拥有宅基地面积情况

63.08%，有2处及以上宅基地的加起来占36.92%，可见，仍存在子女和父母住在一起的情况（虽然分户，但实际仍住在一起）。薛河村农户只有1处宅基地的占绝大部分比重，占比达到77.18%；有2处宅基地的占比为22.28%，有3处及以上宅基地的占比为0.54%（见表5-13）。

表5-13　　　　　调研村庄农户宅基地拥有数量占比情况

宅基地数量	1处	2处	3处及以上
西魏家村	63.08%	34.36%	2.56%
薛河村	77.18%	22.28%	0.54%

2. 房屋及村外房产情况

西魏家村房屋建筑面积大于180平方米的达42.56%，121～180平方米的占比为31.28%，61～120平方米的占比为25.13%，0～60平方米的占比为1.03%。薛河村房屋建筑面积为0～60平方米、61～120平方米、121～180平方米、180平方米以上的占比分别为78.26%、10.33%、10.87%、0.54%（见表5-14、图5-6）。

表 5－14   调研村庄房屋建筑面积情况

村庄	房屋建筑面积区间	占比
西魏家村	0～60 平方米	1.03%
	61～120 平方米	25.13%
	121～180 平方米	31.28%
	＞180 平方米	42.56%
薛河村	0～60 平方米	78.26%
	61～120 平方米	10.33%
	121～180 平方米	10.87%
	＞180 平方米	0.54%

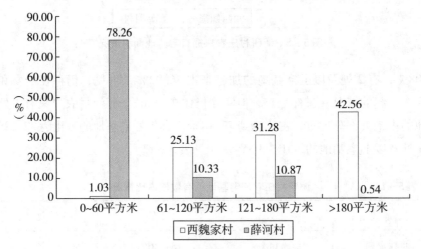

图 5－6　调研村庄房屋建筑面积情况

西魏家村农户在村外有房产的占比为 22.05%，其中位于本县县城的占比为 53.48%，位于本市市区的占比为 41.86%，位于郑州市区和外省地区的占比均为 2.33%；薛河村农户在村外有房产的占比为 21.74%，其中位于本县县城的占比为 70.00%，位于郑州市区和本市市区的占比分别为 12.50% 和 10.00%，位于本乡镇、省内其他地区和外省地区的占比均为 2.50%（见表5－15、表5－16）。

表 5 - 15　　　　　　　调研村庄农户拥有村外房产情况

村庄	村外有房产农户（户）	占比（%）
西魏家村	43	22.05
薛河村	40	21.74

表 5 - 16　　　　　　　调研村庄农户村外房产所在地情况

村庄	村外房产所在地	占比（%）
西魏家村	本乡镇	0.00
	本县县城	53.48
	本市市区	41.86
	郑州市区	2.33
	省内其他地区	0.00
	外省地区	2.33
薛河村	本乡镇	2.50
	本县县城	70.00
	本市市区	10.00
	郑州市区	12.50
	省内其他地区	2.50
	外省地区	2.50

（四）非农就业情况

1. 非农就业人口情况

在两个村庄的调研样本中，西魏家村村民年龄在 16～65 岁的一共有 457 人，扣除上学和务工信息不全的样本，非农就业人口为 285 人，占比为 62.36%；薛河村村民年龄在 16～65 岁的一共有 574 人，扣除上学和务工信息不全的样本，非农就业人口为 410 人，占比为 71.43%。

2. 非农就业地点与非农就业行业情况

从两个村庄的非农就业者工作地点平均占比来看，在本村的占比最高，为 18.77%；其次是本乡镇、本县县城、京津冀地区，占比分别为 17.55%、14.67%、10.56%。就两个村庄非农就业务工地点对比来看差异较大，西魏家村主要集中在本村、本市市区、京津冀地区和本县县城；而薛河村则主要集中在本乡镇、本县县城和郑州市区（见表5－17）。根据调研情况得知，两个村庄有食品加工、木制板、纸箱制作等制造业和食品加工业，明显不同的是，薛河村由于靠近郑州，在郑州市区的非农就业人口占比明显高于西魏家村。

表5－17　　　　　　　　　　非农就业人员工作地点分布情况

地点	西魏家村		薛河村		两个村庄的平均占比（%）
	人数（人）	占比（%）	人数（人）	占比（%）	
本村	107	37.54	0	0.00	15.40
本乡镇	13	4.56	126	30.73	20.00
本县县城	28	9.83	80	19.51	15.54
本市其他乡镇	1	0.35	51	12.45	7.48
本市其他县城	2	0.71	1	0.24	0.43
本市市区	49	17.19	12	2.93	8.78
郑州市区	17	5.96	52	12.68	9.93
郑州县区	1	0.35	1	0.24	0.29
省内其他地级市下辖乡镇	0	0.00	0	0.00	0.00
省内其他地级市下辖县区	0	0.00	4	0.98	0.58
本省其他地级市区	2	0.71	5	1.23	1.01
外省乡镇	0	0.00	1	0.24	0.14
外省县城	1	0.35	0	0.00	0.14
外省一般地级市	3	1.05	6	1.46	1.29
外省省会城市	9	3.16	10	2.44	2.73
京津冀地区	47	16.49	19	4.63	9.5
长三角地区	1	0.35	26	6.34	3.88
珠三角地区	4	1.40	16	3.90	2.88
我国港澳台地区及国外	0	0.00	0	0.00	0.00

总体来看，两个村庄非农就业劳动力的工作占比最高的是打零工，达到21.27%，西魏农村和薛河村的占比分别为29.12%和13.41%；其次是从事建

筑业（含装修）、制造业、生活服务业和做个体户的，占比分别为17.22%、14.84%、11.44%和10.78%（见表5－18）。就两个村庄非农就业人员工作分布情况来看，明显的不同是，由于西魏家村有服装工厂，在家庭手工或手工业工作的人较多，占比较高，占比较薛河村高7.01%，而薛河村非农就业人员从事制造业的占比为21.95%，西魏家村占比仅为7.72%，这是因为薛河村有木制板和纸箱工厂。

表5－18　　　　　　　非农就业人员行业分布情况

行业	西魏家村		薛河村		两个村庄的平均占比（%）
	人数（人）	占比（%）	人数（人）	占比（%）	
副业（家庭手工或手工业）	29	10.18	13	3.17	6.68
乡村旅游	0	0.00	0	0.00	0.00
制造业	22	7.72	90	21.95	14.84
建筑业（含装修）	53	18.60	65	15.85	17.22
运输业	18	6.32	10	2.44	4.38
采掘业	3	1.05	10	2.44	1.75
商业和商务中介	9	3.16	22	5.37	4.27
教育业	8	2.81	10	2.44	2.63
医疗业	3	1.05	4	0.98	1.02
金融服务业	0	0.00	3	0.73	0.37
生活服务业	27	9.47	55	13.41	11.44
企业白领	0	0.00	4	0.98	0.49
开办企业	0	0.00	5	1.22	0.61
个体户	26	9.12	51	12.44	10.78
公务员或事业单位员工	4	1.40	13	3.17	2.29
打零工	83	29.12	55	13.41	21.27

从空间位置来看受教育程度差异，调研的两个村庄本县非农就业人口中，文盲或小学学历的占比最高，大专、本科及以上学历的占比相对较少；本市（本县外）非农就业人口以大专、本科及以上学历为主；郑州市区非农就业人口以高中或中专，大专、本科及以上学历为主；省内其他地区非农就业人口以大专、本科及以上学历为主；外省地区非农就业人口以初中，高中或中专

学历为主（见表5-19、图5-7、图5-8）。

表5-19　　　　非农就业人员不同空间的受教育程度分布情况

村庄	受教育程度	本县	本市（本县外）	郑州市区	省内其他地区	外省地区
西魏家村	文盲或小学	75.34%	8.23%	2.74%	0.00%	13.69%
	初中	51.20%	18.18%	6.22%	0.48%	23.92%
	高中或中专	22.22%	55.56%	0.00%	0.00%	22.22%
	大专、本科及以上	40.00%	13.33%	20.00%	6.67%	20.00%
薛河村	文盲或小学	84.72%	0.00%	2.78%	0.00%	12.50%
	初中	62.82%	1.28%	11.97%	2.56%	21.37%
	高中或中专	50.00%	4.17%	23.61%	1.39%	20.83%
	大专、本科及以上	38.70%	22.58%	19.37%	6.44%	12.91%
总计	文盲或小学	80.00%	4.14%	2.76%	0.00%	13.10%
	初中	57.35%	9.25%	9.25%	1.58%	22.57%
	高中或中专	46.91%	9.87%	20.99%	1.24%	20.99%
	大专、本科及以上	39.14%	19.56%	19.56%	6.52%	15.22%

　　注：文盲或小学受教育程度百分数各空间占比以文盲或小学受教育程度所有空间分布为1，得出各空间文盲或小学受教育程度占比；其他受教育程度各空间占比计算方法同上。

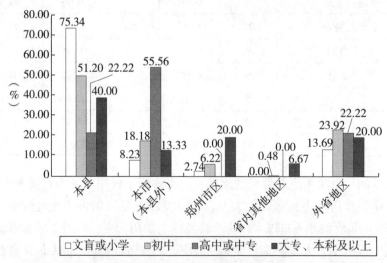

图5-7　西魏家村非农就业人员不同空间的受教育程度分布情况

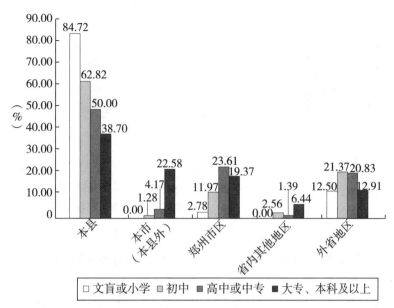

图 5 - 8　薛河村非农就业人员不同空间的受教育程度分布情况

从空间位置来看性别差异，调研的两个村庄整体上，女性主要留在本县非农务工，其次是去本市（本县外）和外市地区，占比均在 10% 左右，男性除了像女性一样在本县和外省地区务工，还去郑州市区务工（占比较女性高 4.20%）（见表 5 - 20、图 5 - 9、图 5 - 10）。

表 5 - 20　　　　　　　非农就业人员不同空间的性别分布情况

村庄	性别	本县	本市（本县外）	郑州市区	省内其他地区	外省地区
西魏家村	男	48.28%	15.27%	8.37%	0.49%	27.59%
	女	69.90%	19.42%	0.97%	0.97%	8.74%
薛河村	男	58.78%	2.29%	13.74%	1.91%	23.28%
	女	69.39%	4.77%	11.56%	2.72%	11.56%
总计	男	54.19%	7.96%	11.40%	1.29%	25.16%
	女	69.60%	10.80%	7.20%	2.00%	10.40%

从空间位置来看年龄分布差异，调研的两个村庄整体上，45 ~ 65 岁的非农就业人员进行非农就业主要在本县和外省地区；本市（本县外）、郑州市

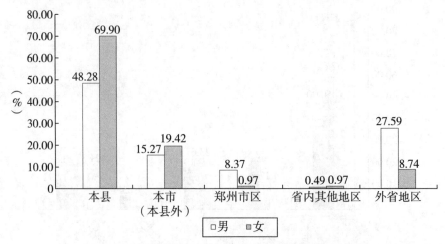

图 5 – 9　西魏家村非农就业人员不同空间的性别分布情况

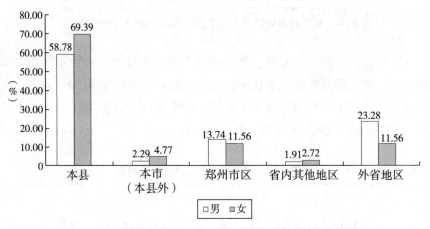

图 5 – 10　薛河村非农就业人员不同空间的性别分布情况

区、省内其他地区、外省地区的 16 ~ 44 岁非农就业人员占比均比 45 ~ 65 岁的占比高（见表 5 – 21、图 5 – 11、图 5 – 12）。

表 5 – 21　　　　　　　　非农就业人员不同空间的年龄分布情况

村庄	年龄段	本县	本市（本县外）	郑州市区	省内其他地区	外省地区
西魏家村	16 ~ 44 岁	44.39%	22.46%	8.56%	1.07%	23.52%
	45 ~ 65 岁	68.42%	7.37%	2.11%	0.00%	22.10%

续　表

村庄	年龄段	本县	本市 （本县外）	郑州市区	省内其他地区	外省地区
薛河村	16～44 岁	48.02%	4.76%	19.84%	3.17%	24.21%
	45～65 岁	85.22%	0.70%	2.11%	0.70%	11.27%
总计	16～44 岁	46.47%	12.30%	15.03%	2.28%	23.92%
	45～65 岁	78.48%	3.37%	2.12%	0.42%	15.61%

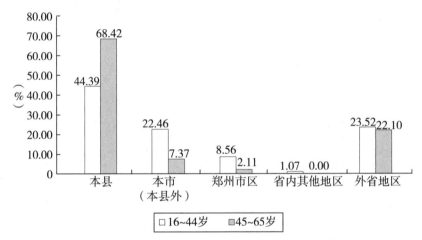

图 5－11　西魏家村非农就业人员不同空间的年龄分布情况

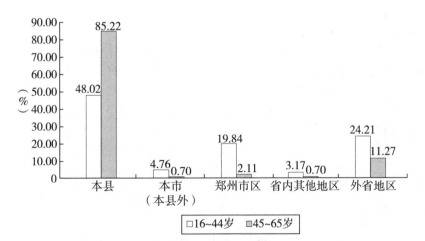

图 5－12　薛河村非农就业人员不同空间的年龄分布情况

3. 非农就业人员工资情况

由于涉及收入情况，在调研的时候获得准确的数据比较困难，部分被调研的人不愿回答，经整理之后总共得到有效数据 695 个。从调研的两个村庄的整体情况来看，农村非农就业人员年收入的平均数为 34963 元，折合月均收入为 2914 元。具体来看，西魏家村有 78.62% 的非农就业人员的年收入在 6 万元以下；薛河村有 98.06% 的非农就业人员的年收入在 6 万元以下（见表 5 - 22、图 5 - 13）。

表 5 - 22　　　　非农就业人员不同年均工资水平占比情况

工资水平区间	西魏家村	薛河村
2 万元以下	28.62%	33.50%
2 万 ~ <4 万元	21.38%	56.07%
4 万 ~ <6 万元	28.62%	8.49%
6 万 ~ <8 万元	15.41%	1.21%
8 万 ~10 万元	2.83%	0.49%
10 万元以上	3.14%	0.24%

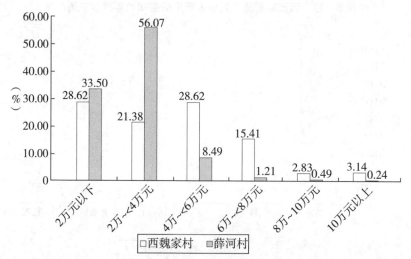

图 5 - 13　非农就业人员不同年均工资水平占比情况

（五）家庭收支及借贷情况

1. 家庭收入情况

从西魏家村家庭年均总收入来看，该村大多数家庭年均总收入在 5 万元以上，并且源于非农收入的占比为 81.50%，农业收入占比较少，仅为 18.50%。由于西魏家村大部分还是小规模经营，较少种植经济作物，每户种植农作物用于出售的也较少，因此非农收入占比较大。

从薛河村家庭年均总收入来看，该村大多数家庭年均总收入大于 5 万元小于等于 10 万元，并且源于非农收入的占比为 96.73%（见表 5 - 23、图 5 - 14、表 5 - 24、图 5 - 15）。

表 5 - 23　　　　　　　　调研村庄家庭收入结构情况

村庄	农业收入占比（%）	非农收入占比（%）
西魏家村	18.50	81.50
薛河村	3.27	96.73

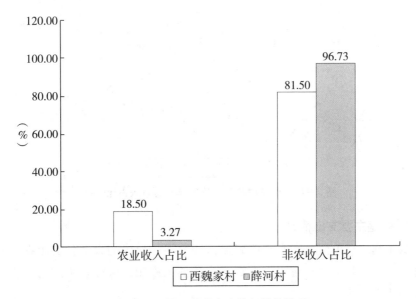

图 5 - 14　调研村庄家庭收入结构情况

表5－24　　　　　　　调研村庄不同家庭年均总收入占比情况

家庭年均总收入	西魏家村		薛河村	
	户数（户）	占比（%）	户数（户）	占比（%）
总收入≤1万元	13	6.67	2	1.09
1万元＜总收入≤2万元	12	6.15	8	4.36
2万元＜总收入≤3万元	7	3.59	10	5.43
3万元＜总收入≤4万元	10	5.13	23	12.50
4万元＜总收入≤5万元	9	4.61	25	13.58
5万元＜总收入≤10万元	70	35.90	94	51.08
10万元＜总收入	74	37.95	22	11.96

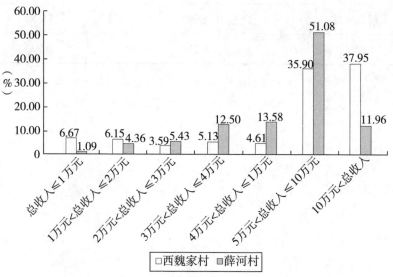

图5－15　调研村庄不同家庭年均总收入占比情况

2. 家庭主要支出情况

从家庭总支出情况来看，西魏家村和薛河村村民的大部分支出在日常生活开支、医疗和子女教育上。在有人生病的家庭中，医疗费用成为开支的一项（见表5－25）。

表 5 – 25　　　　　　　　　调研村庄家庭主要支出情况

家庭主要支出	西魏家村		薛河村	
	户数（户）	占比（%）	户数（户）	占比（%）
医疗	7	3.59	38	20.65
结婚	3	1.54	4	2.17
建房/购房	26	13.33	16	8.70
子女教育	46	23.59	70	38.04
农业生产投资	15	7.69	2	1.09
非农业生产投资	7	3.59	5	2.72
日常生活开支	91	46.67	49	26.63

3. 借贷情况

西魏家村有 17.95% 的受访人员有借贷需求，借款金额相差巨大，最高为 60 万元，最低为 3 万元；借贷周期基本在 10 年左右。首选借贷对象中正规金融机构占比最高，在 90% 以上。调研的村民中首选借贷对象不选择正规金融机构的原因是认为正规金融机构贷款利息高（见表 5 – 26、表 5 – 27）。

表 5 – 26　　　　　　　　调研村庄首选借贷对象占比

借贷对象	西魏家村	薛河村
正规金融机构	91.89%	0.00%
民间金融	0.00%	0.00%
亲戚	8.11%	0.00%
朋友或生意伙伴	0.00%	0.00%

表 5 – 27　　　　　　　　未选择正规金融机构借贷的原因

原因	西魏家村	薛河村
金融机构距离远	0.00%	0.00%
可贷资金有限	0.00%	0.00%
贷款手续繁杂、耗时长	0.00%	0.00%
不了解贷款渠道	0.00%	0.00%
正规金融机构贷款利息高	100.00%	0.00%

（六）被访者长期迁移意愿情况

两个村庄受访村民预计 2026 年的常住地为本村的占比达 59.06%，预计 2035 年定居地还在本村的占比达 50.13%，随着时间的推移，比重逐渐下降，说明大部分村民将来会因为工作或者其他原因搬离本村。两个村庄存在显著差异的是，薛河村预计 2026 年常住地为本村和 2035 年定居地为本村的比例分别为 67.76% 和 62.37%，西魏家村预计 2026 年常住地为本村和 2035 年定居地为本村的比例分别为 46.99% 和 42.11%，说明薛河村相对西魏家村愿意迁离本村的人员比较少。另外，在预计将来本村常住人口减少的同时，本县常住人口增长较为明显，说明这两个村庄的村民未来趋向于定居在本县（见表 5−28、图 5−16 和图 5−17）。

表 5−28　　　　　　　　村民预计 2026 年常住地和 2035 年定居地

村庄	年份	本村	本县	本市 （本县外）	郑州市区	省内其他地区	外省地区
西魏家村	2026 年	46.99%	30.73%	18.21%	1.63%	0.16%	2.28%
	2035 年	42.11%	42.60%	14.48%	0.65%	0.00%	0.16%
薛河村	2026 年	67.76%	24.62%	1.64%	4.22%	0.12%	1.64%
	2035 年	62.37%	27.79%	2.34%	5.86%	0.12%	1.52%
总计	2026 年	59.06%	27.18%	8.58%	3.13%	0.14%	1.91%
	2035 年	50.13%	38.61%	7.53%	3.41%	0.01%	0.31%

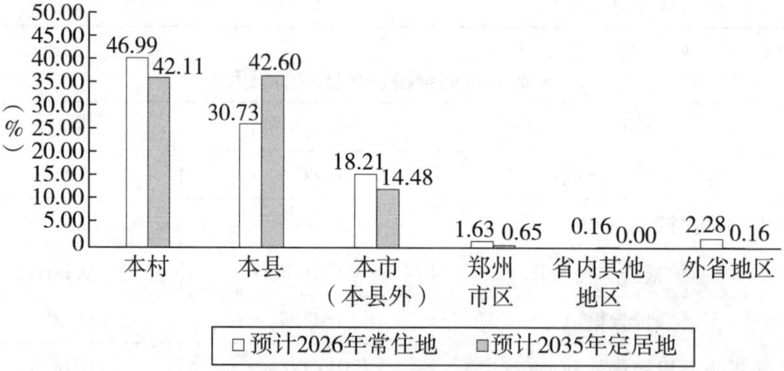

图 5−16　西魏家村村民预计 2026 年常住地和 2035 年定居地

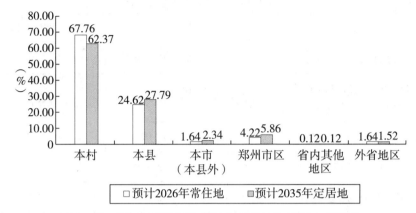

图 5-17   薛河村村民预计 2026 年常住地和 2035 年定居地

从理想的生活地点来看，两个村庄的情况有所不同，西魏家村受访人员更愿意在城市生活的占比为 64.46%，而愿意留在农村的占比为 35.54%；薛河村恰恰相反，受访人员大多更愿意在农村生活，理想生活地点为农村的占比为 62.37%（见表 5-29）。

表 5-29   受访人员理想的生活地点占比情况

理想的生活地点	城市	农村
西魏家村	64.46%	35.54%
薛河村	37.63%	62.37%
平均占比	51.05%	48.95%

调研的两个村庄的受访者愿意迁往城市生活的主要原因是城市有更好的医疗教育资源（45.37%）和为后代发展考虑（39.07%），其次是城市有更好的物质生活（34.70%）、城市有更好的发展机会（34.32%）及在城市的子女或其他亲属要带自己一起生活（24.55%）等（见表 5-30）。因此，受访者不愿意迁往城市的主要原因是认为城市生活成本高（53.32%）、不愿放弃土地（42.27%）、在城市无法获得足够高的收入（37.37%）、更喜欢农村的生活（36.65%）以及习惯了农村生活，不愿改变（29.21%）等（见表5-31）。

表 5 - 30　　　　　　　　受访人员愿意迁往城市的主要原因

原因	西魏家村	薛河村	两个村庄的平均占比
城市有更好的发展机会	26.48%	45.48%	34.32%
在城市的子女或其他亲属要带自己一起生活	15.32%	37.69%	24.55%
城市有更好的医疗教育资源	41.36%	51.09%	45.37%
城市有更丰富的精神生活	10.94%	38.32%	22.24%
城市有更好的物质生活	22.54%	52.02%	34.70%
为后代发展考虑	34.14%	46.11%	39.07%

表 5 - 31　　　　　　　　受访人员不愿迁往城市的主要原因

原因	西魏家村	薛河村	两个村庄的平均占比
更喜欢农村的生活	63.49%	23.50%	36.65%
在城市无法获得足够高的收入	1.59%	54.32%	37.37%
认为城市生活成本高	54.76%	52.63%	53.32%
在城市生活存在子女受教育或医疗等不便之处	0.00%	22.18%	15.05%
城市的生活节奏快	0.40%	21.43%	14.67%
城市的自然环境不好	0.00%	35.53%	24.11%
认为城市与农村生活并无太大区别	2.38%	2.44%	2.42%
习惯了农村生活，不愿改变	24.60%	31.39%	29.21%
农村还有土地和房屋尚未变现	0.00%	8.08%	5.48%
不愿放弃土地	9.13%	58.27%	47.27%

三、调研结论

一是青年人和中年人在家种地的特别少，一般由家中老人种地，青年人和中年人农忙时回家帮忙。从两个村庄的平均水平来看，农业收入在村民家庭总收入中的占比约为10.89%，薛河村更低，农业收入仅占到3.27%。户均耕地面积较小，规模农业较少，导致大部分村民基本难以单纯依靠农业维持生计。但由于机械化程度高，农忙时间大大缩短，大部分村民都采用半务农半务工的方式，把农业作为一种副业，农忙时务农，农闲时外出务工。

二是土地流转市场不健全，种粮大户少，规模化经营不足，农地资源利用效率低，存在一定程度的资源配置不当的问题。实地调研结果显示，西魏家村农户种植面积在1~9.9亩的占比达90.05%，薛河村农户种植面积在1~9.9亩的占比达88.58%，在1亩以下的占比达10.33%。两个村庄农业生产还是以村民的分散经营为主，农地细碎化问题还存在。目前，土地流出方和流入方彼此之间缺乏高效的交流，即流入方不知道谁愿意转出，而流出方也不了解谁愿意接手，缺乏高效的乡镇土地流转服务机构。现阶段，土地流转仍然以村民为主导，村民通过私下协商、口头协议等方式方法开展土地流转工作，流转的程序缺乏规范，合同管理不健全、不完善。

三是农民工出现回流现象。根据两个村庄的整体调研情况，选择在本村、本乡镇、本县县城非农就业的占比达50.99%。农民工仍然属于城市的边缘群体，受户籍制度的影响，农民工的相对收入水平和社会经济地位并没有提高，这可能是使得农民工在"就近"的乡外县内就业比例增加的原因之一。也可能是因为虽然在外省城镇务工收入高，但是受转移成本、传统观念等因素的制约，想去外省务工的农民相对较少。

四是农民进城意愿不强。就两村的整体调研情况来说，农民的进城意愿不强，认为理想的生活地点是城市的人口占比为51.05%。不愿迁往城市的原因中，首先是认为城市生活成本高，其次是不愿放弃土地、在城市无法获得足够高的收入和更喜欢农村的生活等。但是，与薛河村情况不同的是，西魏家村有64.46%的人认为城市是理想的生活地点，主要原因是城市有更好的医疗教育资源和为后代发展考虑等。

四、政策建议

一是要加快农业机械化进程，提高农业劳动生产率。一方面，可以通过行政手段对从事农业机械生产的企业给予研发补贴或者税收优惠，从源头上降低这类企业的生产和运营成本；另一方面，可以适当加大对购买农业机械的补贴力度，鼓励更多农民使用农业机械代替人工劳作，提高农业劳动生产率。

二是在土地制度改革上还应争取更大的突破，同时也应尊重农民意愿，给予农民合理补偿。政府需要对农民的宅基地进行重新规划，减少原先的宅基地面积，提高土地使用率，让农民尽量聚集居住，形成规模效应。政府要努力发展第三产业，创造更多的就业机会。政府也要合理规划耕地，既要有规模化经营，保证承包方的利益，又要考虑对土地依赖的农民，让土地流转按规范的流程进行，减少农民的抵触心理。

三是应该认清并重视农民工回流的积极影响，农民工回流，尤其是返乡创业，对吸收农村剩余劳动力、带动农村经济发展、提高城镇化水平具有积极意义。要积极维护回流农民工的基本权益。回流农民工受城市文明熏陶及自身受教育程度等因素的影响，权利意识较强，基本权益能否得到保障，直接关系他们对回流地的评价。回流地要在制度、政策、资金、设施等方面关注回流农民工个体和家庭的社会保障、医疗服务、子女教育等问题，回流地政府和相关部门要积极主动地提供便利条件，确保顺利解决回流农民工从务工城市到回流地的养老保险和子女教育等问题的转移接续，消除其后顾之忧，使其能安心在乡村就业创业、扎根发展。

四是一方面，应着力完善县城和小城镇的基础设施建设，提升基本公共服务水平，促进以县城和中心镇为载体的县域城镇化发展，进而推动农民的就地就近城镇化。另一方面，应着力完善人口迁移与流动引导机制，促进城乡人口良性转移。政府可以引导农村劳动力树立正确的就业观、择业观，引导青壮年劳动力留在农村或回归农村，建设新农村。为此，可以统计调查各区域人口和资源配置情况，并进行相应的资源倾斜性调节，合理引导和控制农村劳动力向城市的转移，促进城乡劳动力与其承载力相匹配，使得城市与农村之间协调发展，进而解决人口恶性转移问题，避免无序的农村空心化的加剧。

第六章 整村分析报告六

——基于大杨村和郭寺村的整村调查

2021 年 10 月，河南中原经济发展研究院及河南大学经济学院、河南大学中原发展研究院联合整村调研课题组，分别对河南省平舆县庙湾镇大杨村和平舆县万冢镇郭寺村进行了入户调研，通过访谈的方式共获得有效问卷 814 份。

平舆县位于河南省东南部，属驻马店市辖县。辖 19 个乡镇（街道），224 个行政村（居委会）。全县总面积 1282 平方千米，有 102 万人口，常住人口 72.87 万人。平舆历史悠久，夏商为挚地，周为沈子国，秦时置县。平舆县拥有浓厚的人文资源，是造车鼻祖奚仲、周文王之母太任、东汉名臣陈蕃、三国名士许劭与许靖的故里。因地势平坦，又是中国最早车辆"舆"的发源地，故名"平舆"。平舆县是中国车舆文化之乡、中国建设工程防水之乡、全国文明城市、国家卫生县城、国家园林县城①。

一、调研村庄整体情况

大杨村和郭寺村的村民总数分别为 1132 户和 1448 户，调研组分别获得有效问卷 350 份和 464 份。从地形和区位特征来看，两个村庄均地处平原地区，虽距离县城的远近不同，但共同的特征在于都属于典型的平原农区，均以种植粮食作物为主，辅以少量的经济作物。两个村庄基本没有工业基础，多数村民以"务农＋务工"的半耕半工的方式生活。同时，我们也发现，部分村民把自己的承包地转租了出去，完全脱离了农业生产活动。上述特征在农业生产经营、家庭成员、人口流动、家庭收入构成等方面均有体现。总体

---

① 数据来源：平舆县人民政府网，http：//www.pingyu.gov.cn/about/。

来看，两个村庄表现出很多共同特征，但又各有特色。

（一）大杨村

大杨村处于平原地区，距离庙湾镇中心约 4 千米，距离平舆县中心约 10 千米，距离驻马店市中心约 80 千米。全村 1132 户 5420 人，外出务工人员约 3420 人，外出就业大多去往外省省会城市和长三角地区。全村总面积 7100 亩，其中耕地面积 6300 亩，主要种植小麦和玉米，家庭种植 50 亩以上的农户有 1 户，最大规模为 260 亩。村内有农业专业合作社 1 家。村内没有企业。村内的基础设施建设与公共服务均比较好，通路、通电、通水（自来水）、通网，生活垃圾统一收集处理，生活污水自排，村民厕所以水冲式卫生厕所为主，没有集中供暖。有 1 所村小学，教室 12 间，学生 10 名，教师 6 名，其中 3 名教师来自本村。有 1 所村幼儿园，其中有 3 间教室，学生 30 名，教师 2 名，其中 1 名教师来自本村。有村卫生室 1 个，村医 7 名，村医平均年龄为 50 岁。村内有 1 个体育健身场所、1 个图书室和 1 个农民业余文化组织。

（二）郭寺村

郭寺村距离万冢镇中心约 1.5 千米，距离平舆县中心约 15 千米，距离驻马店市中心约 50 千米。全村 1448 户 5719 人，外出务工人员约 2574 人，外出就业大多去往外省一般地级市和珠三角地区。全村耕地总面积 7806 亩，主要种植小麦和玉米。本村家庭种植 50 亩以上的农户有 2 户，最大规模为 150 亩。村内有企业 2 家，就业人数 20 人。村内的基础设施建设与公共服务均比较好，通路、通电、通水（自来水）、通网，生活垃圾统一收集处理，生活污水自排，村民厕所以水冲式卫生厕所为主，没有集中供暖。有 1 所村小学，教室 20 间，学生 121 名。有 1 所村幼儿园，教室 3 间，学生 80 名，教师 6 名。有 1 个村卫生室，村医 2 名，村医平均年龄为 60 岁，均为大专学历。村内有 1 个体育健身场所、1 个图书室、1 个文化站和 1 个农民业余文化组织。

二、调研村庄农户情况

（一）人口基本情况

1. 人口年龄情况

大杨村现有人口 1132 户 5420 人，常住户数为 500 户，样本选择 350 户

（调研问卷大多数为常住户自己填写；个别外出务工农户的问卷由村委会主任代填）。调研样本户籍人口年龄结构情况为：未成年（18岁以下）人口296人，占比为23.82%；青年（18~45岁）人口365人，占比为29.36%；中年（46~60岁）人口298人，占比为23.97%；老年（60岁以上）人口284人，占比为22.85%。平均年龄为41岁。

郭寺村现有人口1448户5719人，常住户数为1158户，样本选择464户（调研问卷大多数为常住户自己填写；个别外出务工农户的问卷由村委会主任代填）。调研样本户籍人口年龄结构情况为：未成年（18岁以下）人口328人，占比为20.61%；青年（18~45岁）人口505人，占比为31.72%；中年（46~60岁）人口396人，占比为24.87%；老年（60岁以上）人口363人，占比为22.80%（见表6-1、图6-1）。平均年龄为42岁。

从两个村庄的人口年龄结构可以看出，人口老龄化还是比较严重的。

表6-1   调研村庄人口年龄结构

村庄	18岁以下		18~45岁		46~60岁		60岁以上	
	人数（人）	占比（%）	人数（人）	占比（%）	人数（人）	占比（%）	人数（人）	占比（%）
大杨村	296	23.82	365	29.36	298	23.97	284	22.85
郭寺村	328	20.61	505	31.72	396	24.87	363	22.80
总计	624	22.01	870	30.69	694	24.48	647	22.82

2. 家庭人口情况

从调研结果来看，两个村庄的样本家庭中，1口之家占比均超过10%，说明独居老人占有一定比例。

大杨村受访家庭以2人之家占比最高，2人、3人、4人、5人家庭占比分别为29.43%、12.86%、18.00%、8.29%，6人及以上家庭占比为21.14%。郭寺村1人、2人、3人、4人、5人之家占比分别为10.34%、26.08%、16.81%、20.26%、14.22%，6人及以上的大家庭占比为12.28%。2人之家在两个样本村的占比均最高，说明成家的儿子和父母分开生活的情况普遍存在（见表6-2）。

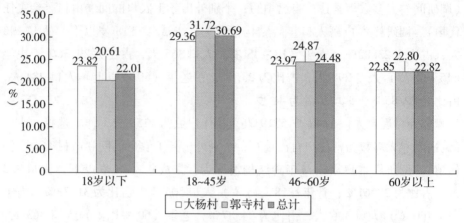

图 6-1 调研村庄人口年龄结构

表 6-2　　　　　　　　　　　　调研村庄家庭总人口分布

村庄	家庭人口											
	1 人		2 人		3 人		4 人		5 人		6 人及以上	
	户数（户）	占比（%）	户数（户）	占比（%）	户数（户）	占比（%）	户数（户）	占比（%）	户数（户）	占比（%）	户数（户）	占比（%）
大杨村	36	10.29	103	29.43	45	12.86	63	18.00	29	8.29	74	21.14
郭寺村	48	10.34	121	26.08	78	16.81	94	20.26	66	14.22	57	12.28

3. 个人受教育情况

大杨村受访村民受教育程度以文盲或小学学历为主，占比为59.17%，大专、本科及以上学历占比仅为5.02%。文盲或小学学历从老年人口的79.30%降低到中年人口的64.20%，再降低到青年人口的28.00%；高中或中专学历从老年人口的4.50%提高到中年人口的6.00%，再提高到青年人口的11.60%；大专、本科及以上学历占比从老年人口的0.30%提高到中年人口的1.20%，再提高到青年人口的15.10%，青年人口的大专、本科及以上的学历占比有了明显提高。

郭寺村年青一代的受教育情况也有了较大改善：文盲或小学学历从老年人口的72.50%降低到中年人口的54.60%，再降低到青年人口的18.00%；大专、本科及以上学历占比从老年人口的0.20%提高到中年人口的0.40%，再提高到青年人口的19.10%，青年人口的大专、本科及以上的学历占比有了明显提高。总体来看，郭寺村村民的受教育程度更高，受教育程度为文盲或小学的比大杨村低 14.03%，受教育程度为高中或中专的比大杨村高 3.12%，受教育程度为大专、本科及以上学历的比大杨村高 2.78%。

从两个村庄分年龄段受教育情况可见，随着义务教育的普及，年青一代的受教育情况有了较大改善：接受高等教育的人口比例正在逐渐上升，说明改革开放和高校扩招政策对教育起推进作用（见表 6 − 3、图 6 − 2、图 6 − 3）。

表 6 − 3　　　　　　调研村庄村民各年龄段受教育情况

村庄	年龄段	文盲或小学	初中	高中或中专	大专、本科及以上
大杨村	18 ~ 45 岁	28.00%	45.30%	11.60%	15.10%
	46 ~ 60 岁	64.20%	28.60%	6.00%	1.20%
	60 岁以上	79.30%	15.90%	4.50%	0.30%
	总计	59.17%	28.71%	7.10%	5.02%
郭寺村	18 ~ 45 岁	18.00%	48.40%	14.50%	19.10%
	46 ~ 60 岁	54.60%	35.90%	9.10%	0.40%
	60 岁以上	72.50%	21.80%	5.50%	0.20%
	总计	45.14%	36.84%	10.22%	7.80%

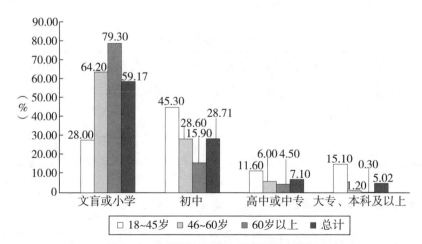

图 6 − 2　大杨村村民各年龄段受教育情况

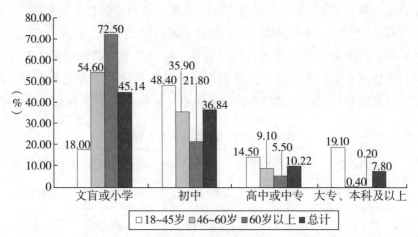

图6-3　郭寺村村民各年龄段受教育情况

（二）农业耕地及生产经营情况

1. 农业耕地情况

大杨村全村共有耕地6300亩，目前人均耕地面积为1.16亩，户均耕地面积为5.57亩。郭寺村全村共有耕地7806亩，人均耕地面积大约为1.36亩，户均耕地面积为5.39亩。两村的人均耕地面积均高于河南省的平均水平1.12亩。大杨村的与全国的平均水平1.36亩差距较大，人均耕地面积仅达到全国平均水平的85.29%（见表6-4）。

表6-4　　　　　　　　　调研村庄农业耕地情况

地域	耕地总面积（亩）	总人数（人）	人均耕地面积（亩）
大杨村	6300	5420	1.16
郭寺村	7806	5719	1.36
河南省	—	—	1.12
全国	—	—	1.36

数据来源：河南省人民政府网和第三次全国国土调查主要数据公报。

两个村庄的受访家庭耕地面积情况基本相似，大杨村受访家庭耕地面积在1亩以下的占比为25.14%，1～<5亩的占比为35.71%，5～<10亩的占比为35.14%，10亩及以上的占比为4.01%。郭寺村受访家庭耕地面积在1

亩以下的占比为 33.62%，1～<5 亩的占比为 20.26%，5～<10 亩的占比为 36.64%，10 亩及以上的占比为 9.48%（见表 6-5、图 6-4）。

表 6-5　　　　　　调研村庄家庭实际耕地面积区间占比情况

村庄	土地经营面积区间	占比
大杨村	1 亩以下	25.14%
	1～<5 亩	35.71%
	5～<10 亩	35.14%
	10 亩及以上	4.01%
郭寺村	1 亩以下	33.62%
	1～<5 亩	20.26%
	5～<10 亩	36.64%
	10 亩及以上	9.48%

注：土地经营面积区间占比情况按实际耕地面积计算。

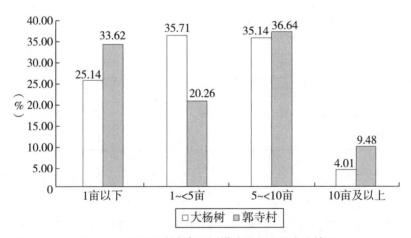

图 6-4　调研村庄家庭实际耕地面积区间占比情况

从两个村庄的调研情况来看，大杨村流转户数占比为 17.10%，郭寺村流转户数占比为 27.60%（见表 6-6）。其中，大杨村土地最大流转面积为 12 亩，郭寺村土地最大流转面积为 15 亩。

表6-6 调研村庄土地流转情况

村庄	土地流转面积（亩）	流转户数占比（%）	流转价格区间（元/亩/年）
大杨村	253	17.10	200~1000
郭寺村	850	27.60	200~1000

2. 农业生产经营情况

大杨村和郭寺村以春冬季小麦、夏秋季玉米的一年两季的粮食作物为主，少数农户会种植少量的花生。正常年份下，大杨村小麦每亩产830斤左右，售价每斤在1~1.1元，每亩产值为830~913元；玉米每亩产825斤左右，售价为每斤1.2元，每亩产值在990元左右。郭寺村小麦亩产815斤左右，售价为每斤1.2元，每亩产值为978元左右；玉米每亩产820斤左右，售价为每斤1.2元，每亩产值在984元左右（见表6-7）。由于人均耕地数量较少及农业种植机械化的普及，农忙时间普遍较短，一般为每年的5—6月和9—10月。

表6-7 调研村庄主要农作物每亩耕种成本、收益情况 单位：元/亩

村庄	种类	种子成本	化肥成本	农药成本	灌溉成本	耕种成本	收割成本	总成本	总收入	净收益
大杨村	小麦	90	200	40	25	40	60	455	913	458
	玉米	60	160	25	25	20	60	350	990	640
郭寺村	小麦	90	180	30	25	40	55	420	978	558
	玉米	50	160	25	25	20	60	340	984	644

从农业生产经营的风险来看，调研村民认为农业收入影响因素主要为农业自然风险（大杨村占比为59.20%，郭寺村占比为80.40%），缺乏农业技术和资金（大杨村占比为14.40%，郭寺村占比为20.70%）等（见表6-8）。从村民采取的应对风险的措施来看，两个村庄村民在应对农业风险方面的态度和措施有所差异，大杨村多数村民选择靠政府帮助和听天由命；郭寺村多数村民选择听天由命。从具体比例来看，大杨村选择听天由命的占比为55.00%，选择靠政府帮助、靠农业技术和基础设施的占比分别为33.60%、11.70%；郭寺村选择听天由命的占比高达76.00%，选择靠政府帮助、靠农业技术和基础设施、购买农业保险的占比分别为24.30%、14.80%、2.00%

（见表 6 - 9）。

表 6 - 8　　　　　调研村庄村民认为农业收入影响因素占比情况

因素	大杨村	郭寺村
农业自然风险	59. 20%	80. 40%
缺乏销售渠道	2. 50%	7. 40%
价格波动	5. 60%	11. 00%
政策变动	0. 20%	0. 90%
缺乏农业技术和资金	14. 40%	20. 70%

表 6 - 9　　　　调研村庄村民规避农业生产经营风险方式占比情况

规避风险方式	大杨村	郭寺村
靠政府帮助	33. 60%	24. 30%
购买农业保险	7. 10%	2. 00%
靠农业技术和基础设施	11. 70%	14. 80%
靠期货市场	0. 30%	0. 00%
听天由命	55. 00%	76. 00%

随着人们生活水平的提高，农民接受新事物的能力逐渐提升，越来越多的人开始选择使用较为基础的市场化风险管理工具来降低农业风险，如购买农业保险，本课题组调研的两个村庄选择购买农业保险的村民平均占比为 37%；两个村庄村民不愿购买保险的主要原因是不了解（见表 6 - 10、表 6 - 11）。

表 6 - 10　　　　　调研村庄村民农业保险购买意向占比情况

购买意向	大杨村	郭寺村
已购买	32. 00%	42. 00%
未购买但愿意购买	0. 00%	0. 10%
不愿购买	32. 80%	13. 10%

表 6 - 11　　　　调研村庄村民不愿购买农业保险的原因占比情况

原因	大杨村	郭寺村
不了解	25. 20%	9. 60%

原因	大杨村	郭寺村
价格太高	0.20%	0.20%
保障水平低	0.70%	1.40%
理赔程序烦琐	1.00%	1.40%
保险险种不满足需求	5.70%	1.60%

（三）宅基地及房屋情况

1. 宅基地情况

大杨村户均宅基地面积为3.70分，其中0~<2.5分的占比为7.50%，2.5~<5分的占比为83.00%，5~10分的占比为9.50%，没有拥有10分以上宅基地的农户。与其他村庄相比，户均宅基地面积水平处于中上等水平。村里很多年前就已经停止划拨宅基地了，宅基地来源以继承上一代的为主。

郭寺村户均宅基地面积为3.5分，其中0~<2.5分、2.5~<5分的占绝大部分，0~<2.5分的占比为22.30%，2.5~<5分的占比为67.80%，5~10分的占比为9.90%，没有拥有10分以上宅基地的农户。与其他村庄相比，户均宅基地面积较小，处于较低水平（见表6-12、表6-13、图6-5）。

表6-12　　　　　　　　调研村庄宅基地基本情况

村庄	调研户数（户）	调研的户均宅基地面积数（分）	最大值（分）	最小值（分）
大杨村	350	3.70	6.00	1.50
郭寺村	464	3.50	6.00	0.50

表6-13　　　　　　　　调研村庄农户拥有宅基地面积情况

村庄	宅基地面积区间	占比
大杨村	0~<2.5分	7.50%
	2.5~<5分	83.00%
	5~10分	9.50%
	>10分	0.00%

续　表

村庄	宅基地面积区间	占比
郭寺村	0 ~ <2.5 分	22.30%
	2.5 ~ <5 分	67.80%
	5 ~ 10 分	9.90%
	>10 分	0.00%

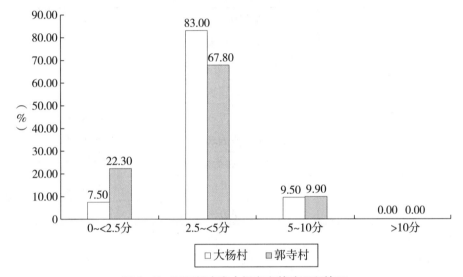

图 6 – 5　调研村庄农户拥有宅基地面积情况

　　由于调研对"户"概念的严格划分（子女已经成家并且与父母分户的视为新的一户），大杨村宅基地数量只有 1 处的占绝对比重，占比达到 98.60%，该村不存在农户有 3 处及以上宅基地的现象，但仍存在子女和父母住在一起的情况（虽然分户，但实际仍住在一起）。郭寺村宅基地数量只有 1 处的占绝对比重，占比达到 91.59%；有 2 处及以上宅基地的加起来占 8.41%，而有 2 处宅基地的大多也是户主和子女各使用 1 处（见表 6 – 14）。

表 6 – 14　　　　　　　调研村庄农户宅基地拥有数量占比情况

宅基地数量	1 处	2 处	3 处及以上
大杨村	98.60%	1.40%	0.00%
郭寺村	91.59%	8.40%	0.01%

2. 房屋情况

大杨村房屋建筑面积为 61 ~ 120 平方米的占比高达 42.00%，0 ~ 60 平方米的占比为 22.57%，121 ~ 180 平方米的占比为 10.29%，超过 180 平方米的占比为 25.14%。郭寺村房屋建筑面积为 0 ~ 60 平方米、61 ~ 120 平方米、121 ~ 180 平方米、180 平方米以上的占比分别为 20.91%、47.84%、21.77%、9.48%（见表 6 – 15、图 6 – 6）。

表 6 – 15　　　　　　　　调研村庄房屋建筑面积情况

村庄	房屋建筑面积区间	占比
大杨村	0 ~ 60 平方米	22.57%
	61 ~ 120 平方米	42.00%
	121 ~ 180 平方米	10.29%
	>180 平方米	25.14%
郭寺村	0 ~ 60 平方米	20.91%
	61 ~ 120 平方米	47.84%
	121 ~ 180 平方米	21.77%
	>180 平方米	9.48%

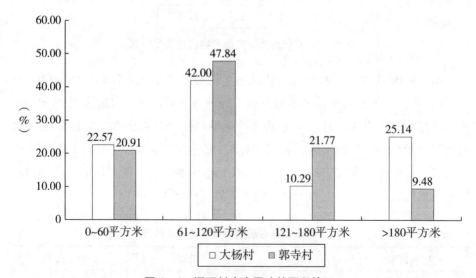

图 6 – 6　调研村庄房屋建筑面积情况

（四）非农就业与人口流动情况

1. 非农就业人口情况

大杨村 16～65 岁的村民一共有 751 人，其中非农就业人口数为 388 人，占比为 51.66%。郭寺村 16～65 岁的村民一共有 1006 人，其中非农就业人口数为 540 人，占比为 53.68%。

2. 非农就业地点与非农就业行业情况

因大杨村和郭寺村均位于平舆县且距离较近，因此在非农就业地点和非农就业行业上看均无太大差别。从非农就业人员工作地点来看，在外省省会城市的占比最高，为 17.35%；其次是外省一般地级市、长三角地区、本县县城，占比分别为 15.09%、12.60%、12.07%。长三角地区和珠三角地区作为中国发展繁荣的经济带，对外出务工人员的吸引力较强。在本县县城的非农就业人员也占有较大比重，大杨村和郭寺村的占比分别为 12.37% 和 11.85%（见表 6－16）。在本县县城的非农就业人员一般从事服务业工作，主要原因有：一是家中有老人小孩需要照顾，交通成本低便于照顾家人；二是同乡多，且生活环境、习俗等相近。

表 6－16 非农就业人员工作地点分布情况

地点	大杨村		郭寺村		两个村庄的平均占比（%）
	人数（人）	占比（%）	人数（人）	占比（%）	
本村	11	2.84	8	1.48	2.05
本乡镇	14	3.61	17	3.15	3.34
本县县城	48	12.37	64	11.85	12.07
本市其他乡镇	0	0.00	2	0.37	0.22
本市其他县城	1	0.26	5	0.93	0.65
本市市区	4	1.03	25	4.63	3.13
郑州市区	17	4.38	45	8.33	6.68
郑州县区	1	0.26	0	0.00	0.11
省内其他地级市下辖乡镇	0	0.00	0	0.00	0.00
省内其他地级市下辖县区	10	2.58	8	1.48	1.94

续　表

地点	大杨村		郭寺村		两个村庄的平均占比（%）
	人数（人）	占比（%）	人数（人）	占比（%）	
本省其他地级市区	10	2.58	15	2.78	2.69
外省乡镇	0	0.00	1	0.19	0.11
外省县城	0	0.00	1	0.19	0.11
外省一般地级市	56	14.43	84	15.56	15.09
外省省会城市	89	22.94	72	13.33	17.35
京津冀地区	32	8.25	64	11.85	10.34
长三角地区	61	15.72	56	10.37	12.60
珠三角地区	34	8.76	73	13.52	11.52
我国港澳台地区及国外	0	0.00	0	0.00	0.00

总体来看，两个村庄平均占比最高的是从事建筑业（含装修）的，达到32.44%，两个村庄占比分别为43.30%和24.63%。建筑防水产业是平舆县的传统优势产业，享誉全国，大杨村和郭寺村从事建筑业（含装修）的人员占比最高也是平舆县作为中国建设工程防水之乡的最直观体现。平均占比第二高的是从事制造业的，占比为22.84%（见表6－17）。

表6－17　　　　　　非农就业人员行业分布情况

行业	大杨村		郭寺村		两个村庄的平均占比（%）
	人数（人）	占比（%）	人数（人）	占比（%）	
副业（家庭手工或手工业）	0	0.00	1	0.19	0.11
乡村旅游	1	0.26	0	0.00	0.11
制造业	92	23.71	120	22.22	22.84
建筑业（含装修）	168	43.30	133	24.63	32.44
运输业	5	1.29	25	4.63	3.23
采掘业	0	0.00	0	0.00	0.00
商业和商务中介	5	1.29	13	2.41	1.94
教育业	3	0.77	9	1.67	1.29

行业	大杨村		郭寺村		两个村庄的平均占比（%）
	人数（人）	占比（%）	人数（人）	占比（%）	
医疗业	3	0.77	8	1.48	1.19
金融服务业	1	0.26	7	1.30	0.86
生活服务业	57	14.69	127	23.52	19.83
企业白领	3	0.77	4	0.74	0.75
开办企业	0	0.00	0	0.00	0.00
个体户	11	2.84	20	3.70	3.34
公务员或事业单位员工	5	1.29	7	1.30	1.29
打零工	34	8.76	66	12.21	10.78

从空间位置来看受教育程度的差异，调研的两个村庄，在本县的非农就业人员以文盲或小学、初中、高中或中专学历为主，大专、本科及以上学历的占比相对较少；在本市（本县外）的非农就业人员以大专、本科及以上学历为主；在郑州市区的非农就业人员以大专、本科及以上学历为主；在省内其他地区的非农就业人员以高中或中专学历为主（见表6-18、图6-7、图6-8）。

表6-18　　　　非农就业人员不同空间的受教育程度分布情况

村庄	受教育程度	本县	本市（本县外）	郑州市区	省内其他地区	外省地区
大杨村	文盲或小学	21.17%	0.00%	5.84%	2.92%	70.07%
	初中	18.86%	0.00%	1.14%	3.43%	76.57%
	高中或中专	23.69%	0.00%	5.26%	15.79%	55.26%
	大专、本科及以上	9.52%	23.81%	23.81%	9.52%	33.34%
郭寺村	文盲或小学	15.83%	2.88%	5.04%	7.19%	69.06%
	初中	15.78%	6.77%	8.27%	4.14%	65.04%
	高中或中专	16.87%	6.02%	12.05%	8.43%	56.63%
	大专、本科及以上	19.51%	7.32%	14.63%	2.44%	56.10%

续　表

村庄	受教育程度	本县	本市（本县外）	郑州市区	省内其他地区	外省地区
总计	文盲或小学	18.48%	1.45%	5.43%	5.07%	69.57%
	初中	17.01%	4.08%	5.44%	3.85%	69.61%
	高中或中专	19.01%	4.13%	9.92%	10.74%	56.20%
	大专、本科及以上	16.13%	12.90%	17.74%	4.84%	48.39%

注：文盲或小学受教育程度百分数各空间占比以文盲或小学受教育程度所有空间分布为1，得出各空间文盲或小学受教育程度占比；其他受教育程度各空间占比计算方法同上。

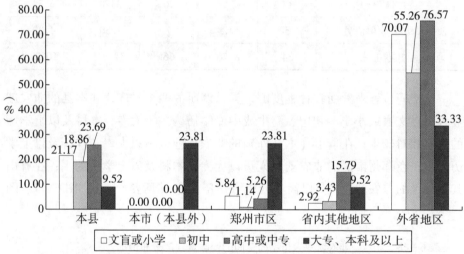

图6-7　大杨村非农就业人员不同空间的受教育程度分布情况

　　从空间位置来看性别差异，调研的两个村庄的非农就业女性主要在本县和外省地区务工，男性在郑州市区、省内其他地区和外省地区的占比均超过女性（见表6-19、图6-9、图6-10）。

表6-19　　　　　　　　　非农就业人员不同空间的性别分布情况

村庄	性别	本县	本市（本县外）	郑州市区	省内其他地区	外省地区
大杨村	男	16.60%	1.08%	5.42%	3.61%	73.29%
	女	27.00%	2.00%	2.00%	0.00%	69.00%
郭寺村	男	16.26%	5.87%	8.27%	4.27%	65.33%
	女	16.98%	6.06%	8.48%	4.24%	64.24%

续　表

村庄	性别	本县	本市（本县外）	郑州市区	省内其他地区	外省地区
总计	男	16.41%	3.83%	7.06%	3.99%	68.71%
	女	20.75%	4.53%	6.04%	2.64%	66.04%

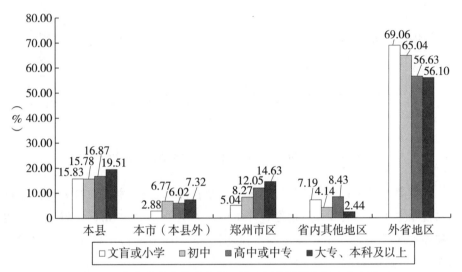

图6-8　郭寺村非农就业人员不同空间的受教育程度分布情况

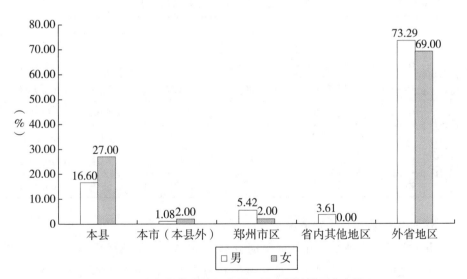

图6-9　大杨村非农就业人员不同空间的性别分布情况

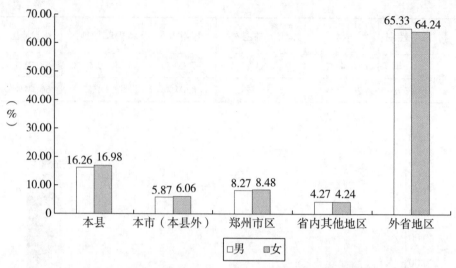

图 6-10 郭寺村非农就业人员不同空间的性别分布情况

从空间位置来看年龄差异，调研的两个村庄 45~65 岁的农村劳动力进行非农就业主要在本县和外省地区；在本市（本县外）、郑州市区、省内其他地区和外省地区务工的 16~44 岁的占比均比 45~65 岁的占比高（见表 6-20、图 6-11、图 6-12）。

表 6-20 非农就业人员不同空间的年龄分布情况

村庄	年龄段	本县	本市（本县外）	郑州市区	省内其他地区	外省地区
大杨村	16~44 岁	15.08%	2.16%	4.74%	2.16%	75.86%
	45~65 岁	24.21%	0.00%	3.82%	3.18%	68.79%
郭寺村	16~44 岁	12.71%	6.69%	9.03%	4.68%	66.89%
	45~65 岁	19.92%	5.31%	7.96%	3.54%	63.27%
总计	16~44 岁	13.74%	4.71%	7.16%	3.58%	70.81%
	45~65 岁	21.67%	3.13%	6.27%	3.39%	65.54%

3. 非农就业人员工资情况

由于涉及收入情况，在调研的时候获得准确的数据比较困难，部分被调研的人不愿回答，经整理之后总共得到有效数据 387 个。从调研的两个村庄的情况来看，农村非农就业劳动力年收入的平均数为 22840 元，折合月均收

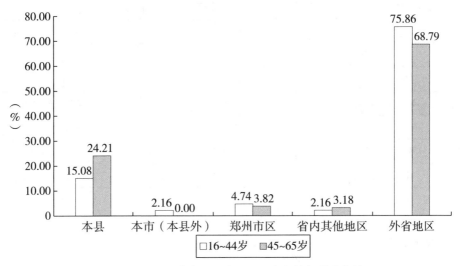

图 6 – 11　大杨村非农就业人员不同空间的年龄分布情况

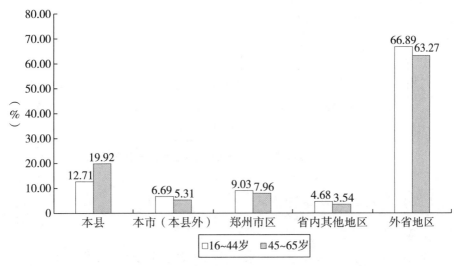

图 6 – 12　郭寺村非农就业人员不同空间的年龄分布情况

入为 1903 元。如果从占比角度来看，大杨村有超过 90% 的非农就业人员的年收入在 6 万元以下；年收入在 6 万元及以上的占比为 7.53%。郭寺村有超过 90% 的非农就业人员的年收入在 6 万元以下；年收入在 6 万元及以上的占比为 9.50%（见表 6 – 21、图 6 – 13）。

表 6-21　　　　　　　非农就业人员不同年均工资水平占比情况

工资水平区间	大杨村	郭寺村
2 万元以下	13.17%	19.01%
2 万 ~ <4 万元	40.05%	42.02%
4 万 ~ <6 万元	39.25%	29.47%
6 万 ~ <8 万元	4.57%	7.60%
8 万 ~ 10 万元	2.96%	1.90%
10 万元以上	0.00%	0.00%

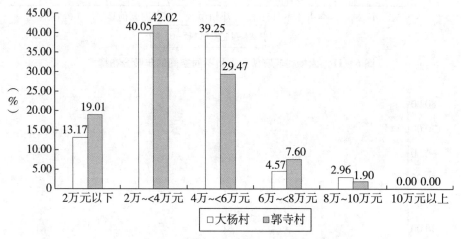

图 6-13　非农就业人员不同年均工资水平占比情况

（五）家庭收支及借贷情况

1. 家庭收入情况

从大杨村受访家庭年均总收入来看，收入大于 5 万元小于等于 10 万元的占比最高（31.71%），并且收入大部分源于非农收入，占比为 89.34%，农业收入占比较少，为 10.66%。由于大杨村较少种植经济作物，再加之每户家庭拥有的耕地较少，每户种植农作物用于出售的也较少，因此非农收入在大杨村中占比较大。

从郭寺村受访家庭年均总收入来看，收入大于 5 万元小于等于 10 万元的占比最高（26.29%），并且收入大部分源于非农收入，占比为 89.81%，而农业收入占比仅为 10.19%。由于经济作物价格的波动，郭寺村村民的农业收入占比在不同的年份必然会有一定的波动。总之，农业收入在总收入中的地位仍然十分重要，因此短期内，村民完全放弃土地从事非农工作的可能性不大（见表6-22、表6-23、图6-14、图6-15）。

表6-22   调研村庄家庭收入结构情况

村庄	农业收入占比（%）	非农收入占比（%）
大杨村	10.66	89.34
郭寺村	10.19	89.81

表6-23   调研村庄不同家庭年均总收入占比情况

家庭年均总收入	大杨村		郭寺村	
	户数（户）	占比（%）	户数（户）	占比（%）
总收入≤1万元	88	25.14	101	21.77
1万元<总收入≤2万元	31	8.86	55	11.85
2万元<总收入≤3万元	21	6.00	31	6.68
3万元<总收入≤4万元	20	5.71	30	6.47
4万元<总收入≤5万元	27	7.71	35	7.54
5万元<总收入≤10万元	111	31.71	122	26.29
10万元<总收入	52	14.86	90	19.40

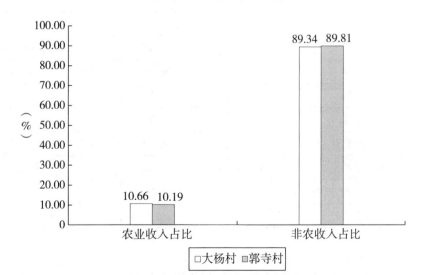

图6-14   调研村庄家庭收入结构情况

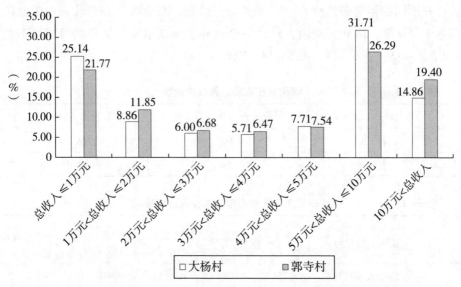

图 6–15　调研村庄不同家庭年均总收入占比情况

2. 家庭主要支出情况

从总支出情况来看，大杨村和郭寺村村民大部分支出用在日常生活开支、医疗和子女教育上。在有人生病的家庭中，医疗费用成为开支的一项（见表6–24）。

表 6–24　　　　　　　　　调研村庄家庭主要支出情况

家庭主要支出	大杨村		郭寺村	
	户数（户）	占比（%）	户数（户）	占比（%）
医疗	127	36.71	195	44.93
结婚	0	0.00	1	0.23
建房/购房	0	0.00	5	1.15
子女教育	112	32.37	103	23.73
农业生产投资	0	0.00	6	1.38
非农业生产投资	0	0.00	5	1.15
日常生活开支	107	30.92	119	27.42

3. 借贷情况

调研的两个村庄近两年有 25.19% 的人员有借贷需求，借款金额相差巨大，最高为 100 万元，最低为 1000 元；借贷周期基本都在 10 年以内。首选借贷对象中亲戚占比最高，两个村庄的占比均在 70% 以上，未选择从正规金融机构借贷的主要原因在于村民不了解贷款渠道，认为正规金融机构贷款利息高以及贷款手续繁杂、耗时长等（见表 6 – 25、表 6 – 26）。

表 6 – 25　　　　　　　　　调研村庄首选借贷对象占比

借贷对象	大杨村	郭寺村
正规金融机构	13.80%	16.20%
民间金融	1.00%	2.80%
亲戚	73.50%	72.90%
朋友或生意伙伴	11.70%	8.10%

表 6 – 26　　　　　　　　　未选择正规金融机构借贷的原因

原因	大杨村	郭寺村
金融机构距离远	0.00%	0.00%
可贷资金有限	0.00%	0.40%
贷款手续繁杂、耗时长	2.63%	10.40%
不了解贷款渠道	72.37%	59.60%
正规金融机构贷款利息高	25.00%	29.60%

（六）被访者长期迁移意愿情况

从理想的生活地点来看，两个村的情况基本相同，受访人员大多更愿意在农村生活，其中大杨村有长期迁移意愿的占比为 15.55%，愿意在农村生活的占比为 84.45%；郭寺村有长期迁移意愿的占比为 27.08%，愿意在农村生活的占比为 72.92%（见表 6 – 27）。

表 6 – 27　　　　　　　　　受访人员长期迁移意愿占比情况

是否有长期迁移意愿	是	否
大杨村	15.55%	84.45%
郭寺村	27.08%	72.92%

从具有长期迁移意愿的受访人员的理想生活地点来看，受访人员更愿意迁

移到本县县城生活，大杨村愿意迁移到本县县城生活的村民占比为74.71%，郭寺村愿意迁移到本县县城生活的村民占比为63.71%（见图6-16）。

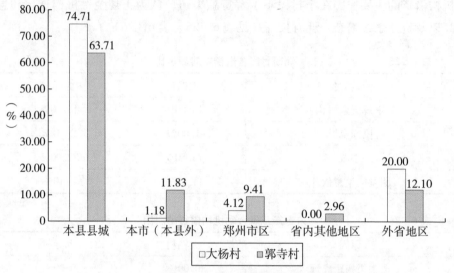

图6-16　受访人员长期迁移意愿空间分布情况

调研的两个村庄的受访人员更愿意迁往城市的主要原因是城市有更好的发展机会，有更好的医疗教育资源，有更好的物质生活，以及为后代发展考虑等。可见，调研村庄村民向往城市的原因主要是同未来的发展机会有关，对于丰富的精神生活没有考虑太多。受访人员不愿迁往城市是因为认为城市生活成本高及习惯了农村生活，不愿改变等（见表6-28、表6-29）。

表6-28　　　　　　　受访人员愿意迁往城市的主要原因

原因	大杨村	郭寺村
城市有更好的发展机会	36.44%	31.12%
在城市的子女或其他亲属要带自己一起生活	3.39%	13.09%
城市有更好的医疗教育资源	25.42%	26.39%
城市有更丰富的精神生活	2.12%	3.22%
城市有更好的物质生活	15.68%	14.59%
为后代发展考虑	16.95%	11.59%

表 6 – 29 受访人员不愿迁往城市的主要原因

原因	大杨村	郭寺村
更喜欢农村的生活	1.63%	1.26%
在城市无法获得足够高的收入	20.13%	10.31%
认为城市生活成本高	42.78%	47.44%
在城市生活存在子女受教育或医疗等不便之处	0.81%	0.94%
城市的生活节奏快	0.00%	0.16%
城市的自然环境不好	0.52%	0.00%
认为城市与农村生活并无太大区别	0.52%	0.00%
习惯了农村生活，不愿改变	24.35%	32.81%
农村还有土地和房屋尚未变现	4.22%	3.46%
不愿放弃土地	5.03%	3.62%

三、调研结论

一是农村产业缺失。大杨村和郭寺村留守在家的老年人以农业种植为主，种地收益低，年轻人多选择外出打工，农村没有能留得住年轻人的产业，土地资源未能盘活。以大杨村为例，农业收入在村民家庭总收入中占比为10.66%，且收益很低。

二是外出务工人员文化程度总体偏低。近年来，村民受教育程度虽在不断提高，年青一代的受教育情况也有了较大改善，但农村劳动力仍普遍存在文化程度偏低的问题。外出务工人员受教育程度偏低在很大程度上影响了农村劳动力非农就业的空间选择和行业选择。很大一部分人缺乏专业技能，大多从事"苦、脏、累、险"的工种，工作时间长、体能消耗大、劳务报酬低，缺乏就业竞争力。

三是农村劳动力市场缺乏引导，以自发外出为主，呈松散型。村民靠"亲带友，友带友，邻带邻"的形式结伴外出务工，这种形式组织松散，随意性大且存在风险大、维权难的问题。

四是非农就业主要流向本县县城和外省地区，而省内的大中城市吸纳的农村劳动力相对较少。农村劳动力非农就业空间为外省地区时，其几乎都集中在大城市。距离和经济发展水平整体上决定着农村劳动力非农就业空间选择的基本方向。在有限理性的非农就业空间决策中，不同区域的掌握不同信息和具有不同认知能力的农村劳动力，根据自身和家庭效用最大化目标进行的决策，必然导致分散的非农就业空间选择。但同时，由于对较大的非农就业空间劳动力容量认知共同的存在，造成农村劳动力在特定地区的集中分布。

五是农民的进城意愿不强。调研发现，受访人员的进城意愿不强，两个村庄的受访人员认为城市是理想的生活地点的占比均低于28%。不愿进城的原因中首先是认为城市生活成本高，其次是习惯农村生活，不愿改变等。

四、政策建议

一是鼓励农业规模化发展，提高土地利用收益。随着经济社会的发展，农村的劳动力选择外出务工，因为外出务工的收入远远超出了种养所得。这样的情况导致农村的部分土地并没有被有效利用。要想发展产业，应鼓励农民承包土地规模化种植，投入技术进行大规模机械作业，通过技术缩减成本，增加利润，实现更高收益。

二是要发展壮大新型农村集体经济，带动农民增收。新型农村集体经济作为农村现代化与实现共同富裕目标的重要支撑，有助于吸引青壮年劳动力回流，提高农村居民的财产性收入，进而缩小收入差距，促进乡村产业发展。

三是加强对农村劳动力的培训，提高农民素质。第一，完善农村劳动力就业培训体系，按市场化、社会化的要求，建设培训基地。第二，加大培训力度，按照市场需求，突出培训重点，有针对性地对农村富余劳动力进行技能培训，使他们有一技之长，增强其就业稳定性，提高其收入。

四是加大招商引资，鼓励农民回乡创业。立足县情，合理合法地开发有利资源，同时鼓励农民回乡创业，并为创业者提供优惠政策。

第二篇　专题报告

第七章　劳动力流动和贫困理论回顾与述评

农村劳动力非农就业空间选择对贫困脆弱性和多维贫困的影响是本章关注的核心主题。本章首先就农村劳动力非农就业的理论基础以及非农就业空间选择的研究进展进行梳理和回顾，然后分别就本章关注的两大核心问题——对贫困脆弱性和多维贫困的相关研究进展进行系统的文献综述，为本书后续相关内容的研究奠定文献基础。

一、农村劳动力非农就业的理论基础与空间选择的相关研究进展

从农村劳动力非农就业空间选择视角研究贫困脆弱性和多维贫困的前提是要理顺农村劳动力非农就业的决定因素，发展经济学已经有了系统解释农村劳动力非农就业的理论，围绕农村劳动力非农就业空间选择形成了丰富的研究成果。

（一）农村劳动力非农就业的理论基础

农村劳动力选择非农就业必然伴随着从农业向非农、从农村向城市的转移，理论界已经形成了古典二元结构理论、新古典二元结构理论、相对贫困假说以及新劳动力迁移理论，这为本书从多角度认识农村劳动力非农就业及其与贫困脆弱性和多维贫困的关系奠定了理论基础。

1. 古典二元结构理论

古典二元结构理论建立在劳动力无限供给和不变制度工资两个强有力的假设基础之上，刘易斯模型和费景汉－拉尼斯模型是其中的代表。

（1）刘易斯模型。

发展经济学的先驱之一威廉·阿瑟·刘易斯（Lewis，1954）开创了二元结构理论（程名望等，2007）。刘易斯认为，传统社会是由传统农业部门和现代工业部门组成的典型二元经济结构体系，发展中国家由传统的二元经济结

构向一元经济结构成功转型需要经历劳动力无限供给和劳动力短缺两个阶段。在劳动力无限供给阶段，传统农业部门的典型特征是较快的人口增长、匮乏的资本投入以及近乎为零的边际产出并存，而现代工业部门的边际产出和资本投入较高，不断扩张的现代工业部门能够按照生存工资（不变制度工资）得到任何数量的边际产出近乎为零的农村剩余劳动力。现代工业部门的不断扩张最终将导致边际产出近乎为零的农村剩余劳动力被吸纳完毕，此时经济发展进入劳动力短缺阶段，两个阶段的连接点就是非常著名的刘易斯转折点。劳动力短缺阶段的典型特征是现代工业部门以生存工资吸纳边际产出不为零的农村劳动力已经毫无可能，其工资开始由边际产出决定，最终使得二元化的经济结构趋于一体。

刘易斯的二元经济结构理论是发展经济学中关于结构转变的最有影响力的理论（郁义鸿，2000）；但其理论太过强调现代工业部门的扩张对二元经济结构转型的作用而忽视了传统农业部门的贡献（赵慧卿，2005；程名望，2007），这显然不符合经济发展的现实。

（2）费景汉－拉尼斯模型。

费景汉和拉尼斯（Fei 和 Ranis，1961）将传统农业部门的贡献纳入二元结构理论中，弥补了刘易斯模型的不足，并将刘易斯模型中的两个阶段拓展为三个阶段。第一个阶段与刘易斯模型的一样，劳动力无限供给下现代工业部门可以按照不变制度工资吸纳任何数量的劳动力。当边际产出为零的农村剩余劳动力被现代工业部门吸纳完毕后，经济发展就进入第二个阶段。在第二个阶段中，传统农业部门的边际产出不再为零，而是逐渐上升，但仍然低于不变制度工资，费景汉和拉尼斯将边际产出大于零而小于不变制度工资的农村劳动力称为伪装失业者。现代工业部门对边际产出不为零的伪装失业者的吸纳会导致传统农业部门的产出水平下降，在农产品的需求缺乏弹性的情况下会导致农产品价格上升，为了维持购买力不变，现代工业部门的工资水平也会随之上升。伴随着伪装失业者不断被现代工业部门吸纳，伪装失业者的边际产出逐渐上升，直至达到不变制度工资，此时经济发展就进入高级化的第三个阶段。在第三个阶段中，传统农业部门的边际产出开始大于不变制度工资，此时，传统农业部门和现代工业部门的劳动力都可以按照各自的边际产出获取工资，二元经济转型为一元经济。费景汉－拉尼斯模型还认为经济成功转型的关键在于第二个阶段，该阶段中农产品价格和现代工业部门工资水平同步上升，而工资水平的上升有可能抑制现代工业部门的扩张，因此需要重视农业技术的进步和实现工农业均衡发展。依赖农业技术的进步提高农业生产的边际产出，才能抑制农产品价格和工业部门工资水平的上涨，否则有可能造成现代工业部门还没有将伪装失业者全部吸纳完毕就已经停止扩张，经济转型过程就会停滞。

费景汉－拉尼斯模型虽然拓展了刘易斯模型，但其分析框架仍然建立在劳动力无限供给和不变制度工资假设的基础之上，这削弱了该理论的现实解释力。

2. 新古典二元结构理论

新古典二元结构理论的共性特征是认为经济体系中并不存在边际产出为零的农村剩余劳动力，并认为，可以通过价格机制的边际调节逐步由二元经济过渡到一元经济，乔根森模型和托达罗模型是其中的代表。

（1）乔根森模型。

戴尔·乔根森（Jorgenson，1967）认为，经济体系中并不存在刘易斯模型和费景汉－拉尼斯模型中大量存在的边际产出为零或边际产出小于不变制度工资的剩余劳动力；并认为，工资是随着资本积累上升和技术进步而不断上升的，农业技术进步提高了农业部门的工资水平，而工业部门想要扩张则需要支付更高的工资。乔根森认为，在技术进步的加持下，农业人口的增长速度慢于农业产出的增长速度，最终导致农业剩余的出现。与此同时，乔根森还认为，人们对工业品的需求是无限的，而对农产品的需求受限于生理极限约束有一个最大值，当农业剩余不可避免地出现后，农产品需求增长乏力导致农业部门发展停滞，农村劳动力就会向需求旺盛的工业部门转移。

乔根森认为，农村劳动力转移并不是源于工业部门和农业部门的收入差距，而是源于农业剩余出现后两者消费需求增长潜力的差异，对古典二元结构理论形成了有益补充。但该模型并没有解释农村劳动力流向城市与城市失业现象共存这一现象，其暗含的现代工业部门能创造无限的就业岗位与现实也有较大差距。

（2）托达罗模型。

为了弥补乔根森模型的不足，托达罗（Todaro，1969）建立起了一个农村劳动力流动和城市失业现象共存的理论模型。托达罗认为，由于存在工会、政府最低工资政策等因素的影响，城市工业部门的工资水平高于市场均衡工资水平，这导致了失业在城市中也是广泛存在的。在城市存在失业的情况下，转移到城市的农村劳动力在没有找到正式工作之前可以在非正式部门依靠简单劳动维持生存需要。托达罗还假定现代工业部门未来创造的就业机会在失业群体中随机分配，进入城市的时间越长找到工作的概率就越高，因此流向城市的农村劳动力的预期收入就等于未来找到正式工作的概率与正式工作的收入的乘积。在此基础上，托达罗进一步认为，农村劳动力是否向城市流动取决于城市现代工业部门预期收入的现值是否大于预期的农业收入的现值，如果工业部门的预期收入的现值大于预期的农业收入的现值，即农村劳动力流动收益的净现值大于零，就可以做出迁移的决策。

托达罗模型更加符合发展中国家的实际情况，其对现实的解释能力进一步增强了。但该模型忽略了人的社会性特征在劳动力迁移过程中的重要作用（程名望，2007），因此该模型也稍显不足。

3. 相对贫困假说

托达罗模型无法解释最贫困的农民往往并不具有最强烈的迁移动机（Du，2000），也无法解释具有较高人力资本的农村劳动力并不是由乡村到城市的异地转移，而是本地化非农就业（Zhao，1999），故托达罗模型并没有完全揭示农村劳动力迁移的动因（蔡昉、都阳，2004）。

伊斯特林–斯塔克的相对贫困假说则能弥补上述不足。伊斯特林是较早地借用相对贫困假说来解释人的经济行为的经济学家。在伊斯特林研究的基础上，Stark 和 Taylor（1991）提出了一个系统分析相对贫困和迁移之间关系的框架。该分析框架认为，迁移的动因除了流动的净现值，还取决于相对收入导致的按照流出地的期望生活标准感受到的相对贫困以及迁移之后按照接收地的期望生活标准感受到的相对贫困。那些按照流出地的期望生活标准感受到相对贫困的农村劳动力由农村向城市迁移的意愿更加强烈，而迁移之后按照接收地的期望生活标准感受到的相对贫困又会阻止其在长期内融入迁移地。

可见，相对贫困假说将人的社会性特征纳入分析框架中，较好地解释了中国广泛存在的农村劳动力流动不彻底、越贫穷越不流动等现象。

4. 新劳动力迁移理论

以上解释农村劳动力流动的理论都是基于个人决策的，而以 Stark（1991）为代表的经济学家进一步认为，农村劳动力流动是建立在以家庭为单位的集体决策基础之上的，而考虑家庭福利最大化下农村劳动力流动的决策的模型被称为新劳动力迁移理论。新劳动力迁移理论将证券市场的投资组合理论与契约理论引入分析框架之中：一方面，它认为农业生产活动面临的自然风险和价格风险相对较高，家庭劳动力资源全部配置在农业上将会造成家庭面临的风险相对集中，家庭劳动力资源应该像构建证券投资组合降低投资风险一样进行多样化的非农就业配置；另一方面，家庭成员是否向非农流动还取决于流动者与剩余家庭成员（非流动者）达成的契约安排，非流动者对流动者进行先期投资，也分担了流动者在农业上、农村里的相应的责任，而流动者则要在未来以汇款等形式对非流动者予以回报。

刘易斯模型开创了二元结构理论，特别强调了不断扩张的现代工业部门对农村劳动力吸纳和二元经济结构转型的重要作用。费景汉－拉尼斯模型进一步强调了农业技术进步的作用，主张工农业协调发展才是经济转型的关键。刘易斯模型和费景汉－拉尼斯模型暗含着现代工业部门与传统农业部门的收入差距是农村劳动力流动的直接原因，即农村劳动力外出从事非农工作能够增加收入，这必然会提高其家庭应对贫困脆弱性和多维贫困的能力。乔根森模型从工农业产品需求性质的不同出发，解释了农业剩余出现的必然性以及农村劳动力向城市工业部门转移的非收入原因，启发本课题组从多角度认识农村劳动力流动的动因。托达罗模型揭示了在城市存在失业的情况下，农村劳动力是否选择流动取决于从事非农工作预期的净现值的大小，从本书的研究来看，预期的净现值大小不仅影响是否流动，也必然会影响到其家庭未来陷入贫困的可能性以及应对多维贫困的能力。相对贫困假说将人的社会属性纳入分析框架中，从而进一步解释了在我国广泛存在的农村劳动力流动不彻底的现象，相对贫困影响农村劳动力流动的结论对本课题组深刻认识非农就业与贫困脆弱性和多维贫困的关系无疑具有非常重要的参考价值。新劳动力迁移理论将农村劳动力迁移的决策由个人层面上升到家庭层面，对以家庭为单位考察贫困脆弱性和多维贫困更具有直接意义。

（二）农村劳动力非农就业空间选择的相关研究进展

农村劳动力非农就业的理论基础并没有涉及具体的就业空间，然而，在不同层级的城市非农就业无疑会影响农村劳动力的收入水平，进而影响贫困脆弱性和多维贫困。从农村劳动力非农就业转移与新型城镇化互动的视角来看，以城镇层级来划分务工空间无疑更具有重要的现实意义，因此本部分将以农村劳动力非农就业的城镇层级为主线对现有文献进行系统梳理。

由于经济地理的复杂性和多样性，影响农村劳动力外出就业空间选择的因素随调查样本的不同而不同，故基于不同样本得到的结论也会有所差别，但总体而言，农村劳动力的流动方向和务工地的选择具有分散与集中相结合的特征（高更和等，2012；杨慧敏等，2014）。刘家强等（2011）在2009年进行了"农村劳动力迁移行为"问卷调查，该问卷以河北省11个地市为主，同时选取我国东北部地区的吉林长春、中部地区的河南安阳、西部地区的陕西商洛作为补充。调查结果显示，农民工务工地点在本地县域、本省中小城市、本省大城市和省外的人数占总样本的比重分别为40.29%、16.50%、26.46%、16.75%。刘家强等（2011）的研究显示，本地县域在农村劳动力外出务工空间上特别重要，其次为调研地区所在的省会城市，而选择省外的不多，这可能是因为选取的调研地点全为黄河以北且并不以出省务工为主的地区。

　　具体到河南省来说，由于农村劳动力群体庞大以及城镇化之路任重而道远，现有文献对河南省农村劳动力外出就业空间类型的划分更加细致，除了本地县域以及省外两个务工地点，大都把县外省内进一步细分为县外市内和市外省内。高更和等（2009）对南阳市3个样本村的调查数据显示，农民工外出务工主要集中在调研地点所在的河南省以及经济发达的广东省，两地务工人数占总外出务工人数的比重分别为47.9%和31.5%。虽然将省内务工地点划分为县内、县外市内、市外省内，但该项研究并没有明确告知具体的数据信息，因此对于农村务工人员省内的城镇体系分布我们不得而知。高更和等（2012）随后做了进一步研究，他们通过对河南省11个不同类型的样本村的调查发现，农村外出务工人员主要在距离家乡比较近的县内和经济比较发达的省外务工，两者分别占样本数的24.37%和63.58%，县外市内（3.95%）和市外省内（8.09%）占比较少，即外出务工人数随务工距离的分布具有两端多、中间少的"U"形特征。但随后杨慧敏等（2014）的研究没有得出两端多、中间少的"U"形特征，他们对河南省18个省辖市33个样本村的田野调查的数据分析结果显示，河南省农村外出务工人员在县内、市内、省内、省外的分布比重分别为13.57%、16.04%、14.02%和56.37%，县内、市内和省内的占比差别不大，省外的占比异常突出。郑云和李小建（2016）的研究把河南省农村劳动力外出就业空间进一步划分为本乡镇、本县（除本乡镇）、本市（除本县）、本省（除本市与本省省会）、本省省会、省外六类，他们基于河南省17个地级市的196个村的抽样调查数据的研究认为，河南省农民工在上述就业空间的分布状况分别为4.0%、5.2%、11.7%、3.4%、10.4%、65.3%。虽然该文献把本乡镇也作为外出务工地点之一，但是不难看出省外仍然是河南省农村外出务工人员最重要的就业地点，而省内主要分布在省会城市郑州和外出劳动者家乡所在的地级市，县内不是务工的主要地点。

可见，上述文献对农村劳动力非农就业空间选择的研究结论并不一致，主要的争议点是本县对于吸纳非农就业劳动力的作用不同，有的结论认为本县与省会城市和省外发达地区一样重要，有的结论则不支持这一观点。

二、贫困脆弱性的相关研究进展

在中国农村贫困人口全部脱贫的大背景下，贫困问题的研究开始从消除现有贫困转向预防未来贫困，而各种传统的贫困度量方法无法反映贫困的未来变化趋势（Chaudhuri 等，2002；Ligon 和 Schechter，2003）。已有的研究已经证明，部分农户的脱贫状态具有不稳定性和不确定性，有重新返贫的可能性（顾宁、刘洋，2021），仅仅依据现在的贫困状况而制定减贫政策可能对这些未来容易返贫的群体是无效的（万广华、章元，2009）。而贫困脆弱性是动态衡量家庭未来发生贫困可能性大小的前瞻性指标和事前估计（Cafiero 和 Vakis，2006；万广华、章元，2009；Dutta 等，2010；樊丽明、解垩，2014；孙伯驰、段志民，2019；尹志超、张栋浩，2020），其对精准识别哪些群体在未来更容易返贫从而制定更加积极预防贫困的政策具有非常重大的意义（檀学文、李成贵，2010；Ward，2016）。正是基于此，国内外文献围绕贫困脆弱性的内涵、测度以及影响因素进行了大量探索。

（一）贫困脆弱性内涵及测度方法的研究进展

脆弱性最初是在灾害学、环境学、生态学等领域的文献中用以描述相关系统及其组成要素易于受到影响和破坏，并缺乏抗拒干扰、恢复初始状态的能力（何平等，2010），是衡量相关系统抵抗风险冲击能力的指标之一。按照此逻辑，经济社会学中的脆弱性可以界定为个人或家庭容易受到外界的风险冲击以及遭遇风险冲击时的受损程度（陈传波、丁士军，2006），即可以理解为脆弱性的家庭未来极易遭受贫困。World Bank（2001）在 *World Development Report 2000/2001：Attacking Poverty* 中正式提出了"贫困脆弱性"的概念，并将其定义为"度量对于冲击的弹力——冲击造成未来福利下降的可能性"。它包括了贫困脆弱性的三个基本要素：第一，贫困脆弱性与风险冲击高度相关，而风险冲击是一个包含疾病、自然灾害、被迫失学、暴力、犯罪、市场引诱、政策诱导等众多因素在内的多样性组合；第二，这种风险会引起家庭未来的福利损失；第三，福利损失程度不仅取决于风险的大小，还取决于家庭对风险冲击的暴露程度及家庭应对风险冲击的能力，这种能力包括人力资本、社会资本、物质资本、保险状况、政府政策等。可见，世界银行对贫困脆弱性概念的界定揭示了贫困动态演化的本质和全貌，但从学术研究的角度来看，该定义过于笼统。由于研究视角的差异，现有文献对贫困脆弱性的理解以及在此基础上的测度也有所差别。但总体来看，主要有基于风险暴露的贫困脆弱性（VER）、基于期望低效用的贫困脆弱性（VEU）以及基于期望贫困的贫困脆弱性（VEP）三种。

1. 基于风险暴露的贫困脆弱性（VER）

基于风险暴露的贫困脆弱性（VER）被定义为家庭应对未被预防的风险冲击的能力，强调的是面对风险冲击时家庭的应对能力如何。其基本思想是家庭在面临风险冲击时，由于缺乏有效的风险管理措施而可能导致支出水平波动性提高。Morduch（1994）把家庭在面对收入冲击时缺乏消费平滑机制的能力称为贫困脆弱性。Jalan 和 Ravallion（1999）认为贫困脆弱性是家庭在遭受收入风险时无法实现消费完全保险的能力。Kurosaki 和 Fafchamps（2002）将贫困脆弱性定义为当一个家庭遭受负面冲击时消费平滑能力低导致现有消费水平迅速下降的状态。何平等（2010）认为贫困脆弱性是指家庭在应对来自自然灾害、政治变动、经济危机等事故造成现有生活水平乃至社会地位下降风险的反应程度。

在具体的测度方面，Dercon 和 Krishnan（2000）系统地提出了基于未被预防的风险暴露的贫困脆弱性的测度方法，后经 Tesliuc 和 Lindert（2002）等进一步发展和应用逐渐完善。总体来看，VER 测度方法以家庭遇到的共同和特殊的冲击为自变量，以家庭消费支出为因变量构建回归模型，用回归系数刻画家庭贫困脆弱性的大小，回归系数越大，说明家庭的消费平滑能力越弱，越容易受到冲击的影响，贫困脆弱性程度越高。其测度方法可以表示为：

$$\Delta \ln c_{itv} = \sum_i \lambda_i S_{tv} + \sum_i \beta_{itv} S_{itv} + \sum_{tv} \delta_v (D_{itv}) + \eta X_{itv} + \Delta \varepsilon_{itv} \quad (7-1)$$

其中，$\Delta \ln c_{itv}$ 表示家庭 i 在 t 时期和 $t-1$ 时期家庭人均消费对数的变化，S_{tv} 表示家庭遭受的共同风险冲击，S_{itv} 表示家庭遭受的特殊风险冲击，D_{itv} 表示不同社区的二维变量序列，X_{itv} 表示家庭特征向量，ε_{itv} 表示干扰项。一般来说，β_{itv} 的估计值越高则意味着消费对于收入风险的脆弱性越高。Dercon 和 Krishnan（2000）运用 VER 的方法测度了埃塞俄比亚农村家庭的贫困脆弱性，发现这些家庭对于种植风险、家畜风险和季节性风险较为敏感。其中，季节性风险冲击主要是由于在不同季节当地对于劳动力的需求数量和劳动力价格变化较大，因此劳动力需求较低的季节农民的家庭消费下降明显。

2. 基于期望低效用的贫困脆弱性（VEU）

基于期望低效用的贫困脆弱性（VEU）被定义为未来消费期望的低效用，强调的是风险冲击对家庭未来福利损失的影响，而福利损失被定义为效用的下降。Ligon 和 Schechter（2003）将这种福利损失用消费效用函数的变动来表示，并将贫困脆弱性定义为贫困线代表的消费水平的确定性等值效用水平与家庭未来消费的期望效用水平之差。

根据 Ligon 和 Schechter（2003）的定义，家庭的贫困脆弱性水平可用公式表示为：

$$V_i = U_i(z) - E(U_i(c_i)) \qquad (7-2)$$

其中，V_i 表示家庭 i 的贫困脆弱性，$U_i(z)$ 表示贫困线所代表的家庭效用水平，$U_i(c_i)$ 表示家庭 i 未来消费的期望效用水平，使用双曲线型绝对风险厌恶型函数，其表达式为：

$$U(c) = \frac{(c-z)^{1-\gamma} - 1}{1-\gamma} \qquad (7-3)$$

Ligon 和 Schechter（2003）认为，贫困脆弱性可以分解为风险引发部分和贫困引发部分，而风险可进一步分解为共同风险、特殊风险和不可解释风险三项，故式（7-2）可进一步分解为：

$$V_i = \left[U_i(\bar{c}) - U_i(E(c_i)) \right] + \left[U(E(c_i)) - E U_i(E(c_i|X)) \right] +$$
$$\left[E U_i(E(c_i|X)) - E(U_i(c_i)) \right] \qquad (7-4)$$

其中，$U_i(\bar{c}) - U_i(E(c_i))$ 表示家庭 i 消费的效用和期望消费的效用之差，即家庭 i 的贫困状态，$U(E(c_i)) - E U_i(E(c_i|X))$ 表示家庭面临的共同风险，$E U_i(E(c_i|X)) - E(U_i(c_i))$ 表示家庭面临的特殊风险。

Ligon 和 Schechter（2003）将这种方法用于分析保加利亚的面板数据，发现由贫困、共同风险、特殊风险解释的贫困脆弱性分别占到 55.0%、13.0%、0.7%，其余的为不可解释风险解释的贫困脆弱性，贫困和不可解释风险是贫困脆弱性的重要来源。Klasen 和 Waibel（2015）与 Grech（2015）用这种方法分别对东南亚和欧洲进行了实证研究，得到了相似的结论。目前，国内基于 VEU 的方法研究的文献还比较少见。何思妤和黄婉婷（2018）用 VEU 方法测度和分解库区移民贫困脆弱性，发现自然灾害、健康风险和农业风险解释了大部分贫困脆弱性，可以通过提升农户的受教育程度、促进农村劳动力就业、耕地保护等方式降低库区移民的贫困脆弱性。杨文（2012）用 VEU 方法对我国农村家庭的脆弱性进行了测度与分解，它将贫困（不平等）进一步分解为村间不平等和村内不平等，实证结果发现，相较于村间不平等，村内不平等是脆弱性的主要原因。

3. 基于期望贫困的贫困脆弱性（VEP）

（1）定义与测度方法。

基于期望贫困的贫困脆弱性（VEP）被定义为家庭未来陷入贫困的可能性，强调的是风险冲击导致的家庭未来福利损失的可能性，这种福利损失的可能性进一步被定义为家庭未来福利下降到贫困线或某一社会公认水平之下的概率。很明显，未来的时间越长，不确定因素就越多，相应的贫困脆弱性就越严重，故 Pritchett 等（2000）、Mansuri 和 Healy（2001）、McCulloch 和 Calandrino（2003）将贫困脆弱性定义为家庭或个人在接下来的一个时间段内至少贫困一次的概率。但在具体测度贫困脆弱性时，上述概念界定需要面板数据，对于发展中国家而言，微观面板数据显然比较"奢侈"。为了克服面板数据缺乏的约束，Chaudhuri 等（2002）进一步将家庭在 t 时期的贫困脆弱性定义为其福利水平在 $t+1$ 时期陷入贫困线以下的概率，并提出了一个后来被广泛引用的测度贫困脆弱性的横截面数据方法。

Chaudhuri 等（2002）方法的核心思想是利用可观测的变量和冲击因素对收入或消费支出代表的家庭福利水平进行回归，然后得到未来家庭福利的表达式，在假设未来收入或消费支出的对数服从正态分布的条件下，计算出未来收入或消费支出低于贫困线的概率，这个概率就是家庭的贫困脆弱性水平。其基本方程为：

$$V_{it} = \Pr(Y_{i,t+1} \leq Z) \qquad (7-5)$$

其中，V_{it} 表示第 i 个家庭在 t 时期的贫困脆弱性；$Y_{i,t+1}$ 表示第 i 个家庭在 $t+1$ 时期的福利指标的水平，Z 为模型设定的贫困线临界值。

相较于收入，消费指标更为可靠，同时更能反映长期福利水平，是反映家庭福利状况的首选指标（Deaton，1981；World Bank，2001），因此在本书中使用农民的家庭人均消费支出[①]反映家庭福利水平；Z 为确定性的等价指标。

要对式（7-5）进行估计，首先需要对所调查的农民家庭的未来福利水

---

① 消费水平是衡量家庭福利水平的最理想指标，但鉴于消费水平指标的许多微观数据难以获取，许多学者只得退而求其次使用收入水平衡量家庭福利水平。

平进行度量，需要了解农民家庭的福利产生过程。农民家庭 i 的福利水平 $Y_{i,t}$ 通常由农民的个体特征、家庭特征以及农民所在的地区特征共同决定。在以消费水平为福利指标的脆弱性测度中，通常假设农民的消费水平服从对数正态分布，这是因为对数正态分布右尾部密度较小，相较于伽马分布和帕累托分布等其他分布形式更接近低收入群体的消费水平分布形式（Chaudhuri 等，2002）。所以，根据以上分析，农民家庭的福利生产函数可以由下式给出：

$$Y_i = X_i' \beta_1 + M_i' \beta_2 + S_i' \beta_3 + \varepsilon_i \qquad (7-6)$$

其中，X_i 为农民的个体特征变量向量，M_i 为农民的家庭特征变量向量，S_i 为农民所在村庄的特征变量向量，β_1、β_2、β_3 分别为农民个体特征变量、家庭特征变量和村庄特征变量的参数向量，ε_i 为随机干扰项。

要对式（7-6）采用最小二乘方法估计的一个前提条件是，农民家庭的消费对数 $\ln Y_i$ 是同方差，但在现实数据中，这个前提假设很难满足，如果直接采用普通最小二乘法估计会导致参数估计有偏。因此，Chaudhuri 等（2002）采用 Amemiya（1977）提出的三阶段可行广义最小二乘方法（FGLS）对式（7-6）进行估计就能得到参数的无偏估计量。

假设农民家庭福利干扰项的方差为：

$$\sigma_{\varepsilon,i}^2 = X_i' \theta_1 + M_i' \theta_2 + S_i' \theta_3 + \varepsilon_i \qquad (7-7)$$

其中，X_i、M_i 和 S_i 的含义与式（7-6）中的相同，参数 θ_1、θ_2、θ_3 为参数向量。使用估计的参数结果 β_1、β_2、β_3 和 θ_1、θ_2、θ_3 来估计农民家庭 i 预期的福利对数和福利对数的方差：

$$\hat{E}[\ln Y_i | X_i M_i] = X_i' \hat{\beta}_1 + M_i' \hat{\beta}_2 + S_i' \hat{\beta}_3 \qquad (7-8)$$

$$\hat{V}[\ln Y_i | X_i M_i] = \hat{\sigma}_{\varepsilon,i}^2 = X_i' \hat{\theta}_1 + M_i' \hat{\theta}_2 + S_i' \hat{\theta}_3 \qquad (7-9)$$

由于假设 $\ln Y_i$ 服从正态分布，所以利用上式的估计结果就可以得到农民家庭 i 的贫困脆弱性估计式：

$$V_{it} = \Pr[Y_{i,t+1} \leqslant Z | X_i, M_i] = \Phi\left[\frac{\ln Z - \ln Y}{\sqrt{\hat{\sigma}_{\varepsilon,i}^2}}\right]$$

$$= \Phi\left[\frac{\ln Z - (X_i' \hat{\beta}_1 + M_i' \hat{\beta}_2 + S_i' \hat{\beta}_3)}{\sqrt{X_i' \hat{\theta}_1 + M_i' \hat{\theta}_2 + S_i' \hat{\theta}_3}}\right] \qquad (7-10)$$

式（7-10）求出的概率值即家庭贫困脆弱性。但要运用式（7-10）对家庭贫困脆弱性进行测度，需要确定贫困线即 Z 值的标准；而要判断该家庭是否脆弱，则需要确定贫困脆弱性的临界值即脆弱线。

（2）贫困线选择的研究进展。

由于对贫困概念的理解和参照系不同，现有文献对贫困线标准的选择也有较大差异，但主要有以下三种标准或其某种组合。

第一，采用国内（绝对）贫困线。从 1978 年改革开放以来，我国扶贫标准经历了多次调整，但基本原则是采用每人每天摄入热量 2100 大卡食品贫困线加上一定程度的非食品贫困线，旨在解决农村贫困人口的温饱问题，属于最低生存标准贫困线。1986 年每人每年 206 元的生活成本。2001 年国务院颁布《中国农村扶贫开发纲要（2001—2010 年）》时，强化了对非食品贫困线的重视，将食品支出占比降到 60%，扶贫标准提高到 865 元，这是基于基本温饱标准设定的贫困线。2011 年将扶贫标准进一步提高到 2300 元，属于稳定温饱标准贫困线。并且自开展脱贫攻坚工作以来，我国对于贫困人口的识别和退出标准是在以往单纯衡量家庭人均纯收入的基础上增加了"两不愁三保障"的要求，即稳定实现农村贫困人口不愁吃、不愁穿，保障其义务教育、基本医疗、住房安全，属于综合性多维标准，不仅衡量收入水平，还考量贫困人口生存权和发展权的实现程度。在测度贫困脆弱性时，基于全国性数据的文献基本选用 2300 元作为贫困线，如杨龙和汪三贵（2015）、孙伯驰（2020）、张庆红和马玉婷（2021）等。由于中国地区间贫困差异巨大，而2300 元只是全国一般意义上的贫困线，有的地区会将 2300 元贫困线上提一定幅度作为自身的扶贫标准。因此，如果数据只涉及某一区域时，现有文献往往以该区域上提后的扶贫标准作为贫困线。郭晓莉等（2019）采用 2017 年陕西省扶贫标准 3070 元作为贫困线来测度陕南生态移民区的贫困脆弱性；而顾宁和刘洋（2021）采用 2019 年辽宁省扶贫标准 4000 元作为贫困线来测度辽宁省阜新市建档立卡贫困户的贫困脆弱性。另外，部分文献出于稳健性考虑，往往将国际贫困线也纳入进来作为参照，顾宁和刘洋（2021）选择 1.9 美元/人·天，而孙伯驰（2020）同时选择 1.9 美元/人·天和 3.1 美元/人·天。

第二，采用国际（绝对）贫困线。相对于国际扶贫标准而言，国内（绝对）贫困线水平过低是公认的事实，采用国际贫困线成为测度贫困脆弱性的更平常的做法（李丽、白雪梅，2010）。世界范围内最广为人知的贫困线便是世界银行"每人每天生活费用 1 美元"的贫困线标准，这一标准是世界银行于 1990 年基于全球人均消费支出最低的 12 个国家的贫困线样本所制定的。2008 年，世界银行使用 2005 年国际比较项目所汇总的平价购买力数据对"每人每天生活费用 1 美元"标准进行修订，并将 15 个人均消费排名位列最贫困国家的贫困线（每人每天生活费用）平均数 1.25 美元作为新的国际贫困线，同时将 75 个国家的贫困线中位数每人每天生活费用 2 美元作为"国际高贫困线"标准。2011 年，世界银行进一步将国际贫困线调整为每人每天生活费用 1.9 美元，自此即按 2011 年购买力平价计算的每人每天生活费用 1.9 美元标准成为国际最主流的贫困线依据，被称为"国际贫困线"。但 1.9 美元生活费用标准的贫困线是基于全球最贫困国家所测算得到的，主要用以对全球范围内极端贫困的度量（极低标准），对于中等收入国家的解释力度有限，为此世界银行增加了两条贫困线作为补充，这两条贫困线分别为应用于中等偏低收入国家的贫困线每人每天生活费用 3.1 美元（中标准）和应用于中等偏高收入国家的贫困线每人每天生活费用 5.5 美元（高标准）。1 美元、1.25 美元和 1.9 美元三个阶段的国际贫困线标准在国内的文献中均有涉及，李丽和白雪梅（2010）选择 1 美元标准，樊丽明和解垩（2014）、解垩（2015）、高若晨和李实（2018）、孙伯驰和段志民（2019）采用的是 1.25 美元标准，而张栋浩和尹志超（2018）、梁凡（2018）、尹志超和张栋浩（2020）、何昊和白永秀（2021）、谢家智和姚领（2021）采用的是 1.9 美元标准。当然为了便于对比，大多数文献增加了与其相匹配的其他贫困线作为参照。

第三，采用相对贫困线。以上两种标准均属于绝对贫困线范畴，但当经济发展水平和居民收入水平跨越人们的基本生存需要以后，采用绝对贫困线显然会低估贫困脆弱性。因此，在测度发达国家的贫困脆弱性时往往采用相对贫困线，即根据收入或消费的平均水平的一定比例来确定贫困线，如欧盟各国普遍采用人均收入低于中位数作为贫困线（郑浩，2012）。随着我国脱贫攻坚进程的快速推进，越来越多的文献开始意识到应该选择新的、标准更高的相对贫困线（黄杏子，2020）。陈宗胜等（2013）认为应该根据农村居民上一年的平均收入乘以 0.4~0.5 的均值系数作为当年的相对贫困线。孙久文和夏添（2019）认为 2020 年以后应该将农村居民收入中位数的 40% 作为相对贫困线。受此启发，黄杏子（2020）将农村居民家庭人均纯收入均值的 40% 作为相对贫困线，并将其运用到贫困脆弱性的测度中。

（3）脆弱线选择的研究进展。

为了判断某一家庭是否属于贫困脆弱家庭，还需要确定陷入贫困的概率的临界值，通过式（7-10）计算出的家庭未来陷入贫困的概率值大于这一临界值则判断该家庭是贫困脆弱的，而该临界值即脆弱线。可见，这个临界值不是最优化求解出来的，而是根据研究对象所处的经济环境和所拥有的资源禀赋等因素综合确定的（Klasen 和 Waibel，2015），实质上属于主观的价值判断（Pritchett 等，2000；Chaudhuri 等，2002；樊丽明、解垩，2014）。因此，现有文献对脆弱线的选择并不一致，但总体来看，有以下两类标准。

第一，采用50%作为脆弱线。该标准最早由 Pritchett 等（2000）提出，他们认为未来陷入贫困的概率大于50%的家庭是贫困脆弱的。该标准对现有文献的影响较大，Chaudhuri 等（2002）、Kühl（2003）、Zhang 和 Wan（2006）、Zhang 和 Wan（2009）、Chiwaula 等（2011）、万广华等（2011）、樊丽明和解垩（2014）、解垩（2015）、杨龙和汪三贵（2015）、高若晨和李实（2018）、梁凡和朱玉春（2018）、李丽忍（2018）、郭晓莉等（2019）、孙伯驰和段志民（2019）、孙伯驰（2020）均采用50%作为脆弱线。但现有文献也对50%的临界值提出了质疑，Ward（2016）认为50%的脆弱线可能会遗漏暂时贫困的家庭[1]。为了克服这一问题，Günther 和 Harttgen（2009）对此进行了改进，通过设定家庭在未来2年内可能发生贫困，将50%的概率折算为29%。国内也有采用29%作为脆弱线的文献，张栋浩和尹志超（2018）、梁凡（2018）、黄杏子（2020）、顾宁和刘洋（2021）、谢家智和姚领（2021）是其中的代表。

第二，采用贫困发生率作为脆弱线。在肯定50%脆弱线的基础上，Chaudhuri 等（2002）同时提出了另外一条脆弱线——观察到的贫困发生率，即未来陷入贫困的概率值大于当前贫困发生率的家庭是脆弱的。Rajadel（2002）、Angelillo（2014）分别在研究巴基斯坦和中国的贫困脆弱性时以贫困发生率为脆弱线。而采用这条脆弱线的国内文献还比较少见，尹志超和张栋浩（2020）、张庆红和马玉婷（2021）、何昊和白永秀（2021）是其中的代表。值得注意的是，在中国贫困发生率不断下降的趋势下，为了得到更加稳健的结果，国内文献在选择贫困发生率作为脆弱线的同时，往往同时选用50%或29%作为参照脆弱线[2]（李丽、白雪梅，2010；张栋浩、尹志超，2018；张庆红、马玉婷，2021；何昊、白永秀，2021）。万广华和章元（2009）将预测的贫困脆弱性和实际观察到的贫困发生率进行了对比，结果发现，选择贫困发生率作为脆弱线将会使得预测的精确度降低，而50%脆弱线

---

[1] 将样本期内仅经历一次贫困的家庭称为暂时性贫困家庭，将始终处于贫困的家庭称为慢性贫困家庭（Baulch 和 Hoddinott，2000；Baulch 和 Masset，2003；樊丽明、解垩，2014）。

[2] 个别文献（樊丽明、解垩，2014；解垩，2015；高若晨、李实，2018）在50%的脆弱线基础上，考察了更加脆弱的家庭的情况，并将这一脆弱线标准提高到75%，称之为高脆弱线，相应地，50%为低脆弱线。

下的贫困脆弱性精准度更高，这也是现有文献大多以 50% 为主、贫困发生率为辅作为脆弱线的原因之一。

从上文的梳理可以看出，三种贫困脆弱性的内涵和测度方法之间的差异是显而易见的。基于风险暴露的贫困脆弱性（VER）测度方法仅关注家庭对于已发生的风险冲击的应对能力的强弱，无法反映出家庭未来是否会出现贫困问题，因而无法根据该方法的测度结果很好地识别未来可能贫困的对象并进行相应的扶持工作（Bailey 和 Danziger，2013）。可见，VER 无法体现事前估计的需要，本质上属于事后评价（黄承伟等，2010），缺乏对于贫困问题的动态化和前瞻性考量（黄承伟等，2010；郭劲光，2011；李丽，2010），故 VER 方法在国内鲜有应用。基于期望低效用的贫困脆弱性（VEU）测度方法将效应函数引入贫困脆弱性的测度中，能够较为科学地考察贫困脆弱性的不同来源，并有针对性地设计救助政策。但 VEU 方法仅使用通用的效用函数去测度所有家庭的效用，忽略了家庭偏好的多样性。此外，VEU 方法对数据的要求较高，需要跨期较长的面板数据，这导致该方法在现实应用中受到许多限制（李丽、白雪梅，2010；林文、邓明，2014），国内也仅有上文提到的杨文（2012）、何思好和黄婉婷（2018）等采用此种方法。而 VEP 方法的结论相对简单明了，可以直观地告诉政策研究者某一家庭未来陷入贫困的概率。从实证过程来看，VEP 测度方法简单，数据要求较低，特别适合缺乏长期面板数据的研究对象，且经过李丽（2010）、万广华等（2014）的检验显示其具有较高的准确性，因此在国内外学术界得到了最为广泛的应用（尹志超、张栋浩，2020）。也正因为此，本文对于贫困脆弱性的理解仍然建立在 Chaudhuri 等（2002）的定义基础之上，同时使用 VEP 方法测度贫困脆弱性，而本书余下文献的梳理大多也是基于 VEP 方法来展开的。

（二）贫困脆弱性的测度与影响因素的研究进展

基于 VEP 方法研究贫困脆弱性的文献主要围绕贫困脆弱性的测度及其影响因素两个方面来展开（樊丽明、解垩，2014），也形成了一些有价值的共性结论。但由于研究视角、数据来源、实证方法以及贫困线和脆弱线选取等方面的差异，现有文献在某些问题的认识上并未达成一致，甚至还存在较大的分歧（梁凡，2018）。

1. 贫困脆弱性的测度结果

无论使用何种样本、采用何种方法，现有文献都认为中国农村家庭的贫困脆弱性程度随时间的推移而趋于降低（樊丽明、解垩，2014；孙伯驰、段志民，2019；孙伯驰，2020）。但同时也注意到，贫困脆弱性程度降低的同时，在贫困线以上还有很多家庭会受到风险的冲击，可能在未来陷入贫困（蒋丽丽，2017），这造成了农村家庭贫困脆弱性人群占比仍处于较高水平（Pritchett 等，2000；Haughton 和 Khandker，2009；尹志超、张栋浩，2020）。斯丽娟（2019）利用中国家庭追踪调查（CFPS）数据发现，在 2 美元贫困线和 50%脆弱线下，脆弱性人群比重达到了 55.37%。而谢家智和姚领（2021）同样基于中国家庭追踪调查数据发现，在 1.9 美元贫困线和 29%脆弱线下，脆弱性人群占比达到 25.53%。杨文（2012）基于中国家庭追踪调查数据，用 VEU 方法测度了中国农村家庭的脆弱性，结果显示脆弱性家庭占到总样本量的 64%以上。可见，虽然贫困脆弱性程度在降低，但未来陷入贫困的概率仍需要值得高度关注，这充分说明了贫困脆弱性这一前瞻性指标对预防未来贫困的重要意义。

随着贫困线标准的提高，贫困发生率会越来越高，陷入较高贫困线的概率应该会越来越大，脆弱性发生率也会越来越高。作为度量贫困的一个前瞻性和事前估计的指标，在贫困线标准不断提高的同时，脆弱性发生率与贫困发生率会趋于收敛还是趋于发散？对这一问题的回答无疑对于在较高贫困线标准下如何减少未来贫困意义重大，但很遗憾，现有文献对这一问题存在着较大分歧。Zhang 和 Wan（2009）、万广华和章元（2009）利用中国健康与营养调查（CHNS）数据发现，高贫困线下贫困脆弱性的预测贫困发生率的准确性更高，该结论也暗含着贫困发生率与脆弱性发生率之间的差异随贫困线的提高而变小。樊丽明和解垩（2014）同样利用中国健康与营养调查（CHNS）数据分析发现，以 2009 年为例，贫困线为 1 美元时两者相差约 6%，而贫困线为 2 美元时两者相差约 2%。而尹志超和张栋浩（2020）基于中国家庭金融调查（CHFS）数据发现，在 1.9 美元贫困线下，贫困发生率（13.62%）与脆弱性发生率（36.17%）相差 22.55%，而在 3.1 美元贫困线下，贫困发生率（29.67%）与脆弱性发生率（43.04%）的差距缩小为 13.37%。但基于其他数据库的文献得到了与此相反的结论。杨龙和汪三贵（2015）利用中国农村贫困监测调查数据的实证结果显示，贫困线越高，脆弱性发生率与贫困发生率的差异不仅没有缩小，反而会越来越大。梁凡（2018）利用秦巴山区 664 户农村家庭的实地调研数据的实证结果也得到了相似的结论，在 1.9 美元贫困线下，贫困发生率（27.75%）与脆弱性发生率（37.80%）相差

10.05%，在 3.1 美元下，贫困发生率（43.96%）与脆弱性发生率（71.08%）的差距提高到了 27.12%。孙伯驰和段志民（2019）借助中国家庭追踪调查（CFPS）数据发现，随着贫困线标准的提高（由 1 美元提高到 2 美元），脆弱性发生率（由 13.39% 上升到 44.96%）和贫困发生率（由 22.19% 上升到 39.35%）均上升，但脆弱性发生率上升的幅度明显大于贫困发生率上升的幅度，最终导致脆弱性发生率由低于贫困发生率到超过贫困发生率，即得到了贫困线标准越高两者差异越小的结论。

2. 贫困脆弱性影响因素的研究进展

（1）户主特征。

在农村家庭成员中，户主的个人特征对家庭的经济与社会地位状况无疑具有重要影响，故现有文献在考察贫困脆弱性的影响因素时对户主的性别、年龄、受教育程度、婚姻状况以及职业状况等方面进行了考察。

现有文献就户主性别对家庭贫困脆弱性的影响存在两个不同的研究逻辑，也得到了截然相反的结论。第一，在农村劳动力的供求市场中，男性户主相较于女性户主更具优势，收入水平也较高。从这个意义上说，相较于男性户主而言，女性户主的家庭贫困脆弱性更高（Ligon 和 Schechter，2003；Kühl，2003；郑浩，2012；郭晓莉等，2019；张庆红、马玉婷，2021）。第二，相较于男性户主而言，女性户主的责任心可能会更强，这会驱使女性户主采取更加积极的手段来改善家庭经济社会地位的不利状况。从这个意义上说，相较于男性户主而言，女性户主的家庭贫困脆弱性更低（樊丽明、解垩，2014），Glewwe 和 Hall（1998）基于对秘鲁的研究也得到了类似的结论。

户主的年龄大小与家庭获取收入以及应对风险冲击的能力高度相关，进而与家庭贫困脆弱性高度相关，但现有文献对户主年龄与家庭贫困脆弱性的关系没有一致的结论。从年龄分组来看，户主年龄较小或较大，其在农村劳动力市场上都缺乏竞争优势，获取收入的能力和应对未来可能的风险冲击的能力就相对不足。因此，年轻户主与年老户主家庭的贫困脆弱性较高，中年户主家庭的贫困脆弱性最低，即户主年龄大小与家庭贫困脆弱性高低之间呈凸性或 U 形的关系（樊丽明、解垩，2014；张庆红、马玉婷，2021；顾宁、刘洋，2021）。而农村家庭的户主年龄大多偏大[①]，从总体上来看，现有文献

---

① 比如，樊丽明和解垩（2014）所采用的农村样本的平均年龄为 53.62 岁，郭晓莉等（2019）所采用样本的平均年龄为 48 岁，等等。

大都认为户主年龄对家庭贫困脆弱性有显著的正向影响，即户主年龄越大，家庭贫困脆弱性水平越高（Ligon 和 Schechter，2003；Kühl，2003；李丽忍，2018；郭晓莉等，2019；王恒等，2020）。现有个别文献并不认同上述结论，李丽（2010）基于中国健康与营养调查（CHNS）数据的实证结果认为，户主年龄越大，家庭各项活动也将渐入正轨，收入变动的因素以及应对风险的物质资本、社会资本等较充裕，相应地，家庭贫困脆弱性越低。

受教育程度与人力资本多寡密切相关。现有文献大都认为，户主受教育程度越高，家庭的贫困脆弱性越低（Glewwe 和 Hall，1998；李丽，2010；樊丽明、解垩，2014；张庆红、马玉婷，2021）；但郭晓莉等（2019）在考察生态移民的贫困脆弱性时的实证结果显示该影响并不显著。

户主的婚姻状况会影响到家庭的生活质量，但研究户主的婚姻状况对家庭贫困脆弱性影响的文献并不多。樊丽明和解垩（2014）认为在婚的户主的家庭贫困脆弱性低于不在婚的，但李丽忍（2018）认为这种影响的回归结果并不显著。

现有文献也考察了户主职业对家庭贫困脆弱性的影响。从事非农工作的户主（樊丽明、解垩，2014）、有技能的户主（王恒等，2020）、技能水平较高的户主（郑浩，2012），其家庭贫困脆弱性较低。徐伟等（2011）、郭晓莉等（2019）还分别考察了户主是否为干部、户主健康状况与家庭贫困脆弱性的关系，结果显示，户主为干部、户主健康状况越好，家庭的贫困脆弱性水平越低。

（2）家庭特征[①]。

脆弱性农户和非脆弱性农户的各种资源禀赋存在显著差异（万广华等，2014；杨龙、汪三贵，2015；梁凡，2018），家庭规模以及劳动力数量反映了家庭劳动力供给的多寡，而老人和儿童数量以及健康状况反映了家庭的各种负担的大小，人力资本、物质资本以及社会资本反映了农村家庭再生产能力的质量优劣（杨龙、汪三贵，2015）。

现有文献对家庭规模与贫困脆弱性的关系并没有得到一致的结论。一些文献认为，家庭人口规模越大，陷入贫困的概率就越高（李丽，2010；樊丽明、解垩，2014；杨龙、汪三贵，2015；郭晓莉等，2019；王恒等，2020）。

---

① 农村劳动力非农就业状况也是家庭特征的一个变量，但农村劳动力非农就业是本研究的重要切入点，本书将其放在下文进行评述，下同。

而杨文（2012）则认为家庭规模越大，陷入贫困的概率越低，并认为农村组建大家庭对于缓解贫困有重要意义。李丽忍（2018）的实证研究则认为家庭规模对贫困脆弱性的影响不大且不显著。

毫无疑问，家庭成员中成年人的数量和参加工作的人数越多，其创造收入和抵御风险的能力就越强，未来陷入贫困的概率就越低（李丽，2010；杨文，2012；樊丽明、解垩，2014；李丽忍，2018）。一般情况下，家庭中老人和儿童的数量越多，面临的健康、教育等风险冲击因素较多，其抚养比就相对较高，家庭贫困脆弱性也相对较高（Glewwe 和 Hall，1998；李丽、白雪梅，2010；郑浩，2012；杨龙、汪三贵，2015；梁凡，2018）。但樊丽明和解垩（2014）的实证研究发现了儿童对于家庭贫困脆弱性影响的一种相反机制，即认为儿童越多越能激励家庭成员积极摆脱贫困，即家庭儿童数量越多，未来陷入贫困的概率越低。

家庭成员健康恶化也是家庭的负担之一，故家庭成员的健康水平与贫困状态负相关（王国祥，2007），家庭在面临重大的健康风险冲击时，不仅会大幅度削弱创收能力，从而导致因病返贫（Ceriani，2018）或健康贫困（樊桦，2001），同时还会降低家庭未来的消费能力，保持良好的健康状况是农村家庭避免陷入贫困陷阱的重要手段（王弟海，2012；Zon 和 Muysken，2001；Hemmi 等，2007）。因此，现有文献大都认为健康风险冲击会加大农户未来陷入贫困的概率（Dercon 等，2009；李丽，2010；洪秋妹、常向阳，2010；武拉平等，2012；杨龙、汪三贵，2015；韩静舒、谢邦昌，2016；李丽忍，2018）。

家庭所拥有的耐用消费品和生产性物质资本的多寡不仅是家庭经济实力的体现，还能在遇到风险冲击时用以变现缓冲（Caner 和 Wolff，2004），因此现有文献大都认为家庭拥有的物质资本越多，未来陷入贫困的概率越低（李丽，2010；李丽、李永久，2010；徐伟等，2011；杨龙、汪三贵，2015；郭晓莉等，2019）。现有文献也注意到，耕地虽然也是生产性物质资本，但耕地资源越多，一方面可能会使得农民更依附于土地而变得贫困，另一方面在面临自然灾害冲击时受到的损失就越大，因此耕地面积越大的家庭陷入贫困的概率可能就越高（方迎风，2014；程名望等，2018）。

人力资本是农村家庭重要的生产要素，不仅影响家庭创收能力（王海港等，2009），还会对收入差距起到收敛作用（李黎明、许珂 2017；谢沁怡，2017）。受教育程度、务工经验、职业培训等人力资本衡量指标与家庭的贫困脆弱性显著相关（徐伟等，2011；杨龙、汪三贵，2015；梁凡、朱玉春，

2018）。教育是人力资本的核心，但教育对家庭贫困脆弱性的影响存在着两种相反的机制：一方面，受教育程度越高，越能提升家庭的收入水平（Lopez 和 Valdes，2000；徐舒，2010），也就是说，教育在克服贫困方面能够起到重要的作用（Autor 等，2003；刘修岩等，2007；王海港等，2009），故一些文献认为家庭成员拥有较高的受教育程度（家庭最高受教育程度或平均受教育程度）能显著地降低家庭贫困脆弱性（Zhang 和 Wan，2006；李丽、白雪梅，2010）；另一方面，教育需要投资，且对于收入的影响具有时滞性（熊波等，2017），教育不仅没有对减缓农村家庭贫困起到显著作用（Wedgwood，2007；林文、邓明，2014），反而由于相对高昂的教育支出极易导致因教致贫（杨在军，2009）。在此基础上，有些文献认为，教育支出尤其是大学教育支出会显著提高家庭的贫困脆弱性水平（张永丽、刘卫兵，2017；杨文，2012）；但也有文献认为，家庭教育支出显著降低了农户的贫困脆弱性（斯丽娟，2019）。

社会资本被称为"穷人的资本"，尤其是对于特别穷的农户，社会资本的作用更大，现有文献证实了农村家庭可以借助社会资本获取必要的资源，在提高农户收入和福利、抵御负面冲击风险以及降低贫困发生率等方面均有显著的正向影响（Grootaert，2001；Munshi 和 Rosenzweig，2005；张爽等，2007；陆铭等，2010；洪秋妹，2010；叶初升、罗连发，2011；唐为、陆云航，2011；Kinnan 和 Townsend，2012；丁冬等，2013；吴本健等，2014；叶初升等，2014；刘俊文、陈宝峰，2015；刘一伟、汪润泉，2017）。受此影响，越来越多的文献开始探讨社会资本对于农村家庭贫困脆弱性的影响（黄杏子，2020；谢家智、姚领，2021），这种探讨主要围绕社会资本通过增加收入来源使其多样化（徐戈等，2019）和构建非正式保险制度安排提升抵御风险冲击的能力（World Bank，2001；徐伟等，2011；杨文，2012；郭晓莉等，2019；何昊、白永秀，2021；谢家智、姚领，2021）两条路径展开，且都认为社会资本与家庭贫困脆弱性负相关，即社会资本能显著降低家庭未来陷入贫困的概率。比如，杨文（2012）认为，社会资本每增加 1 个单位将降低 0.3565 个单位的贫困脆弱性，徐戈等（2019）认为，每降低 1 个单位的社会资本，贫困脆弱性将上升 7.95%，等等。

（3）村庄环境特征。

不同村庄之间的环境差异巨大，村庄的地理位置及交通和医疗等公共服务设施的可及性以及村庄的经济发展水平这些共同因素都会对村庄内家庭的生产和消费活动产生影响，进而影响农村家庭的贫困脆弱性。但遗憾的是，现有文献由于各种原因对村庄环境的考虑并没有像对户主特征和家庭特征考虑得那样系统全面，部分文献（张栋浩、尹志超，2018；高若晨、李实，2018；梁凡，2018；李丽忍，2018；孙伯驰、段志民，2019；郭晓莉等，2019；黄杏子，2020；孟佳豪，2020）的控制变量甚至没有涉及村庄环境特征。而涉及村庄环境变量的文献对于相关的控制变量的选择也较随意，削弱了结论之间的对比意义。樊丽明和解垩（2014）、何昊和白永秀（2021）仅仅考察了样本所在地区这一空间变量。结果显示，中西部地区的贫困脆弱性明显高于东部地区，西部地区的贫困脆弱性明显高于东中部地区。谢家智和姚领（2021）不仅考察了样本所处地区，还考察了该地区是否属于民族聚居区。结果显示，少数民族集聚区和中西部地区的贫困脆弱性较高。顾宁和刘洋（2021）仅考察了交通设施可及性，并用入户路类型（硬化路相较于泥石路或泥土路）和与村主干路的距离来代表。结果显示，入户路类型对农村家庭贫困脆弱性具有显著的负向影响，而与村主干路的距离的影响则不显著。王恒等（2020）则考察了村庄的医疗条件和交通条件两个公共基础设施的可及性因素，但回归结果均不显著。李丽（2010）不仅考察了样本所在的地区，还考察了医疗服务设施可及性（看病在途时间和治疗一次感冒所支出的费用）。结果显示，收入水平越低的省份贫困脆弱性越高，而由于过度医疗的存在，医疗服务设施可及性与家庭贫困脆弱性呈负相关。杨龙和汪三贵（2015）则考察了村庄经济发展水平（样本村庄企业的数量）以及地理变量（村庄地形、村庄所在县的性质），结果显示，经济基础较差、山区、革命老区县、陆地边境县和少数民族聚居村的农户的贫困脆弱性相对较高。

（三）农村劳动力非农就业与贫困脆弱性的研究进展

农村劳动力从农业向非农、从农村向城市的流动是落后地区从传统社会走向现代社会的关键，但现有文献对农村劳动力非农就业是否有助于减贫这一问题并未达成一致。国内外众多研究认为，农村劳动力非农就业对减贫有积极的正效应，包括但不局限于获取较高的非农收入、化解耕地过密化问题、增加农业收入、增强抵御各种风险冲击的能力等方面（孙志军、杜育红，2004；岳希明、罗楚亮，2010）。与此相对应，还有一些学者注意到，农村劳动力非农就业对减贫存在负效应，包括但不局限于造成优质劳动力资源流失、破坏了农村原有的经济社会秩序、缺乏技能的剩余劳动力转移到城市后经常处于失业或半失业状态等，这些因素的综合作用造成了农村劳动力非农就业反而不利于农村的长期减贫。

随着对贫困脆弱性研究的不断深入，越来越多的文献开始关注农村劳动力非农就业对家庭贫困脆弱性的影响，但现有文献的结论不一致。与非农就业对减贫的正效应相似，现有文献大都认为非农就业与贫困脆弱性负相关，即农村家庭成员的非农就业能够显著降低家庭的贫困脆弱性（高若晨、李实，2018；孙伯驰、段志民，2019；孙伯驰，2020；孟佳豪，2020；黄杏子，2020；王恒等，2020）。在肯定农村劳动力非农就业有助于降低家庭未来陷入贫困的概率的基础上，部分文献还考察了非农就业对不同家庭类型贫困脆弱性的异质性影响。主要结论为，非农就业能够降低暂时性贫困家庭的贫困脆弱性，而对慢性贫困家庭的贫困脆弱性并没有明显的降低效果，其原因可能在于，慢性贫困家庭受自身资源禀赋条件的限制而无法从事高收入且有保障的非农工作（孙伯驰、段志民，2019；孙伯驰，2020；黄杏子，2020）。相反，Zhang 和 Wan（2006）利用上海农村住户调查数据的分析得到了与上述不一致的结论，认为农村劳动力非农就业并不必然有利于降低农村家庭贫困脆弱性，邰秀军等（2009）猜测原因为劳动对于上海当地农村家庭的重要性程度并没有像其他地区那么大。

对于农村劳动力而言，不同的非农就业行为带来的收入效应以及相应的投入和承担的风险也不同，这势必会影响到家庭的贫困脆弱性。现有文献还考察了非农就业行为的异质性对农村家庭贫困脆弱性的影响。农村劳动力非农就业无非是外出务工和非农经营（自我雇用和创办企业）两种，相较于非农经营而言，外出务工以供给劳动为主，需要的各种投资较少，且与务工相关的社会保障体系越来越完善，现有文献都认为农村劳动力外出务工能够显著降低家庭的贫困脆弱性（邰秀军等，2009；郭晓莉等，2019；孙伯驰、段志民，2019；孙伯驰，2020；张庆红、马玉婷，2021）。与外出务工不同，非农经营不仅需要较多的社会资本、物质资本以及人力资本的高额投入，还面临着更大的市场风险、经营风险等不利因素的冲击，因此现有文献在非农经营是否有助于降低家庭的贫困脆弱性的讨论上并没有一致的结论。有文献探讨了越南农村劳动力自我雇用对贫困脆弱性的影响，并认为自我雇用对贫困脆弱性的影响存在一定的门槛，自我雇用只有在区域经济环境处于结构调整的高级阶段、基础设施完善且接近市场的区域才能对贫困脆弱性的降低产生作用。持否定态度的国内文献认为，农村劳动力恰恰在非农经营所需高额投入的社会资本、物质资本以及人力资本上并不具有优势，导致其非农经营的收益率往往较低，同时缺乏正规务工途径所能得到的社会保障，故非农经营在降低家庭贫困脆弱性方面的效果并不理想（樊丽明、解垩，2014；孙伯驰、段志民，2019；孙伯驰，2020）。持肯定态度的国内文献大都以农民创业来代替非农经营，并认为农民创业在提高收入、促进农村区域经济发展和提高自有资本方面发挥着积极作用，故农民创业有助于降低家庭的贫困脆弱性（徐超、宫兵，2017；谭燕芝、叶程芳，2020）。

农村劳动力非农就业到底通过什么样的机制影响家庭的贫困脆弱性无疑是非常重要的，但遗憾的是仅有孙伯驰和段志民（2019）、孙伯驰（2020）等少量文献对此进行了系统的实证研究。他们的实证结果均认为农村劳动力非农就业主要通过提高家庭整体收入水平和降低农业风险与市场风险等外部冲击的不确定性两种途径发挥作用，即非农就业对家庭贫困脆弱性的影响机制是间接的。以孙伯驰和段志民（2019）的研究为例，当收入水平提高 1% 时，非农就业能够使家庭贫困脆弱性下降 1.8%，而当收入不确定性下降 1% 时，非农就业能够使家庭贫困脆弱性下降 1%，孙伯驰（2020）的研究也得到了相似的结论。

三、多维贫困的相关研究进展

全面脱贫后面临的贫困问题日益复杂和多元，因病、因残、因学、因灾等致贫因素突出，医疗卫生、社会保障及教育条件等方面的差距已显著地高于收入的差距。在贫困者或者接近贫困的群体的基本需要品的市场很多是不完善甚至是不存在的现实约束下，缺乏必要的定价机制将其他维度的贫困用货币来表示，此时单一收入维度的贫困并不能充分反映收入之外的其他维度的贫困（Fisher，1992）。因此，学术界对传统的单一收入维度贫困的研究逐渐转向多维贫困研究（王小林、Alkire，2009），这也是近年来国内外学术界在贫困问题理解和思考上的一个重大突破（郭建宇、吴国宝，2012）。尤其是随着中国取得了现行标准下农村贫困人口已经全部脱贫的全面胜利，乡村振兴与精准扶贫实现了有效衔接，对贫困的多维性测度以及影响因素研究的紧迫性日益凸显。在这样的背景下，现有国内文献与国外文献一道围绕单一收入维度之外的教育、医疗卫生、社会保障等多维贫困进行了力所能及的积极探讨。

（一）多维贫困内涵的研究进展

从表现特征来看，贫困的多维性是一系列影响家庭收入或消费的社会现象的集合。自20世纪70年代以来，社会学和人类学对多维贫困问题进行了关注和研究。美国国际开发署的Morris（1979）较早提出了具有多维贫困思想的物质生活质量指数；更进一步，Hagenaars（1987）开创性地将收入和闲暇两个维度纳入多维贫困的具体测度中。这些前期研究为从多角度认识贫困奠定了基础。根据观察和研究视角的不同，关于多维贫困现有文献形成了三种有代表性的学说。

第一，多维贫困的"缺乏说"。该学说是从单纯的收入或消费不足的物质缺乏延伸到无所不包的社会、文化、精神等方面上，正如Oppenheim和Harker（1993）认为的那样：贫困是指物质上的、社会上的和情感上的匮乏，它意味着在食物、保暖和衣着方面的开支要少于平均水平。

第二，多维贫困的"剥夺说"或"排斥说"。该学说强调社会权利的不足对多维贫困的影响，认为贫困不仅是经济意义上必要的食物和衣服、安全住所和教育机会的缺乏，而且是社会学意义上难以享受与其他成员均等的公共服务、必要的社会地位、社会联系、社会机会以及政治诉求机会等而被社会排斥或边缘化后导致的结果。Townsend（1979）认为，人们常常因为社会剥夺而不能享有作为一个社会成员应该享有的生活条件。假如他们缺乏或不能享有这些生活条件，甚至因此丧失成为社会一员的身份，他们就是贫穷的。也有研究认为，贫困不仅是物质及伤及人体的一种剥夺，它同时会损坏人们的自尊、尊严及自我认同感，限制他们参与决策及进入相关机构的途径，并使得部分群体受伤害的程度呈螺旋式上升。联合国开发计划署（UNDP）在1997年的《人类发展报告》中就认为，除了缺乏物质福利的必需品，贫困还意味着被排斥，不能得到人类发展所必需的最基本的机会和选择权，如过上长期健康、有创造性的生活，达到体面的生活标准，有尊严、满足自尊、受到他人尊重以及得到人们在生活中普遍看重的东西。世界银行在《2000/2001年世界发展报告》中将贫困定义为福利的被剥夺状态，除了低收入、低消费、缺衣少食等内涵，贫困还意味着风险和面临风险时的脆弱性，没有发言权和影响力等。

第三，多维贫困的"能力说"。"缺乏说"和"剥夺说"分别探讨了多维贫困的表象和外在原因，真正将多维贫困的研究推向高潮的是1998年诺贝尔经济学奖获得者 Amartya Sen。Amartya Sen（1985；1992；1999）开创性地将可行能力和功能性活动概念纳入多维贫困分析框架中，他把人类发展的目标看作等同于判定社会上所有人的福利状态的价值标准，而人类发展是由免受饥饿、营养不良、疾病、过早死亡等一系列功能性活动构成的基本可行能力所决定的，贫困不仅仅是相对地比别人穷，而且得不到获得某些物质福利的机会，即不拥有某些最低限度的能力。贫困最终并不是收入问题，而是一个无法获得某些最低限度需要的能力问题。Sen 进一步将可行能力定义为一个人有可能实现的、各种可能的功能性活动组合，因此贫困应当被视为对基本可行能力的剥夺，或者说贫困的根源是能力贫困，而不仅是收入低下引起的。可行能力的欠缺限制了个体或家庭获得收入的能力，同时也会限制个体或家庭将收入转化为可行能力，因而可行能力被剥夺而产生的真实贫困要比收入贫困更加严重。Sen 的可行能力多维贫困思想对后来的研究影响深远，最具代表性的是世界银行在《1990 年世界发展报告》中明确指出，贫困是缺乏达到最低生活水平的能力。自此，基于能力视角的多维贫困的研究日益成为主流。在 Sen 提出的能力多维贫困的基础上，后来的学者不断丰富其内涵，他们的研究都认为收入的差距源于人们获取收入的技能的差距，人们之所以贫困，是因为他们难以借助现代教育、信息扩散、知识外溢、社会资本积累等效应来提升自身的经济能力，以致人力资源含量、知识与技能水平极低，在发掘经济机会、参与经济政策决策、增加对自身的投资、应对不确定性和风险、从创新性经济活动中获利、分享经济增长的成果等方面无能为力（邹薇、方迎风，2012）。

综上可知，"缺乏说"对多维贫困的研究停留在表象，主要探讨的是因为缺乏所以缺乏，并没有探讨导致缺乏的深层次原因。因此，该学说在现有文献中鲜有应用。"剥夺说"或"排斥说"则探讨了多维贫困形成的外部原因，并将其归结为"被剥夺"或"被排斥"，由此强调了多维贫困的客观性、外在性和被动性，具有鲜明的社会等级色彩。由于"剥夺说"或"排斥说"并没有探讨多维贫困形成的内部原因，对提升贫困者自身脱贫的主观能动性关注度不够，因此该学说在国内的应用也较少。而"能力说"探讨的则是多维贫困形成的内部原因，并将其归结为贫困者自身不具备改变现状的可行能力，强调的是多维贫困的主观性、内在性和主动性。"能力说"与政策制定者和学者关注的如何提高贫困者自身摆脱贫困状态的内在积极性不谋而合，故以"能力说"为基础的多维贫困的研究已经成为经济学理论和实证研究的主流

（邹薇、方迎风，2012）。与这些主流文献相同的是，"能力说"对本书以劳动力非农就业空间选择为切入点探索多维贫困的影响机制也具有启发性，下文对多维贫困文献的评述主要以"能力说"为基础。

（二）多维贫困测度方法的研究进展

自 Sen 提出基于可行能力的多维贫困分析框架之后，从哪些维度、采用哪些方法来对多维贫困进行描述、测度和加总，进而对潜在的贫困群体进行识别，无疑就成了经济学研究的一个全新课题和难点。围绕这一问题，现有文献探索出了一系列方法来构造多维贫困指数，如信息理论法（Lugo 和 Maasoumi，2009）、公理化方法（Bourguignon 和 Chakravarty，2019；Tsui，2002）、模糊集法（Cheli 和 Lemmi，1995）以及投入产出效率法（Cheli 和 Lemmi，1995）等，这些方法为人们从多角度重新认识贫困问题提供了新的工具。为了更加科学精准地度量多维贫困，Sen 于 2007 年 5 月发起创建了牛津贫困与人类发展中心（Oxford Poverty and Human Development Initiative，简称 OPHI）。根据 Sen 的可行能力贫困理论，该中心的主任 Alkire 和 Foster（2011）共同提出了计算多维贫困指数的双界限法，也被称为"Alkire – Foster 方法""A – F 方法"。该方法最具有代表性，应用范围也最广（郭熙保、周强，2016；支俊立等，2017；谭燕芝、张子豪，2017）。其具体做法是，首先对每个维度设定一个贫困临界值用以判断研究目标是否在该维度上处于贫困状态；然后按照一定的规则对每一维度的指标设定相应的权重；最后对每一维度下的指标进行加总确定多维贫困指数总得分，把该总得分和预先设定的多维贫困临界值加以对比以判断研究目标的多维贫困状态。"Alkire – Foster 方法"被联合国开发计划署（UNDP）采纳用以测算全球各个国家和地区的多维贫困指数，从2011 年开始，测算结果在每年的人类发展报告中向全球公布，该方法和指数成为全球范围内测度多维贫困程度的权威。从国外研究来看，有文献分别研究了巴基斯坦、印度、非洲撒哈拉和拉美国家的多维贫困现状。从国内研究来看，使用该方法也渐成趋势，王小林和 Alkire（2009）、邹薇和方迎风（2012）、李晓嘉等（2020）等文献是其中的代表。

但是，通过"Alkire – Foster 方法"来精准识别贫困群体需要解决三个方面的关键问题：第一，维度的选择是否能真正全面刻画目标人群的可行能力集；第二，权重的确定是否与该因素对多维贫困的实际贡献相吻合；第三，贫困临界值的判定是否能反映经济社会发展的客观现实。维度的选择、权重的确定以及贫困临界值的判定均会对多维贫困的测度结果产生直接影响，而如何处理这三个问题就成为能否科学衡量多维贫困的关键。

1. 维度选择的研究进展

维度选择对多维贫困指数的构造至关重要（邹薇、方迎风，2012）。由于是对单一收入贫困指数的替代，联合国开发计划署（UNDP）发布的多维贫困指数（MPI）并没有把收入当作维度的一部分，而是选取了健康状况（儿童死亡率、营养状况）、教育状况（成人受教育程度、儿童入学率）和生活水平状况（清洁饮用水、生活用电、生活用燃料、室内空间面积、环境卫生设施、耐用消费品资产）3 个维度 10 个方面的指标来测度多维贫困。对贫困或潜在贫困群体而言，健康冲击可能会使家庭本就脆弱的收入状况雪上加霜，缺乏基本的教育必然会阻碍其人力资本乃至社会资本的动态提升，而较低的日常生活标准则会大大限制其基本的生存能力。因此，健康、教育和生活水平 3 个维度较为全面客观地反映可行能力的缺乏情况，随后的文献对多维贫困维度的选择也基本上遵循了这一思路。但由于研究群体和研究视角的侧重点不同，现有文献对健康、教育和生活水平 3 个维度的拓展做了大量有益的补充工作，主要聚焦在以下 5 个方面。

第一，部分学者在维度选择上严格遵循了健康、教育和生活水平 3 个维度，但是在每一维度下具体二级指标的选择上根据研究对象和数据可得性进行了调整。如王恒等（2020）构建了教育、健康（疾病、医疗保险）、生活水平（饮用水、房屋、做饭燃料、厕所类型、家庭资产）3 个维度 8 个指标的多维贫困指数，李东和孙东琪（2020）构建了教育（上学年限、儿童入学率）、健康（儿童死亡情况、营养状况）、生活标准（用电情况、卫生设施、改善饮用水、生活燃料、财产状况）3 个维度 9 项指标的多维贫困指数，等等。

第二，由于在面临外部冲击时，贫困家庭可以变现其资产来应对，所以部分学者认为家庭资产的多寡会像健康、教育一样对可行能力产生重要影响，于是他们将生活水平维度下的资产从二级指标提升到一个单独的维度用以强化资产对多维贫困的影响。如程晓宇等（2019）利用贵州省国家级贫困县普定县 3 个行政村整村调研数据，构建了健康（自评健康、慢性病）、教育（受教育年限、子女失学）、居住条件（住房、清洁饮用水）、资产（耐用消费品、交通工具）4 个维度 8 项指标的多维贫困指数。

第三，由于存在市场的不完全性，健康、教育和生活水平 3 个维度的贫困可能与收入贫困并不同步，因此学术界对联合国开发计划署（UNDP）发布的多维贫困指数（MPI）彻底抛弃了收入维度存在着很大的争议。为了弥补这一缺陷，现有文献也试图将收入维度纳入进来，这样可以更加全面地考察低收入群体的多维贫困状态。如陈辉和张全红（2016）、王文略（2019）等文献均构建了收入、教育、健康和生活水平4个维度的多维贫困指数，而李丽忍（2018）将生活水平维度分为资产、生活质量2个维度从而构建了收入、教育、健康、资产、生活质量5个维度的多维贫困指数。而邹薇和方迎风（2012）在把收入纳入维度的同时却把健康维度去掉了，从而构建了教育、收入、生活质量（饮用水、厕所类型、照明、做饭燃料、住房、耐用品拥有状况）3个维度的多维贫困指数。但受限于数据的可得性，上述文献在同一维度下选择的二级指标有一定差异。

第四，以上维度衡量的是贫困者所能实现的客观福利。随着经济社会的发展，一些学者认为维度的选择应该扩大到就业、人身安全、赋权、体面出门的能力及心理等主观福利，主客观福利成为人们关心的生存权利（Alkire，2007），这些内容能够在更深层次上影响贫困群体的可行能力。比如，Nussbaum（2003）将情感思维和休闲、韩佳丽等（2017）将社会保障（医疗保障、养老保障、就医条件、上学条件）、左孝凡等（2018）将心理/主观感受（生活满意度、未来信心度、社会公平感）、Santos和Villatoro（2018）将公共产品供给和就业状况纳入多维贫困的维度中，对多维贫困的测量更加全面和深入。

第五，部分文献将二级指标全部提升到维度层面，即该种指数只有维度没有指标。如王小林和Alkire（2009）选取住房、饮用水、卫生设施、电、资产、土地、教育和健康保险8个维度，柳建平和刘咪咪（2018）选取收入水平、消费水平、受教育年限、健康水平、饮用水、交通条件、房屋、耐用消费品8个维度。在等权重下，这种方法无疑会放大生活水平标准对多维贫困的影响。

2. 权重确定的研究进展

在维度确定之后，需要对各个维度乃至各维度下的二级指标赋予一定的权重以便合成多维贫困指数，现有文献对权重的确定大致存在3种不同的分歧[①]。

[①] 当然，也有学者从其他角度探讨权重的确定，如Betti和Verma（2008）使用变异系数、Cheli和Lemmi（1995）采用频率方法等，这些方法在国内文献中鲜有使用，本书不再详细阐述。

第一，借鉴 Townsend（1979）和 Martinetti（2000）提出的等权重来确定。联合国开发计划署（2011）对权重的确定就是按照各个维度等权重、各维度下二级指标等权重的双重等权重的方法进行的，由于其权威性和简单实用性，该双重等权重方法被学术界广泛应用，如王小林和 Alkire（2009）、邹薇和方迎风（2012）[①]、郭熙保和周强（2016）、王文略（2019）、王恒等（2020）等文献均采用该种方法。

第二，借鉴 Ram（1982）提出的主成分分析法来确定。双重等权重方法虽然影响很广，但其最大的问题是太随意和主观，并没有反映出各维度乃至各维度下二级指标对多维贫困的实际贡献（张全红、周强，2014），该方法与现实经济社会的实际情况存在一定差距，现有文献（蒋翠侠等，2011；张全红、周强，2014；李晓嘉等，2020）也试图通过基于线性假设的主成分分析法来确定权重以弥补双重等权重方法的缺陷。

第三，借鉴 Hecht-Nielsen（1989）提出的反向传播神经网络（Back Propagation Neural Network，简称 BPNN）法[②]来确定。主成分分析法在一定程度上优化了多维贫困的权重设置，但是多维贫困的各个因素不仅难以通过线性组合的方式来体现，反而常常会呈现复杂的非线性关系，而基于线性假设的主成分分析法在多维贫困的测度中仍会存在一定的不足。基于此，现有文献（车四方等，2019）也试图选用能够利用计算机模仿人工智能来处理复杂的非线性问题的反向传播神经网络法来确定权重。

3. 贫困临界值判定的研究进展

对各个维度及二级指标赋值也是多维贫困指数合成的关键之一，现有文献对各个维度以及各维度下的二级指标均采取的是 0，1 式的二值变量，即对某一特定指标设定一个贫困临界值，达到或超过该临界值则赋值 1，达不到则赋值 0。但关键的问题是，由于研究对象、研究地域以及研究视角的差异，抑或受到数据可得性的影响，对同一指标贫困临界值的选择大不同。比如，同样是用受教育年限来衡量教育贫困，联合国开发计划署（2011）将家庭成员最高受教育程度为"小学"或"文盲、半文盲"的视为贫困；邹薇和方迎风

[①] 邹薇和方迎风（2012）不仅考察了双重等权重方法，还考察了所有二级指标等权重的方法对多维贫困的影响，并将这两种方法的结果进行了对比分析，但该种方法仍属于等权重的范畴。

[②] 反向传播神经网络法能够利用计算机模仿人工智能来处理复杂的非线性问题，具有很强的自学习性、高度非线性等优势。在处理非线性问题方面，其性能优于传统的统计方法，对于科学确定各指标的贡献权重来说十分有益，被广泛地运用于经济社会研究领域。

（2012）以家庭中最高受教育水平者接受教育年限小于 5 年视为教育贫困；王小林和 Alkire（2009）则将家庭中任何一个 18 岁以上的人没有完成 5 年教育的视为贫困；而 May 等（2000）将家庭中任何一个年满 18 周岁的人没有完成义务教育的视为贫困。教育贫困临界值只是众多临界值中的一个，这种贫困临界值选择的差异性对其他指标来说同样存在。

对多维贫困临界值的取值目前也没有统一的标准（李丽忍，2018）。联合国开发计划署（2011）将总指数的 1/3（0.33）作为临界值来判断是否处于多维贫困状态，大于 1/3 的家庭则为多维贫困家庭，现有文献（李丽忍，2018）也把该标准当作主要判断标准。除此之外，现有文献也常将农户陷入贫困的维度数大于 3 作为多维贫困临界值的判断标准，王文略（2019）等文献具体应用了这种判断标准。

（三）多维贫困的测度结果与影响因素的研究进展

1. 多维贫困测度结果的研究进展

在解决完维度选择、权重确定以及贫困临界值判定之后，现有文献对多维贫困与单一收入维度贫困的关系进行了积极的研究，也得到了一些有启发性的结论。

由于克服了单一收入维度测量贫困的局限，现有文献虽然采用的数据有所不同，但大都认为多维贫困指数比单一收入维度贫困指数能更精准、更生动地测量和反映目标群体所处的贫困状态。由于收入与各种基本可行能力之间的交换存在着市场的不完全性，相较收入贫困而言，低收入人群在健康、教育、生活水平等维度上面临贫困的概率更大。因此，多维贫困比单一收入维度贫困的程度更严重，波动性也更大，因此面临的多维贫困风险也更大，表现为多维贫困发生率远远高于国家统计局以收入为标准测量的贫困发生率（王小林、Alkire，2009；邹薇、方迎风，2012）。这主要是因为大多数家庭在收入维度下可能不属于贫困的范畴，但这些家庭面临的健康、教育乃至生活环境状况相对收入境况来说更不尽如人意。单纯以收入维度来衡量贫困，可能会低估潜在的贫困群体数量或遗漏潜在的贫困群体。冯贺霞等（2015）的研究发现收入贫困漏测了将近 70% 的多维贫困户。

在此基础上，现有文献也区分了各个维度对多维贫困指数的贡献，使得以多维贫困指数为依据的帮扶措施的瞄准效应更强。对巴基斯坦、印度、非洲撒哈拉、拉美国家的研究普遍认为，教育、健康 2 个维度对多维贫困指数的贡献较大。国内研究的结论基本与此相同，邹薇和方迎风（2012）认为，教育维度对多维贫困指数的贡献最大；王小林和 Alkire（2009）认为，卫生设施、健康保险和教育 3 个维度的贫困异常突出。但是，王文略（2019）以我国 8 个连片贫困地区的 1922 个农户样本数据的实证结果得到了相反的结论，生活质量维度对多维贫困指数的贡献最大（64.42%），收入维度次之（20.83%），而健康和教育 2 个维度的贡献比较小。

2. 多维贫困影响因素的研究进展

相较于多维贫困的测度而言，现有文献对多维贫困的影响因素方面的研究显得较为匮乏，但也进行了尝试性的探索，这种探索主要围绕以下 3 个方面展开。

第一，户主特征。一般来说，户主特征对农村家庭的收入和经济社会地位的贡献异常突出。从受教育水平来看，户主的受教育程度越高，其人力资本的储备越充足，收入水平就越高。即户主受教育水平高能显著降低家庭多维贫困发生的概率（邹薇、方迎风，2012），而户主没有受教育经历更容易导致多维贫困的发生（李丽忍，2018）。从婚姻状态来看，成年的户主如果是单身，可能会对其生活幸福感和满足感产生较大的负面影响，进而影响到其就业质量和收入水平，从而大大提高家庭多维贫困发生的概率。也就是说，婚姻状态为未婚、分居、离婚或丧偶的单身户主家庭，其面临的多维贫困问题更严重（邹薇、方迎风，2012；李丽忍，2018）。王恒等（2020）利用秦巴山区的实地调查数据的实证结果进一步显示，户主婚姻水平每提升 1 个单位，农户陷入多维贫困的概率将降低 12%。从户主年龄来看，年轻的户主的工作能力还没有达到最优状态，而年老的户主可能已经面临工作能力的下滑，因此户主为中年人最有可能降低家庭的多维贫困的发生概率。李丽忍（2018）利用中国健康与营养调查（CHNS）数据的实证研究结果认为，户主为 60 岁以上的老人的家庭更容易陷入多维贫困。车四方等（2019）利用中国家庭追踪调查（CFPS）数据的实证结果进一步显示，户主年龄与家庭多维贫困水平之间呈倒 U 形关系，即存在最优的年龄结构使多维贫困水平最低。户主性别对多维贫困的影响的研究没有统一的结论，有的文献认为男性有助于缓解家庭多维贫困且回归结果显著（邹薇、方迎风，2012；李丽忍，2018），有的文献认为男性有助于缓解家庭多维贫困但回归结果不显著（王恒等，2020），还有的文献认为男性并不利于缓解家庭多维贫困但回归结果不显著（车四方等，2019）。

第二，家庭特征。家庭中劳动力的比例越高，尤其是男性劳动力比例越高，家庭收入越能得到保证，越有利于家庭多维贫困水平的降低（邹薇、方迎风，2012）。在家庭劳动力一定时，人口规模越大，意味着同样的劳动力创造的收入会被家中的老人、小孩或病人的花销所抵消，即家庭的负担越大，农户面临的多维贫困可能越突出。王恒等（2020）的实证研究结果认为，农户家庭的抚养负担和医疗负担每提升 1 个单位，将使其陷入多维贫困的概率分别提高 22.3% 和 1.4%。其中，对农户来说，医疗负担开支是典型的非预期、突发性事件，且由于缺乏必要的社会保障手段，医疗负担对应的健康状况对农户多维贫困影响最大，极易导致因病致贫。李晓嘉等（2020）利用中国家庭追踪调查（CFPS）数据特地考察了中国健康多维贫困的影响因素，实证结果显示，政府财政医疗卫生总支出对农户的健康多维贫困有显著的减贫效应，这在一定程度上说明政府医疗公共产品提供能有效化解农村居民的多维贫困。当今社会是网络化社会，车四方等（2019）的研究还发现，农户通过网络学习、工作、社交的频率越高，越能缓解其多维贫困。除此之外，现有文献也探讨了家庭的社会资本对农户的多维贫困的影响，虽然研究者采用的代理变量有所不同，但都认为社会资本的提升能够降低农户陷入多维贫困的可能性（车四方等，2019）。

第三，村庄环境特征。毫无疑问，多维贫困作为一个社会性现象，除了户主和家庭因素，家庭所处的村庄环境因素对家庭多维贫困也有显著的影响。但遗憾的是，受制于样本数据可得性和研究视角的差异，现有文献要么没有考虑村庄环境变量；要么考虑了村庄环境变量，但仅仅将其当作一个无关紧要的控制变量而不加以报告；要么报告了但结果不显著，如王恒等（2020）。只有车四方等（2019）的研究详细考察了村庄环境变量对多维贫困的影响，且结果显著。其实证结果显示，少数民族地区、矿区、自然灾害易发区和距城镇（集镇、县城、省城）较远的村庄，农村家庭面临的多维贫困问题较为严峻。

（四）农村劳动力非农就业与多维贫困的研究进展

部分文献也注意到了农村劳动力非农就业与多维贫困之间的关系，这些少量的探讨也颇具启发性。

作为应对贫困和改善家庭境况的举措，农村劳动力可以通过积极的主动性流动从事非农工作来获取相对传统农业收入较高的收入，进而改善家庭面临的多维贫困状态（邹薇、方迎风，2012；车四方等，2019）。有研究基于对贫困村的入户调查数据进行研究，实证分析发现，相较于没有劳动力流动的家庭，存在劳动力流动的家庭面临的多维贫困状态要更好，实证结果显示，农村劳动力流动使家庭陷入多维贫困的概率下降6.2%。更进一步，劳动力流动对哪些维度的减贫效应更明显呢？一般而言，劳动力流动能够帮助家庭实现收入维度的减贫，但是由于市场的不完全性和农户需求的层次性，劳动力流动对物质层面的减贫效应应该大于非物质层面的减贫效应。该研究将劳动力流动对多维贫困的缓解效应进行了维度上的分解，将多维贫困的维度设置为生活水平、资产2个物质维度以及健康状况、教育、社会保障3个非物质维度，结论显示，劳动力流动的减贫效应主要体现在生活水平、资产2个物质维度及教育维度上，对于健康状况、社会保障2个非物质维度的减贫效应并不明显。也就是说，农村劳动力流动对家庭多维贫困的缓解主要通过两个方面来实现：一方面通过获取较高的收入改善家庭物质层面的状况实现对多维贫困的缓解；另一方面通过提高后代的受教育水平打破贫困的代际传递或增加自身人力资本方面的积累提升非农就业的能力等途径实现对多维贫困的缓解。

现有文献也讨论了农村劳动力流动的强度对家庭多维贫困的影响。有研究认为，农村劳动力流动与农户多维贫困之间所呈现的是U形关系，即存在着最优流动强度：在拐点出现之前，农村劳动力流动强度的提高有助于缓解农户多维贫困；但在拐点出现之后，农村劳动力流动强度的提高将会恶化农户多维贫困状态。这主要是因为，农村劳动力流动强度过高之后，农村劳动力外出务工的动力不仅是为了获得在农村立足的收入，更重要的是为了获得逃离农村的资本。这样的后果必然形成大量"空心村""老人村""空巢家庭"或"隔代家庭"等，使得原有的村落秩序面临崩解的风险（文军、吴越菲，2017），而又由于农村社会保障制度的滞后，劳动力流动强度高的家庭的留守老人和儿童的医疗健康及生活照料等非物质层面存在着严重的问题（卢海阳、钱文荣，2014；连玉君等，2015），从而提高农户多维贫困的发生概率。王恒等（2020）通过对秦巴山区四川、陕西、甘肃3省7县农户实地调查数据的梳理发现，这一状况普遍存在，建立在这一调查基础之上的实证结果得到了以下结论，劳动力流动会显著提高农户多维贫困发生的概率。可见，现有文献就农村劳动力流动与多维贫困之间的关系并没有一致的结论，研究结果因研究样本的不同而有较大差异。

参考文献

［1］LEWIS W A. Economic Development with Unlimited Supplies of Labour［J］. The Manchester School, 1954, 22（2）: 139 – 191.

［2］程名望, 史清华. 经济增长、产业结构与农村劳动力转移——基于中国1978—2004年数据的实证分析［J］. 经济学家, 2007（5）: 49 – 54.

［3］郁义鸿. 多元产业结构转变与经济发展［M］. 上海: 复旦大学出版社, 2000.

［4］赵慧卿. 我国农业剩余劳动力转移问题探讨［D］. 天津: 天津财经大学, 2005.

［5］程名望. 中国农村劳动力转移: 机理、动因与障碍［D］. 上海: 上海交通大学, 2007.

［6］RANIS G, FEI J C H. A Theory of Economic Development［J］. The American Economic Review, 1961, 51: 533 – 565.

［7］JORGENSON D W. Surplus Agricultural Labour and the Development of a Dual Economy［J］. Oxford Economic Papers, 1967, 19（3）: 288 – 312.

［8］TODARO M P. A Model of Labor Migration and Urban Unemployment in Less Developed Countries［J］. The American Economic Review, 1969, 59（1）: 138 – 148.

［9］DU Y. Rural Labor Migration in Contemporary China: An Analysis of Its Features and the Macro Context［J］. Rural Labor Flows in China, 2000: 67 – 100.

［10］ZHAO Y. Leaving the Countryside: Rural – to – Urban Migration Decisions in China［J］. The American Economic Review, 1999, 89（2）: 281 – 286.

［11］蔡昉, 都阳. 经济转型过程中的劳动力流动——长期性、效应和政策［J］. 学术研究, 2004（6）: 16 – 22.

［12］STARK O, TAYLOR J E. Migration Incentives, Migration Types: the Role of Relative Deprivation［J］. The Economic Journal, 1991, 101（408）: 1163 – 1178.

［13］STARK O. The Migration of Labor［M］. Cambridge: Basil Blackwell, 1991.

［14］高更和, 石磊, 高歌. 农民工务工目的地分布研究——以河南省为

例［J］．经济地理，2012（5）：127 – 132.

［15］杨慧敏，高更和，李二玲．河南省农民工务工地选择及影响因素分析［J］．地理科学进展，2014，33（12）：1634 – 1641.

［16］刘家强，王春蕊，刘嘉汉．农民工就业地选择决策的影响因素分析［J］．人口研究，2011，35（2）：73 – 82.

［17］高更和，李小建，乔家君．论中部农区农户打工区位选择影响因素——以河南省三个样本村为例［J］．地理研究，2009，28（6）：1484 – 1493.

［18］郑云，李小建．农村转移人口外出务工的时空路径——基于河南省的调查数据［J］．河南大学学报（社会科学版），2016（6）：14 – 20.

［19］CHAUDHURI S, JALAN J, SURYAHADI A. Assessing Household Vulnerability to Poverty From Cross – Sectional Data：A Methodology and Estimates From Indonesia［R］. New York：Columbia University，2002.

［20］LIGON E, SCHECHTER L. Measuring Vulnerability［J］. The Economic Journal，2003，113（486）：95 – 102.

［21］顾宁，刘洋．产业扶贫降低了贫困农户的脆弱性吗［J］．农业技术经济，2021（7）：92 – 102.

［22］万广华，章元．我们能够在多大程度上准确预测贫困脆弱性？［J］．数量经济技术经济研究，2009（6）：138 – 148.

［23］CAFIERO C, VAKIS R. Risk and Vulnerability Considerations in Poverty Analysis：Recent Advances and Future directions［M］. Washington DC：The World Bank，2006.

［24］DUTTA L, FOSTER J, MISHRA A. On Measuring Vulnerability to Poverty［J］. Social Choice and Welfare，2010，37（4）：743 – 761.

［25］樊丽明，解垩．公共转移支付减少了贫困脆弱性吗？［J］．经济研究，2014（8）：67 – 78.

［26］孙伯驰，段志民．非农就业对农村家庭贫困脆弱性的影响［J］．现代财经（天津财经大学学报），2019（9）：97 – 113.

［27］尹志超，张栋浩．金融普惠、家庭贫困及脆弱性［J］．经济学（季刊），2020，20（1）：153 – 172.

［28］檀学文，李成贵．贫困的经济脆弱性与减贫战略述评［J］．中国农村观察，2010（5）：85 – 96.

［29］WARD P S. Transient Poverty, Poverty Dynamics, and Vulnerability to

Poverty: An Empirical Analysis Using a Balanced Panel from Rural China［J］. World Development, 2016, 78: 541 – 553.

［30］何平，高杰，张锐. 家庭欲望、脆弱性与收入 – 消费关系研究［J］. 经济研究，2010（10）: 78 – 89.

［31］陈传波，丁士军. 对瞄准脆弱农村老年人的经验方法的分析［J］. 农业经济问题，2006（4）: 43 – 46.

［32］WORLD BANK. World Development Report 2000/2001: Attacking Poverty［M］. Washington DC: The World Bank, 2001.

［33］MORDUCH J. Poverty and Vulnerability［J］. The American Economic Review, 1994, 84（2）: 221 – 225.

［34］JALAN J, RAVALLION M. Are the Poor Less Well Insured? Evidence on Vulnerability to Income Risk in Rural China［J］. Journal of Development Economics, 1999, 58（1）: 61 – 81.

［35］KUROSAKI T, FAFCHAMPS M. Insurance Market Efficiency and Crop choices in Pakistan［J］. Journal of Development Economics, 2002, 67（2）: 419 – 453.

［36］DERCON S, KRISHNAN P. In Sickness and in Health: Risk Sharing within Households in Rural Ethiopia［J］. Journal of Political Economy, 2000, 108（4）: 688 – 727.

［37］TESLIUC E, LINDERT K. Vulnerability: A Quantitative and Qualitative Assessment［J］. Guatemala Poverty Assessment Program, 2002: 1 – 91.

［38］KLASEN S, WAIBEL H. Vulnerability to Poverty in South – East Asia: Drivers, Measurement, Responses, and Policy Issues［J］. World Development, 2015, 71: 1 – 3.

［39］GRECH A. Evaluating the Possible Impact of Pension Reforms on Elderly Poverty in Europe［J］. Social Policy & Administration, 2015, 49（1）: 68 – 87.

［40］何思好，黄婉婷. 库区移民贫困脆弱性与精准脱贫方略重构——基于长江上游 386 户库区农村移民的分析［J］. 农村经济，2018（12）: 49 – 55.

［41］杨文. 社会资本能够降低中国农村家庭脆弱性吗［J］. 贵州财经学院学报，2012（2）: 86 – 92.

［42］PRITCHETT L, SURYAHADI A, SUMARTO S. Quantifying Vulnerability to Poverty：A Proposed Measure，Applied to Indonesia［R］. Washington DC：The World Bank，2000.

［43］MANSURI G, HEALY A. Vulnerability Prediction in Rural Pakistan［M］. Washington DC：The World Bank，2001.

［44］MCCULLOCH N, CALANDRINO M. Vulnerability and Chronic Poverty in Rural Sichuan［J］. World Development，2003，31（3）：611 – 628.

［45］DEATON A. Optimal Taxes and the Structure of Preferences［J］. Econometrica：Journal of the Econometric Society，1981：1245 – 1260.

［46］AMEMIYA T. The Maximum Likelihood and the Nonlinear Three – Stage Least Squares Estimator in the General Nonlinear Simultaneous Equation Model［J］. Econometrics Journal，1977，45（4）：955 – 968.

［47］杨龙，汪三贵. 贫困地区农户脆弱性及其影响因素分析［J］. 中国人口·资源与环境，2015（10）：150 – 156.

［48］孙伯驰. 中国农村家庭贫困脆弱性及减贫效应研究［D］. 天津：天津财经大学，2020.

［49］张庆红，马玉婷. 外出务工对农村家庭贫困脆弱性的影响——基于CFPS 数据的实证分析［J］. 东北农业大学学报（社会科学版），2021（3）：12 – 21.

［50］郭晓莉，李录堂，贾蕊. 社会资本对生态移民贫困脆弱性的影响［J］. 经济问题，2019（4）：69 – 76.

［51］李丽，白雪梅. 我国城乡居民家庭贫困脆弱性的测度与分解——基于 CHNS 微观数据的实证研究［J］. 数量经济技术经济研究，2010（8）：61 – 73.

［52］解垩. 代际间向上流动的私人转移支付与贫困脆弱性［J］. 经济管理，2015（3）：170 – 179.

［53］高若晨，李实. 农村劳动力外出是否有利留守家庭持久脱贫？——基于贫困脆弱性方法的实证分析［J］. 北京师范大学学报（社会科学版），2018（4）：132 – 140.

［54］张栋浩，尹志超. 金融普惠、风险应对与农村家庭贫困脆弱性［J］. 中国农村经济，2018（4）：54 – 73.

［55］梁凡. 秦巴山区农户贫困脆弱性研究：资源禀赋与风险冲击视角

[D]. 咸阳：西北农林科技大学，2018.

[56] 何昊，白永秀. 社会资本对农村家庭贫困脆弱性影响的实证检验 [J]. 统计与决策，2021，37（6）：5-9.

[57] 谢家智，姚领. 社会资本变迁与农户贫困脆弱性——基于“乡土中国”向“城乡中国”转型的视角 [J]. 人口与经济，2021（4）：1-21.

[58] 郑浩. 贫困陷阱：风险：人力资本传递和脆弱性 [D]. 武汉：武汉大学，2012.

[59] 黄杏子. 非农就业对我国农村家庭贫困脆弱性影响的实证研究 [D]. 南京：南京大学，2020.

[60] 陈宗胜，沈扬扬，周云波. 中国农村贫困状况的绝对与相对变动——兼论相对贫困线的设定 [J]. 管理世界，2013（1）：67-77.

[61] 孙久文，夏添. 中国扶贫战略与2020年后相对贫困线划定——基于理论、政策和数据的分析 [J]. 中国农村经济，2019（10）：98-113.

[62] KÜHL J J. Disaggregating Household Vulnerability-Analyzing Fluctuations in Consumption Using a Simulation Approach [J]. Manuscript, Institute of Economics, University of Copenhagen, Denmark, 2003.

[63] ZHANG Y, WAN G. An Empirical Analysis of Household Vulnerability in Rural China [J]. Journal of the Asia Pacific Economy, 2006, 11 (2): 196-212.

[64] ZHANG Y, WAN G. How Precisely Can We Estimate Vulnerability to Poverty? [J]. Oxford Development Studies, 2009, 37 (3): 277-287.

[65] CHIWAULA L S, WITT R, WAIBEL H. An Asset-based Approach to Vulnerability: the Case of Small-Scale Fishing Areas in Cameroon and Nigeria [J]. The Journal of Development Studies, 2011, 47 (2): 338-353.

[66] 万广华，章元，史清华. 如何更准确地预测贫困脆弱性：基于中国农户面板数据的比较研究 [J]. 农业技术经济，2011（9）：13-23.

[67] 梁凡，朱玉春. 资源禀赋对山区农户贫困脆弱性的影响 [J]. 西北农林科技大学学报（社会科学版），2018，18（3）：131-140.

[68] 李丽忍. 中国农村多维贫困脆弱性研究 [D]. 北京：首都经济贸易大学，2018.

[69] GÜNTAER I, HARTTGEN K. Estimating Households Vulnerability to Idiosyncratic and Covariate Shocks: A Novel Method Applied in Madagascar [J].

World Development, 2009, 37 (7): 1222 - 1234.

[70] RAJADEL T. Vulnerability and Participation to the Non - Agricultural Sector in Rural Pakistan [J]. TEAM Working Paper, 2002.

[71] BAULCH B, HODDINOTT J. Economic Mobility and Poverty Dynamics in Developing Countries [J]. Journal of Development Studies, 2000, 36 (6): 1 - 24.

[72] BAULCH B, MASSET B, EDOARDO. Do Monetary and Nonmonetary Indicators Tell the Same Story About Chronic Poverty? A Study of Vietnam in the 1990s [J]. World Development, 2003, 31 (3): 441 - 453.

[73] ANGELILLO N. Vulnerability to Poverty in China: A Subjective Poverty Line approach [J]. Journal of Chinese Economic and Business Studies, 2014, 12 (4): 315 - 331.

[74] BAILEY M J, DANZIGER S. Legacies of the War on Poverty [M]. New York: Russell Sage Foundation, 2013.

[75] 黄承伟, 王小林, 徐丽萍. 贫困脆弱性: 概念框架和测量方法 [J]. 农业技术经济, 2010 (8): 4 - 11.

[76] 郭劲光. 我国贫困人口的脆弱度与贫困动态 [J]. 统计研究, 2011, 28 (9): 42 - 48.

[77] 李丽. 中国城乡居民家庭贫困脆弱性研究 [D]. 大连: 东北财经大学, 2010.

[78] 林文, 邓明. 贸易开放度是否影响了我国农村贫困脆弱性——基于 CHNS 微观数据的经验分析 [J]. 国际贸易问题, 2014 (6): 23 - 32.

[79] 蒋丽丽. 贫困脆弱性理论与政策研究新进展 [J]. 经济学动态, 2017 (6): 96 - 108.

[80] HAUGHTON J H, KHANDKER S R. Handbook on Poverty and Inequality [M]. Washington DC: World Bank Publications, 2009.

[81] 斯丽娟. 家庭教育支出降低了农户的贫困脆弱性吗? ——基于 CFPS 微观数据的实证分析 [J]. 财经研究, 2019 (11): 32 - 44.

[82] GLEWWE P, HALL G. Are Some Groups More Vulnerable to Macroeconomic Shocks than Others? Hypothesis Tests Based on Panel Data from Peru [J]. Journal of Development Economics, 1998, 56 (1): 181 - 206.

[83] 王恒, 王征兵, 朱玉春. 乡村振兴战略下连片特困地区劳动力流动

减贫效应研究——基于收入贫困与多维贫困的双重视角［J］. 农村经济，2020（4）：43 – 50.

［84］徐伟，章元，万广华. 社会网络与贫困脆弱性——基于中国农村数据的实证分析［J］. 学海，2011（4）：122 – 128.

［85］万广华，刘飞，章元. 资产视角下的贫困脆弱性分解：基于中国农户面板数据的经验分析［J］. 中国农村经济，2014（4）：4 – 19.

［86］王国祥. 健康投资及其与农村贫困的关系研究［D］. 杭州：浙江大学，2007.

［87］CERIANI L. Vulnerability to Poverty：Empirical Findings［J］. // D'AMBROSIO C, Handbook of Research on Economic and Social Well – Being. Cheltenham：Edward Elgar Publishing, 2018：284 – 299.

［88］樊桦. 农村居民健康投资不足的经济学分析［J］. 中国农村观察，2001（6）：37 – 43.

［89］NONVIGNON J, MUSSA R, CHIWAULA L. Health and Vulnerability to Poverty in Ghana：Evidence From the Ghana Living Standards Survey Round 5［J］. Health Economics Review, 2012, 2（1）：11.

［90］王弟海. 健康人力资本、经济增长和贫困陷阱［J］. 经济研究，2012（6）：143 – 155.

［91］ZON A V, MUYSKEN J. Health and Endogenous Growth［J］. Journal of Health Economics, 2001, 20（2）：169 – 185.

［92］HEMMI N, TABATA K, FUTAGAMI K. The Long – Term Care Problem, Precautionary Saving, and Economic Growth［J］. Journal of Macroeconomics, 2007, 29（1）：60 – 74.

［93］DERCON S, GILLIGAN D, HODDINOTT J, WOLDEHAN T. The Impact of Agricultural Extension and Roads on Poverty and Consumption Growth in Fifteen Ethiopian Villages［J］. American Journal of Agricultural Economics, 2009, 91（4）.

［94］洪秋妹，常向阳. 我国农村居民疾病与贫困的相互作用分析［J］. 农业经济问题，2010, 31（4）：85 – 94.

［95］武拉平，郭俊芳，赵泽林，等. 山西农村贫困脆弱性的分解和原因研究［J］. 山西大学学报（哲学社会科学版），2012（6）：95 – 100.

［96］方迎风，邹薇. 能力投资、健康冲击与贫困脆弱性［J］. 经济学动

态，2013（7）：36－50.

［97］韩静舒，谢邦昌. 中国居民家庭脆弱性及因病致贫效应分析 ［J］.
统计与信息论坛，2016，31（7）：49－54.

［98］CANER A，WOLFF E. Asset Poverty in the United States，1984－
1999：Evidence from the Panel Study of Income Dynamics ［J］. SSRN Electronic
Journal，2004，47（1）：5－52.

［99］方迎风. 冲击、"能力"投资与贫困脆弱性 ［J］. 中国地质大学学
报（社会科学版），2014，14（2）：103－111.

［100］程名望，张帅，史清华. 农户贫困及其决定因素——基于精准扶
贫视角的实证分析 ［J］. 公共管理学报，2018，15（1）：135－146.

［101］王海港，黄少安，李琴，等. 职业技能培训对农村居民非农收入
的影响 ［J］. 经济研究，2009，44（9）：128－139，151.

［102］李黎明，许珂. 人力资本、社会资本与收入差距——基于中国城市
居民收入的分位回归模型分析 ［J］. 复旦教育论坛，2017，15（1）：83－90.

［103］谢沁怡. 人力资本与社会资本：谁更能缓解贫困？［J］. 上海经济
研究，2017（5）：51－60.

［104］LOPEZ R，VALDES A. Fighting Rural Poverty in Latin America：New
Evidence of the Effects of Education，Demographics and Access to Land ［J］. Eco-
nomic Development and Cultural Change，2000，49（1）：197－212.

［105］徐舒. 技术进步、教育收益与收入不平等 ［J］. 经济研究，2010，
45（9）：79－92、108.

［106］AUTOR D H，LEVY F S，MURNANE R J. The Sill Content of Recent
Technological Change：An Empirical Exploration ［J］. Quarterly Journal of Econom-
ics，2003，（118）：1279－1333.

［107］刘修岩，章元，贺小海. 教育与消除农村贫困：基于上海市农户
调查数据的实证研究 ［J］. 中国农村经济，2007（10）：61－68.

［108］熊波，吴欣茹，卢盛峰. 义务教育费用减免与农村居民消费关系
研究——基于 CHNS 数据的 DID 模型分析 ［J］. 财经问题研究，2017（8）：
90－97.

［109］WEDGWOOD R. Education and Poverty Reduction in Tanzania. Inter-
national ［J］. International Journal of Educational Development，2007，27（4）：
383－396.

［110］杨在军. 脆弱性贫困、沉没成本、投资与受益主体分离——农民家庭"因学致贫"现象的理论阐释及对策［J］. 调研世界, 2009（6）: 14-17.

［111］张永丽, 刘卫兵. "教育致贫"悖论解析及相关精准扶贫策略研究——以甘肃14个贫困村为例［J］. 经济地理, 2017, 37（9）: 167-176.

［112］GROOTAERT C. Does Social Capital Help the Poor: A Synthesis Findings from the Local Level Institutions Studies in Bolivia, Burkina Faso and Indonesia［R］. Washington DC: World Bank, 2001.

［113］MUNSHI K, ROSENZWEIG M. Economic Development and the Decline of Rural and Urban Community - Based Networks［J］. The Economics of Transition, 2005, 13（3）: 427-443.

［114］张爽, 陆铭, 章元. 社会资本的作用随市场化进程减弱还是加强?——来自中国农村贫困的实证研究［J］. 经济学（季刊）, 2007（2）: 539-560.

［115］陆铭, 张爽, 佐藤宏. 市场化进程中社会资本还能够充当保险机制吗?——中国农村家庭灾后消费的经验研究［J］. 世界经济文汇, 2010（1）: 16-38.

［116］洪秋妹. 健康冲击对农户贫困影响的分析——兼论健康风险应对策略的作用效果［D］. 南京: 南京农业大学, 2010.

［117］叶初升, 罗连发. 社会资本、扶贫政策与贫困家庭福利——基于贵州贫困地区农村家户调查的分层线性回归分析［J］. 财经科学, 2011（7）: 100-109.

［118］唐为, 陆云航. 社会资本影响农民收入水平吗——基于关系网络、信任与和谐视角的实证分析［J］. 经济学家, 2011（9）: 77-85.

［119］KINNAN C, TOWNSEND R. Kinship and Financial Networks, Formal Financial Access and Risk Reduction［J］. American Economic Review, 2012, 102（3）: 289-293.

［120］丁冬, 王秀华, 郑风田. 社会资本、农户福利与贫困——基于河南省农户调查数据［J］. 中国人口·资源与环境, 2013, 23（7）: 122-128.

［121］吴本健, 郭晶晶, 马九杰. 社会资本与农户风险的非正规分担机制: 理论框架与经验证据［J］. 农业技术经济, 2014（4）: 4-13.

［122］叶初升, 赵锐, 李慧. 经济转型中的贫困脆弱性: 测度、分解与

比较——中俄经济转型绩效的一种微观评价 [J]. 经济社会体制比较, 2014 (1): 103 - 114.

[123] 刘俊文, 陈宝峰. 贫困地区农户社会资本及其对收入的影响——基于大小凉山彝族村落的证据 [J]. 国家行政学院学报, 2015 (3): 97 - 102.

[124] 刘一伟, 汪润泉. 收入差距、社会资本与居民贫困 [J]. 数量经济技术经济研究, 2017, 34 (9): 75 - 92.

[125] 徐戈, 陆迁, 姜雅莉. 社会资本、收入多样化与农户贫困脆弱性 [J]. 中国人口·资源与环境, 2019, 29 (2): 123 - 133.

[126] 孟佳豪. 非农就业对贫困脆弱性的影响研究 [D]. 无锡: 江南大学, 2020.

[127] 孙志军, 杜育红. 农村居民的教育水平及其对收入的影响——来自内蒙古赤峰市的证据 [J]. 教育与经济, 2004 (1): 24 - 29.

[128] 岳希明, 罗楚亮. 农村劳动力外出打工与缓解贫困 [J]. 世界经济, 2010 (11): 84 - 98.

[129] 邰秀军, 罗丞, 李树苗, 等. 外出务工对贫困脆弱性的影响: 来自西部山区农户的证据 [J]. 世界经济文汇, 2009 (6): 67 - 76.

[130] 徐超, 宫兵. 农民创业是否降低了贫困脆弱性 [J]. 现代财经 (天津财经大学学报), 2017 (5): 46 - 59.

[131] 谭燕芝, 叶程芳. 农户创业与农村家庭贫困脆弱性 [J]. 湘潭大学学报 (哲学社会科学版), 2020 (1): 67 - 73.

[132] FISHER G M. The Development of the Orshansky Poverty Thresholds [J]. Social Security Bulletin, 1992, 55 (4): 3.

[133] 王小林, ALKIRE S. 中国多维贫困测量: 估计和政策含义 [J]. 中国农村经济, 2009 (12): 4 - 10.

[134] 郭建宇, 吴国宝. 基于不同指标及权重选择的多维贫困测量——以山西省贫困县为例 [J]. 中国农村经济, 2012 (2): 12 - 20.

[135] MORRIS M D. Measuring the Conditions of the World's Poverty: The Physical Quality of Life Index [M]. New York: New York Pergamon Press, 1979.

[136] HAGENAARS A J M. A Class of Poverty Indices [J]. International Economic Review, 1987, 28 (3): 583 - 607.

[137] OPPENHEIM C, HARKER L. Poverty: The Facts [M]. London:

Child Poverty Action Group, 1993.

[138] TOWNSEND P. Poverty in the United Kingdom: A Survey of Household Resources and Standards of Living [M]. Oakland: University of California Press, 1979.

[139] SEN A. A Sociological Approach to the Measurement of Poverty: A Reply to Professor Peter Townsend [J]. Oxford Economic Papers, 1985, 37 (4): 669 – 676.

[140] SEN A. The Political Economy of Targeting [M]. Washington DC: The World Bank, 1992.

[141] SEN A. Commodities and Capabilities [M]. London: Oxford University Press, 1999.

[142] LUGO M A, MAASOUMI E. Multidimensional Poverty Measures from an Information Theory Perspective [M]. Oxford: Oxford Poverty & Human Development Initiative (OPHI), 2009.

[143] BOURGUIGNON F, CHAKRAVARTY S R. The Measurement of Multidimensional Poverty [G] //Poverty, Social Exclusion and Stochastic Dominance, 2019: 83 – 107.

[144] TSUI K. Multidimensional Poverty Indices [J]. Social Choice and Welfare, 2002, 19 (1): 69 – 93.

[145] CHELI B, LEMMI A. A "Totally" Fuzzy and Relative Approach to the Multidimensional Analysis of Poverty [J]. Economic Notes, 1995, 24 (1): 115 – 134.

[146] ALKIRE S, FOSTER J. Counting and Multidimensional Poverty Measurement [J]. Journal of Public Economics, 2011, 95 (7 – 8): 476 – 487.

[147] 郭熙保，周强. 长期多维贫困、不平等与致贫因素 [J]. 经济研究, 2016 (6): 143 – 156.

[148] 支俊立，姚宇驰，曹晶. 精准扶贫背景下中国农村多维贫困分析 [J]. 现代财经（天津财经大学学报）, 2017 (1): 14 – 26.

[149] 谭燕芝，张子豪. 社会网络、非正规金融与农户多维贫困 [J]. 财经研究, 2017 (3): 43 – 56.

[150] 李晓嘉，蒋承，胡涟漪. 财政医疗卫生支出对中国健康多维贫困的影响研究 [J]. 中国人口科学, 2020, (4): 84 – 97, 128.

第八章　非农就业空间选择及影响因素分析

一、引言

"三农"问题是关系我国国计民生的根本性问题之一，截至 2022 年，连续 19 年的中央一号文件均聚焦于"三农"问题，而自党的十九大报告提出实施乡村振兴战略以来，乡村振兴日益受到社会各界的广泛关注，特别是 2022 年 2 月 22 日发布的《中共中央 国务院关于做好 2022 年全面推进乡村振兴重点工作的意见》，进一步引发社会各界对乡村振兴问题的重视。需要特别注意的是，虽然我国存在着城乡二元结构，但是乡村与城市不是相互割裂的，乡村振兴战略的实施也有赖于"以城带乡""城乡互补"，需要协同推进新型城镇化和乡村振兴两大战略。而在串联城市与乡村时尤为关键的一点就是农村劳动力的非农就业和基于此的人口迁移活动，以往学界对于农村劳动力的非农就业问题的研究大多基于宏观数据，或是对外出就业的空间选择划分过于粗略，很难得出细分空间农村劳动力的非农就业信息，也很难据此判断非农产业聚集和城镇体系演化规律，也不足以为政府的发展战略和政策的制定提供充分依据。此外，以往针对农村劳动力非农就业的调研往往从农民工的不同就业地点展开，对于未离开农村的劳动力信息有所缺失。因此，对农村劳动力非农就业空间选择开展更为细致的研究对于我国特别是对于河南省这类传统农业区域来说尤为重要。

针对这一问题，河南省中原发展研究基金会自 2017 年便开始组织开展年度性的整村调研活动，目前已涵盖河南省 18 个城市所下辖的 79 个村庄共计15303 户农村家庭。基于以往的调研数据，我们对河南省城镇化研究中一些之前尚未涉及或尚未深入研究的问题做了初步分析，如河南省不同层级城镇体系在其城镇化进程中扮演了何种角色、发挥了怎样的作用；村庄区位和资源禀赋对乡村人口非农就业地点有何影响；不同就业地点河南乡村非农务工人员的职业、学历特点等问题。我们调查的初衷是希望借此尽可能充分地研究河南省乡村人口流动和社会变革的普遍情况。整村调研已经连续开展5年，有必要将5年的数据进行汇总后进一步整体分析，为此本章将运用5年的调研数据分析河南省农村劳动力非农就业空间选择及其影响因素。后续的结构安排如下：首先，总结调研村庄农村劳动力非农就业空间分布的总体情况及主要特征；其次，总结个体因素、家庭因素和村庄环境因素对河南省农村劳动力非农就业空间选择的影响，其中，个体因素方面从性别、年龄、学历层次（受教育程度）等角度分组对比河南省农村劳动力非农就业空间的变化，家庭因素方面从家庭人口规模、家庭劳动年龄人口规模、家庭抚养比、家庭人均承包地面积等角度分组对比河南省农村劳动力非农就业空间的变化，村庄环境因素方面从村庄区位、村庄经济基础、村庄地形等角度分组对比河南省农村劳动力非农就业空间的变化；再次，对河南省农村劳动力非农就业空间选择影响因素进行定量分析，进一步分析上述因素所产生的具体影响；最后，总结归纳调研结论与启示。

二、样本地点分布与特征

（一）样本地点分布

截至2022年，整村调查已连续开展5年，调查涉及河南省18个省辖市的79个村庄，具体调研村庄分布与样本数量如表8-1所示。

表8-1　　　　　　　　　调研村庄分布与样本数量

省辖市	县市区	乡镇街道	调查村庄	调查户数（户）	调查人数（人）	省辖市	县市区	乡镇街道	调查村庄	调查户数（户）	调查人数（人）
郑州市	新密市	平陌镇	大坡村	171	762	许昌市	长葛市	石固镇	花园村	194	932
郑州市	巩义市	站街镇	巴沟村	200	896	许昌市	鄢陵县	望田乡	袁家村	201	972
郑州市	新郑市	新村镇	水泉村	236	1024	许昌市	禹州市	文殊镇	薛河村	184	853
开封市	尉氏县	岗李乡	老庄师村	182	814	许昌市	长葛市	南席镇	闫寨村	184	861
开封市	尉氏县	邢庄乡	岳家村	191	978	息县	息县	长陵乡	长陵村	194	1186
开封市	尉氏县	蔡庄镇	鹿村	201	1114	漯河市	临颍县	杜曲镇	刘庄村	195	683
开封市	祥符区	西姜寨乡	白庄村	174	856	漯河市	舞阳县	舞泉镇	南坛村	196	901
开封市	祥符区	陈留镇	陈留村	178	738	漯河市	舞阳县	章化镇	后古城村	200	928
开封市	杞县	官庄乡	李庄村	251	1177	漯河市	舞阳县	北舞渡镇	冢张村	177	852

省辖市	县市区	乡镇街道	调查村庄	调查户数（户）	调查人数（人）	省辖市	县市区	乡镇街道	调查村庄	调查户数（户）	调查人数（人）
洛阳市	新安县	五头镇	北沟村	184	786	三门峡市	渑池县	坡头乡	韩家坑村	102	390
洛阳市	嵩县	黄庄乡	三合村	182	841	三门峡市	渑池县	坡头乡	泰山村	98	343
洛阳市	孟津县	横水镇	文公村	171	900	三门峡市	义马市	东区街道	程村	160	586
洛阳市	长葛市	大周镇	打鱼李村	187	927	三门峡市	卢氏县	五里川镇	河南村	200	929
洛阳市	栾川县	三川镇	祖师庙村	187	807	南阳市	社旗县	城关镇	周庄村	151	678
平顶山市	汝州市	寄料镇	平王宋	200	653	南阳市	内乡县	湍东镇	龙园村	247	937
平顶山市	湛河区	曹镇乡	彭庄村	202	982	南阳市	淅川县	马蹬镇	熊家岗村	192	803
平顶山市	石龙区	高庄街道	张庄村	236	1050	商丘市	夏邑县	太平乡	瓦房庄村	172	619
平顶山市	鲁山县	仓头乡	白窑村	182	722	商丘市	宁陵县	乔楼乡	贾楼村	108	522
安阳市	内黄县	楚旺镇	王庄村	202	914	商丘市	睢县	胡堂乡	秦庙村	236	1002
安阳市	滑县	八里营乡	齐继村	290	1001	商丘市	柘城县	惠济乡	王元庄村	227	1084
安阳市	滑县	牛屯镇	东杨庄村	97	496	商丘市	柘城县	牛城乡	草帽王村	177	704
安阳市	滑县	老店镇	王会村	184	818	商丘市	柘城县	岗王乡	韦堤口村	195	752
安阳市	滑县	留固镇	东庄营村	172	870	信阳市	固始县	南大桥乡	安埠村	207	969
鹤壁市	浚县	新镇	和庄村	199	801	信阳市	固始县	柳树店乡	八里村	238	1079
鹤壁市	浚县	屯子镇	郭厂村	161	808	信阳市	商城县	河凤桥乡	立新村	159	925
新乡市	获嘉县	位庄乡	中鱼池村	158	709	周口市	太康县	五里口乡	包庄村	130	589
新乡市	原阳县	蒋庄乡	靳屋村	200	1015	周口市	沈丘县	石槽集乡	大李营村	164	839
新乡市	长垣县	南蒲街道	甄庄村	180	911	周口市	淮阳县	王店乡	李集村	198	435
新乡市	长垣市	蒲北社区	朱滑枣村	189	842	周口市	郸城县	汲冢镇	万楼村	199	934
新乡市	长垣市	赵堤镇	东赵堤村	200	911	驻马店市	汝南县	梁祝镇	李老庄村	201	928
焦作市	武陟县	木栾新区	小岩村	203	785	驻马店市	汝南县	金铺镇	前张村	202	883
焦作市	中站区	府城街道	小尚村	177	715	驻马店市	汝南县	南余店乡	杨围子村	202	887
焦作市	沁阳市	崇义镇	大张村	205	916	驻马店市	汝南县	老君庙镇	小方村	197	845
焦作市	沁阳市	西万镇	官庄屯村	200	901	驻马店市	上蔡县	芦岗乡	刘楼村	200	663
焦作市	温县	祥云镇	祥云镇村	170	724	驻马店市	西平县	专探乡	朱湖村	236	994
濮阳市	范县	张庄乡	孔庄村	181	573	驻马店市	平舆县	庙湾镇	大杨村	350	1243
濮阳市	清丰县	仙庄镇	西魏家村	195	727	驻马店市	平舆县	万冢镇	郭寺村	463	1592
许昌市	襄城县	丁营乡	小集村	201	856	驻马店市	平舆县	李屯镇	杨村	197	838
许昌市	襄城县	丁营乡	半坡店村	85	401	济源市	济源市	克井镇	西许村	260	1135
许昌市	鄢陵县	陈化店镇	西明义村	148	797	合计				15303	66812

（二）样本特征

5 年整村调查共计调查家庭 15303 户、66812 人，全体调查对象的个体信息和家庭主要信息如表 8 - 2 所示，与官方公布的河南省农村个体和家庭信息较为一致，能够较好地反映河南省农村家庭的相关特征。

表 8 - 2　　　　　　　　　整村调查数据库总体特征

指标	分类	数量	比重（%）
性别	女（人）	32358	48.48
	男（人）	34387	51.52
年龄	0 ~ 14 岁（人）	12355	18.49
	15 ~ 24 岁（人）	8022	12.01
	25 ~ 34 岁（人）	11011	16.48
	35 ~ 44 岁（人）	8571	12.83
	45 ~ 54 岁（人）	9830	14.71
	55 ~ 64 岁（人）	7598	11.37
	65 岁及以上（人）	9425	14.11
	年龄平均值	37.91 岁	
家庭人口规模	1 ~ 2 人（户）	2342	15.30
	3 ~ 4 人（户）	5831	38.10
	5 ~ 6 人（户）	5237	34.22
	7 人及以上（户）	1893	12.37
	家庭人口数平均值	4.5 人	
家庭劳动年龄人口规模	0 人（户）	1370	8.95
	1 人（户）	960	6.27
	2 人（户）	3116	20.36
	3 人（户）	4007	26.18
	4 人（户）	4011	26.21
	5 人及以上（户）	1839	12.02
	家庭劳动年龄人口规模平均值	2.95 人	
家庭抚养比	0（户）	4127	29.62
	大于 0 小于等于 0.5（户）	5148	36.95
	大于 0.5 小于等于 1（户）	3333	23.92

指标	分类	数量	比重（%）
家庭抚养比	大于1（户）	1325	9.51
	平均家庭抚养比	0.52	
家庭人均收入	1万元及以下（户）	5572	37.78
	1万元（不含）至2万元（户）	5477	37.13
	2万元（不含）至3万元（户）	2304	15.62
	3万元以上（户）	1397	9.47
	家庭人均收入平均值	16422.54元	

由于本章主要关注河南省农村劳动力非农就业空间选择的分布情况及影响因素，因此，需要对数据库按照非农就业的标准进行筛选。剔除非劳动年龄个体、正在上学以及就业信息不全和全年就业时间低于6个月的个体后，满足条件的样本共有19642人，涉及11017户，河南省农村非农就业劳动力样本的主要特征如表8-3所示。

表8-3　　　　　　　　　农村非农就业劳动力样本特征

指标	分类	数量	比重（%）
性别	女（人）	6689	34.05
	男（人）	12953	65.95
年龄	15~24岁（人）	1691	8.61
	25~34岁（人）	6741	34.32
	35~44岁（人）	5268	26.82
	45~54岁（人）	4356	22.18
	55~64岁（人）	1586	8.07
	年龄平均值	38.22岁	
受教育程度	小学及以下（人）	3530	17.97
	初中（人）	10962	55.81
	高中及以上（人）	5150	26.22
	受教育年限平均值	9.54年	

指标	分类	数量	比重（%）
年工资收入	3 万元以下（人）	8537	45.94
	3 万~6 万元（人）	8213	44.20
	6 万元以上（人）	1823	9.86
	年工资收入平均值	41582.90 元	
工作经历时长	10 年以下（人）	8102	56.42
	10 ~ <21 年（人）	4165	29.00
	21 ~ 30 年（人）	1501	10.45
	30 年以上	593	4.13
	工作经历时长平均值	11.25 年	
家庭人口规模	1~2 人（户）	506	4.59
	3~4 人（户）	4563	41.42
	5~6 人（户）	4352	39.50
	7 人及以上（户）	1596	14.49
	家庭人口数平均值	4.91 人	
家庭劳动年龄人口规模	1 人（户）	435	3.95
	2 人（户）	2303	20.90
	3 人（户）	3250	29.50
	4 人（户）	3432	31.15
	5 人及以上（户）	1597	14.50
	家庭劳动年龄人口规模平均值	3.37 人	
家庭抚养比	0（户）	3091	28.06
	大于 0 小于等于 0.5（户）	4346	39.45
	大于 0.5 小于等于 1（户）	2604	23.64
	大于 1（户）	976	8.86
	平均家庭抚养比	0.51	

续　表

指标	分类	数量	比重（%）
家庭人均收入	1 万元及以下（户）	2774	25.85
	1 万元（不含）至 2 万元（户）	4655	43.38
	2 万元（不含）至 3 万元（户）	2070	19.29
	3 万元以上（户）	1232	11.48
	家庭人均收入平均值	18894.04 元	

根据表 8-3，河南省农村非农就业劳动力中绝大多数是男性群体，占比达到了 65.95%，与数据库总体情况（51.52%）存在明显差异；非农就业劳动力的年龄分布占比最高的是 25~34 岁的阶段，占比达到了 34.32%，之后随着年龄的增长，相应年龄段的占比依次下降，平均年龄为 38.22 岁，略高于数据库总体情况（37.91 岁）；非农就业劳动力的受教育年限平均值为 9.54 年，相当于初中学历，初中学历占比达到了 55.81%；非农就业劳动力年工资收入主要集中在 3 万元以下与 3 万~6 万元，年工资收入平均值为 41582.90 元；非农就业劳动力家庭人口数平均值为 4.91 人、家庭劳动年龄人口规模平均值为 3.37 人，均高于数据库总体情况（4.5 人、2.95 人）；非农就业劳动力平均家庭抚养比为 0.51，与数据库总体情况（0.52）大体相当；非农就业劳动力家庭人均收入平均值为 18894.04 元，高于数据库总体情况（16422.54 元）。

三、农村劳动力非农就业空间分布情况

（一）农村劳动力非农就业空间分布总体情况

整村调查为了全面反映河南省乡村非农就业人员去往何处就业及其数量分布，将就业地点划分为本村、本乡镇、本县县城、本市其他乡镇、本市其他县城、本市市区、郑州市区、郑州县区、省内其他地级市下辖乡镇、省内其他地级市下辖县区、省内其他地级市区、外省乡镇、外省县城、外省地级市、外省省会、京津冀地区、长三角地区、珠三角地区、我国港澳台地区及国外 19 个区域类型，并收集了详细的信息，根据数据库的原始分类方式，河南省农村非农就业人员在这 19 个就业地点的分布如表 8-4 所示。

表 8 - 4　　　　　河南省农村劳动力非农就业地点分布情况（一）

就业地点	人数（人）	比重（%）
本县县城	3197	16.28
本村	2531	12.89
郑州市区	2133	10.86
长三角地区	1887	9.61
外省地级市	1672	8.51
本乡镇	1622	8.26
本市市区	1603	8.16
外省省会	1262	6.43
珠三角地区	1197	6.09
京津冀地区	797	4.06
省内其他地级市区	603	3.07
省内其他地级市下辖县区	291	1.48
本市其他乡镇	226	1.15
本市其他县城	226	1.15
外省县城	143	0.73
郑州县区	121	0.62
外省乡镇	70	0.36
我国港澳台地区及国外	37	0.19
省内其他地级市下辖乡镇	24	0.12

　　由表 8 - 4 可知，河南省农村劳动力非农就业地点分布前三位的是本县县城（16.28%）、本村（12.89%）和郑州市区（10.86%）。然而，调查问卷设计的 19 个就业地点过于冗杂，不便于后续分析，本章的主要目的是分析河南省农村非农就业人员的就业地点分布特征，因此需要对 19 个就业地点进行进一步简化处理。结合数据库原始就业地点选项和被访者回答的详细就业地

点，本书筛选出"本地""本县""本市""本省""外省"5类非农就业空间①，调整后的数据如表8-5所示。

表8-5 河南省农村劳动力非农就业地点分布情况（二）

就业地点	人数（人）	占比（%）
外省	7065	35.97
本地	4153	21.14
本县	3197	16.28
本省	3172	16.15
本市	2055	10.46

（二）农村劳动力非农就业空间分布特征

结合表8-4和表8-5中所展示的就业空间分布情况可知，河南省农村劳动力非农就业空间分布呈现以下特征。

第一，外省仍是河南省农村劳动力非农就业的重要空间选择。基于数据结果不难发现，河南省有35.97%的农村劳动力选择到外省非农就业，跨省流动就业依然是河南农村非农就业人员非常重要的选择。具体来看，跨省流动主要流向三大经济区及其他省份的地级及以上城市，流向外省的县级及以下区域的人员比重仅为1.09%。其中，长三角地区（9.61%）是河南省农村劳动力非农就业最为重要的一个区域。

第二，本县县城是河南省农村劳动力省内非农就业的首要空间选择。按照问卷划分的19种非农就业空间类型来看，河南省农村劳动力非农就业地中排名前2的便是本县县城和本村（分别占16.28%和12.89%），进一步考量在本乡镇就业的人群，在农村劳动力所处的县域范围内非农就业的比重达到了37.43%。

第三，郑州市区是河南省农村劳动力省内跨县域非农就业的首要空间选择。郑州市作为河南省省会、国家区域性中心城市，具有较强的经济实力和

---

① "本地"含本村和本乡镇，"本县"不含"本地"指代区域，"本市"不含"本县"指代区域，"本省"不含"本市"指代区域。

较大的发展潜力，吸引了大量的河南省非农就业劳动力。样本中在郑州市区非农就业的比重为10.86%，排名第3，对河南省农村劳动力非农就业的吸引力已超过长三角地区（9.61%）、珠三角地区（6.09%）、京津冀地区（4.06%）三大经济区。

四、农村劳动力非农就业空间选择的影响因素

（一）个体因素对河南省农村劳动力非农就业空间选择的影响

1. 性别对河南省农村劳动力非农就业空间选择的影响

现有文献大都认为性别是影响农村劳动力非农就业空间选择的重要因素，结论基本为男性更倾向于外出非农就业，且在较远的空间非农就业的概率更高（朱农，2002；都阳和朴之水，2003；高更和等，2009；付振奇等，2017）。非农就业人员样本分性别统计后，男女的非农就业空间分布占比如表8-6所示。从分类统计结果可以直观地观察到，河南省农村非农就业人员中，男性群体更倾向于到距离本村更远的空间非农就业，男性非农就业者选择到本市范围外就业的比重达到53.99%，高于女性非农就业者的48.50%，而到河南省范围外就业的差别更为明显，男性非农就业者到外省就业的比重37.50%明显高于女性的33.01%；女性选择在本地和本县非农就业的比重（22.29%、17.52%）均高于男性（20.55%、15.63%）。

表8-6   **不同性别农村劳动力非农就业空间分布**   单位:%

性别	就业空间分布				
	本地	本县	本市	本省	外省
男性	20.55	15.63	9.83	16.49	37.50
女性	22.29	17.52	11.69	15.49	33.01

2. 年龄对河南省农村劳动力非农就业空间选择的影响

现有文献对于年龄对农村劳动力非农就业空间选择的影响的研究结论较为一致，普遍认为年龄较小者更倾向于外出非农就业，且在更远空间非农就业的概率更高，而年龄较大者则倾向于近距离非农就业（高更和等，2009；高更和等，2012；杨慧敏等，2014）。刘家强等（2011）特别关注了年龄与外

省这一远距离非农就业的关系，研究发现农村外出非农就业者年龄每增加 10 岁，外省作为就业地被选择的概率将会降低 3.67%。为便于分析，我们将河南省非农就业人员按照年龄划分为 15~24 岁、25~34 岁、35~44 岁、45~54 岁和 55~64 岁五个年龄段，这五个年龄段所包含的样本数量占总样本数的比重依次为 8.61%、34.32%、26.82%、22.18% 和 8.07%。根据划分结果，不同年龄段的农村劳动力非农就业的空间分布如表 8-7 所示。从分类统计结果中不难发现，河南省农村非农就业人员主要非农就业地点最主要的总体趋势是，随着不同年龄段样本年龄的增长，非农就业人员更加倾向于在相对较近的空间就业，其中，体现最为明显的便是随着年龄的增长选择在本地就业的比重出现明显的持续性的上升和在外省就业的比重出现明显的持续性的下降；此外，选择在本省非农就业的比重随着不同年龄段样本年龄的增长虽没有出现持续下降，但总体下降的趋势仍较为明显。

表 8-7　　　　　　　不同年龄段农村劳动力非农就业空间分布　　　　　单位:%

年龄段	就业空间分布				
	本地	本县	本市	本省	外省
15~24 岁	11.41	14.37	11.24	18.69	44.29
25~34 岁	13.49	15.04	10.89	20.19	40.39
35~44 岁	20.92	17.35	10.35	15.26	36.12
45~54 岁	29.27	17.45	10.12	12.24	30.92
55~64 岁	42.50	16.77	9.14	9.96	21.63

3. 学历层次对河南省农村劳动力非农就业空间选择的影响

学历层次（受教育程度）的提升会明显增强个体的劳动能力。这种能力的提升无论是在本地就业还是外出流动方面都是存在的，因此受教育程度的提高对农村劳动力流动存在双重影响（谭华清等，2018）。这直接导致了现有文献对受教育程度与农村劳动力是否外出的研究尚未得到一致的结论：一方面，学历层次越高的农村劳动力外出非农就业的能力就相对越强，相应地，外出非农就业的可能性也越大（付振奇等，2017）；另一方面，在其他条件不变的情况下，受教育程度越高，越有可能在当地从事比较好的非农工作，相应地，外出非农就业的经济动机就相对较弱（赵耀辉，1997）。整村调查问卷设计中将样本的学历层次划分为 11 种情况，为便于分析，我们将样本学历层次简化归纳为小学及以下、初中、高中及以上 3 种，这 3 种学历层次的样本占总样本的比重分别为 17.97%、55.81% 和 26.22%。根据划分结果，不同学历层次的河南省农村劳动力非农就业空间分布如表 8－8 所示。梳理分类统计结果发现，河南省农村非农就业人员就业空间随学历变化呈现以下几方面特征：第一，随着学历层次的提升，选择到外省非农就业的比重明显下降，这 3 个学历层次群体中选择跨省就业的比重分别为 41.50%、37.15% 和 29.67%；第二，随着学历层次的提升，选择在本地非农就业的比重同样明显下降，这 3 个学历层次群体中，选择在本地非农就业的比重分别为 26.35%、21.64% 和 16.52%；第三，随着学历层次的提升，选择在本县、本市和本省非农就业的比重则出现明显的持续性增加。

表 8－8　　　　　不同学历层次农村劳动力非农就业空间分布　　　　单位：%

学历层次	就业空间分布				
	本地	本县	本市	本省	外省
小学及以下	26.35	12.92	7.28	11.95	41.50
初中	21.64	16.93	9.75	14.53	37.15
高中及以上	16.52	17.18	14.16	22.47	29.67

4. 工作经历对河南省农村劳动力非农就业空间选择的影响

为便于分析，我们将河南省农村非农就业人员按照工作经历时长划分为 10 年以下、10～<21 年、21～30 年和 30 年以上四组，这四组所包含的人数占总样本数的比重依次为 56.42%、29.00%、10.45% 和 4.13%。根据划分结果，不同工作经历时长农村劳动力非农就业空间分布如表 8－9 所示。通过观察可以发现，河南省农村劳动力非农就业空间选择受工作经历时长的影响同河南省农村劳动力非农就业空间选择受年龄的影响较为一致，主要特征基本相同，整体上会随着工作经历时长的增长更加倾向于在距离较近的范围内就业，在本地就业的比重出现了连续的增长，选择出省就业的比重出现了连续的下降；农村劳动力非农就业空间选择受工作经历时长的影响的变化趋势相较于受年龄影响的变化趋势有所减弱，这可能是由于农村劳动力在非农就业中积累了工作经验、提升了人力资本，从而产生了影响。

表 8 - 9 　　　　不同工作经历时长农村劳动力非农就业空间分布　　　单位：%

工作经历时长	就业空间分布				
	本地	本县	本市	本省	外省
10 年以下	10.60	14.18	11.54	19.82	43.85
10 ~ <21 年	16.85	15.75	9.82	16.93	40.65
21 ~ 30 年	25.58	15.79	8.99	14.32	35.31
30 年以上	27.82	22.93	12.14	10.12	26.98

5. 就业渠道对河南省农村劳动力非农就业空间选择的影响

在农村劳动力非农就业过程中，借助社会网络可以显著地降低信息搜寻成本并降低外出就业可能面临的风险。整村调查数据库中把河南省农村劳动力非农就业渠道划分为自行外出、经人介绍、单位招聘以及创业四种类型，为便于分析，我们将经人介绍视作使用社会网络获取工作，其余类型视为未使用社会网络获取工作，这两种类型所包含的人数占总样本数的比重分别为26.77% 和 73.23%。不同就业渠道农村劳动力非农就业空间分布如表 8 - 10所示。根据分类统计结果可知，河南省农村劳动力使用社会网络非农就业会增加其在外省就业的概率，而未使用社会网络的农村劳动力则会增加在省内各个区域的非农就业概率。

表 8 - 10 　　　　不同就业渠道农村劳动力非农就业空间分布　　　单位：%

就业渠道	就业空间分布				
	本地	本县	本市	本省	外省
使用社会网络	17.46	14.21	8.22	15.60	44.52
未使用社会网络	22.49	17.03	11.28	16.35	32.84

（二）家庭因素对河南省农村劳动力非农就业空间选择的影响

1. 家庭人口规模对河南省农村劳动力非农就业空间选择的影响

为便于分析，我们将河南省农村非农就业人员按照家庭人口规模划分为1 ~ 2 人、3 ~ 4 人、5 ~ 6 人和 7 人及以上四组，这四组所包含的样本数量占总样本数的比重依次为 4.59%、41.42%、39.50% 和 14.49%。根据划分结果，不同人口规模家庭农村劳动力非农就业空间分布如表 8 – 11 所示。根据分类统计结果可以发现，随着家庭人口规模的扩大，河南省农村非农就业劳动力更加倾向于在较远距离的空间就业，表现最为直接的是，在本地和本县非农就业的比重随着家庭人口规模的扩大而出现持续性的明显下降，而选择出省非农就业的劳动力比重则出现明显的上升。

表 8 – 11　　　不同人口规模家庭农村劳动力非农就业空间分布　　　单位:%

家庭人口规模	就业空间分布				
	本地	本县	本市	本省	外省
1~2 人	31.55	17.41	7.41	14.48	29.14
3~4 人	23.28	17.40	10.15	16.43	32.73
5~6 人	19.95	16.64	11.41	15.70	36.29
7 人及以上	17.99	13.15	9.49	16.82	42.55

2. 家庭劳动年龄人口规模对河南省农村劳动力非农就业空间选择的影响

为便于分析，我们将河南省农村非农就业人员按照家庭所包含劳动年龄人口划分为 1 人、2 人、3 人、4 人和 5 人及以上五组，这五组所包含的样本数量占总样本数的比重依次为 3.95%、20.90%、29.50%、31.15% 和 14.50%。根据划分结果，不同劳动年龄人口规模家庭农村劳动力非农就业空间分布如表 8 – 12 所示。表现最为直接的是，在本县非农就业的比重随着家庭劳动年龄人口规模的扩大而出现持续性的明显下降，而选择出省非农就业的劳动力比重则整体上呈上升趋势。

表 8 – 12　　不同劳动年龄人口规模家庭农村劳动力非农就业空间分布　　　单位:%

家庭劳动年龄人口	就业空间分布				
	本地	本县	本市	本省	外省
1 人	22.53	19.54	7.13	17.70	33.10
2 人	23.53	18.00	9.27	15.35	33.86
3 人	21.93	17.81	11.18	15.78	33.31
4 人	22.16	16.36	9.71	16.22	35.55
5 人及以上	16.45	12.49	12.08	16.97	42.01

3. 家庭抚养比对河南省农村劳动力非农就业空间选择的影响

为便于分析，我们将河南省农村非农就业人员按照家庭抚养比划分为0、大于0小于等于0.5、大于0.5小于等于1和大于1四组，这组所包含的样本数占总样本数的比重依次为28.06%、39.45%、23.64%和8.86%。根据划分结果，不同抚养比家庭农村劳动力非农就业空间分布如表8-13所示。

表8-13　　　不同抚养比家庭农村劳动力非农就业空间分布　　　单位:%

家庭抚养比	就业空间分布				
	本地	本县	本市	本省	外省
0	23.40	16.68	10.08	17.79	32.05
大于0小于等于0.5	20.19	15.95	11.23	15.08	37.56
大于0.5小于等于1	20.79	16.26	9.69	15.85	37.42
大于1	19.23	16.80	9.65	17.32	36.99

从表8-13中并不能直观地发现一定的规律，这可能是由于家庭被抚养对象中包含学龄前幼儿（0～6岁）、学龄儿童（7～14岁）和老人（65岁及以上）。这三种不同类型的人群的特征存在明显的区别。经过进一步区分，三种不同抚养对象的不同抚养比家庭农村劳动力非农就业空间分布如表8-14所示。

表8-14　　　分类型不同抚养比家庭农村劳动力非农就业空间分布　　　单位:%

抚养对象	就业空间分布					
	家庭抚养比	本地	本县	本市	本省	外省
0～6岁学龄前幼儿	0	21.92	16.61	10.47	16.14	34.86
	大于0小于等于0.5	19.34	15.23	10.50	16.20	38.73
	大于0.5小于等于1	17.13	18.54	9.55	15.45	39.33
	大于1	14.29	14.29	14.29	28.57	28.57
7～14岁学龄儿童	0	20.60	16.10	10.73	17.19	35.38
	大于0小于等于0.5	21.35	16.44	10.51	14.75	36.95
	大于0.5小于等于1	23.56	16.48	8.47	15.68	35.80
	大于1	29.70	20.79	7.92	7.92	33.66

续　表

抚养对象	家庭抚养比	就业空间分布				
		本地	本县	本市	本省	外省
65岁及以上老人	0	22.49	16.66	10.12	15.95	34.77
	大于0小于等于0.5	18.73	14.90	11.21	16.02	39.13
	大于0.5小于等于1	17.88	16.76	11.60	16.93	36.83
	大于1	13.85	16.41	6.15	25.13	38.46

相较于不区分抚养对象，区分不同抚养对象后河南省农村非农就业人员就业空间分布开始呈现一定特征：随着农村家庭中学龄前幼儿和老人比重的上升，选择在本地非农就业的比重出现了明显的持续下降，河南省农村劳动力更加倾向于离开本地非农就业以获取更高的收入；而抚养对象为学龄儿童的情况恰恰相反，随着农村家庭中学龄儿童比重的上升，选择在本地和本县非农就业的比重出现了明显的持续上升。

4. 家庭人均承包地面积对河南省农村劳动力非农就业空间选择的影响

为便于分析，我们将河南省农村非农就业人员按照家庭人均承包地面积划分为小于等于0.5亩、大于0.5亩小于等于1亩、大于1亩小于等于1.5亩和大于1.5亩四组，这组所包含的样本数占总样本数的比重依次为27.80%、38.82%、18.35%和15.03%。根据划分结果，不同人均承包地面积家庭农村劳动力非农就业空间分布如表8-15所示。根据分类统计结果可以看出，随着家庭人均承包地面积的增加，农村劳动力选择在本地非农就业的比重出现明显的持续性下降，而选择到本市之外的省内区域非农就业的比重则出现明显的持续性上升。

表8-15　　不同人均承包地面积家庭农村劳动力非农就业空间分布　　单位：%

家庭人均承包地面积	就业空间分布				
	本地	本县	本市	本省	外省
小于等于0.5亩	26.21	15.01	11.43	12.98	34.37
大于0.5亩小于等于1亩	20.12	13.62	12.51	15.62	38.13
大于1亩小于等于1.5亩	18.43	14.63	8.91	18.08	39.94
大于1.5亩	18.16	15.80	8.25	19.29	38.50

（三）村庄环境因素对河南省农村劳动力非农就业空间选择的影响

1. 村庄区位对河南省农村劳动力非农就业空间选择的影响

为便于分析，我们将河南省农村非农就业人员所属村庄划分为近县城和远县城两种类型，这两种类型对应的非农就业人数占总样本数的比重分别为64.78%和35.22%。根据划分结果，不同区位类型村庄样本非农就业空间分布如表8-16所示。根据分类统计结果可知，近县城村庄的劳动力更加倾向于在外省和本地非农就业。

表8-16　　　　不同区位类型村庄样本非农就业空间分布　　　　单位:%

村庄区位	就业空间分布				
	本地	本县	本市	本省	外省
近县城	22.74	18.79	9.24	13.81	35.42
远县城	18.08	12.05	12.64	19.91	37.32

2. 村庄经济基础对河南省农村劳动力非农就业空间选择的影响

为便于分析，我们将河南省农村非农就业人员所属村庄划分为有经济基础和无经济基础两种类型，这两种类型对应的非农就业人数占总样本数的比重分别为47.42%和52.58%。根据划分结果可知，不同经济基础村庄样本非农就业空间分布如表8-17所示。根据分类统计结果可知，大部分有经济基础村庄的样本更加倾向于在外省和本地非农就业。

表8-17　　　　不同经济基础村庄样本非农就业空间分布　　　　单位:%

村庄有无经济基础	就业空间分布				
	本地	本县	本市	本省	外省
有	23.42	18.08	8.01	14.39	36.10
无	19.09	14.65	12.68	17.74	35.85

3. 村庄地形对河南省农村劳动力非农就业空间选择的影响

为便于分析，我们将河南省农村非农就业人员所属村庄地形划分为平原和非平原两类，这两种类型对应的非农就业人数占总样本数的比重分别为76.89%和23.11%。根据划分结果，不同地形村庄劳动力非农就业空间分如表 8 – 18 所示。根据分类统计结果可知，位于平原地区的村庄非农就业群体更加倾向于在外省和本地非农就业。

表 8 – 18　　　　　　不同地形村庄劳动力非农就业空间分布　　　　　单位：%

村庄地形	就业空间分布				
	本地	本县	本市	本省	外省
平原	22.17	15.04	7.93	15.75	39.10
非平原	17.74	20.38	18.88	17.47	25.53

五、农村劳动力非农就业空间选择影响因素的回归分析

前文基于调研数据从个体因素、家庭因素、村庄环境因素对农村劳动力非农就业空间选择进行了相应的描述性统计，初步梳理了农村劳动力非农就业空间选择的特征，但仅统计性的描述分析无法告诉我们在控制相关变量的条件下，不同影响因素对就业空间选择的影响方向和程度。本节将基于 mlogit 回归方法进一步分析各方面影响因素对河南省农村劳动力非农就业空间选择的影响程度。

（一）计量模型设定和变量选择

1. 计量模型设定

农村劳动力非农就业空间的选择显然是一个多值选择问题，适用的计量方法是多值选择模型（multinomial logit），本书借鉴李富强和王立勇（2014）等的研究方法，通过构建如下的计量模型，研究个体、家庭、村庄环境等各方面因素对农村劳动力非农就业空间选择的影响。

$$workplace_i = \alpha + \beta X_i + \varepsilon_i \qquad (8-1)$$

其中，被解释变量为 $workplace_i$，即农村劳动力的非农就业地点，本节非农就业地点的划分与前文一致，仍为本地、本县、本市、本省和外省，其中，本地在进行 mlogit 回归时为参照组，取值为 0，本县、本市、本省和外省依次取值 1、2、3、4，并以此作为非农就业距离的考量；i 代表非农就业个体；X_i 为控制变量，包含随非农就业农村劳动力个体 i 而变，不随非农就业地点而变的影响非农就业空间选择的因素，分为个体特征变量（性别、年龄、受教育

程度等)、家庭特征变量(家庭劳动年龄人口规模、家庭人均承包地面积等)、村庄环境特征变量(村庄区位、村庄经济基础等);ε_i表示随机扰动项。

2. 变量选择

结合前文的分析和计量模型的设定,本书选取变量及主要信息如表 8 – 19 所示。

表 8 – 19　　　　　　　　变量的含义和描述性统计

变量名称	含义	样本数(个)	均值	标准差	最小值	最大值
gender	性别(男:1;女:0)	12283	0.678	0.467	0	1
age	年龄(单位:岁)	12283	37.316	10.371	15	64
education_y	受教育程度(单位:年)	12283	9.595	2.967	0	19
exper	工作经历时长(单位:年)	12283	11.133	8.684	0	51
infowork2	是否经人介绍就业(是:1;否:0)	12283	0.293	0.455	0	1
infowork3	是否经单位招聘就业(是:1;否:0)	12283	0.039	0.195	0	1
infowork4	是否创业(是:1;否:0)	12283	0.035	0.183	0	1
nhouseholds	家庭人口规模	12283	5.306	1.827	1	18
labor	家庭劳动年龄人口规模	12283	3.709	1.287	1	15
raise_c	家庭学龄儿童抚养比	12283	0.198	0.283	0	3
raise_a	家庭老人抚养比	12283	0.177	0.328	0	3
contracted land	家庭人均承包地面积	12283	1.003	0.722	0	10
distance	村庄距县城距离	12283	32.76	16.317	5	80
nfirms	村庄拥有企业数	12283	4.068	12.552	0	80
topo2	村庄是否位于山地地区(是:1;否:0)	12283	0.016	0.125	0	1
topo3	村庄是否位于丘陵地区(是:1;否:0)	12283	0.193	0.394	0	1

（二）实证结果分析

回归后的结果如表 8 - 20 所示。

表 8 - 20　　各项因素对非农就业空间选择的边际效应（mlogit 回归）

变量	本地	本县	本市	本省	外省
gender	- 0. 018 ***	- 0. 025 ***	- 0. 022 ***	0. 008	0. 057 ***
	(- 2. 76)	(- 3. 73)	(- 3. 70)	(1. 08)	(6. 08)
age	0. 004 ***	0. 001	0. 001 ***	- 0. 001 ***	- 0. 004 ***
	(9. 37)	(1. 38)	(3. 53)	(- 3. 36)	(- 7. 20)
education_y	- 0. 004 ***	0. 004 ***	0. 004 ***	0. 012 ***	- 0. 017 ***
	(- 3. 15)	(3. 77)	(4. 51)	(10. 02)	(- 11. 01)
exper	0. 004 ***	0. 002 ***	- 0. 001 ***	- 0. 001 **	- 0. 003 ***
	(9. 64)	(3. 98)	(- 2. 99)	(- 2. 09)	(- 5. 09)
*infowork*2	- 0. 0001	- 0. 008	- 0. 028 ***	- 0. 016 **	0. 054 ***
	(- 0. 21)	(- 1. 17)	(- 4. 12)	(- 2. 01)	(5. 61)
*infowork*3	- 0. 017	- 0. 046 **	0. 083 ***	0. 017	- 0. 038
	(- 0. 86)	(- 2. 55)	(7. 79)	(1. 02)	(- 1. 52)
*infowork*4	0. 159 ***	0. 020	0. 007	- 0. 012	- 0. 175 ***
	(12. 62)	(1. 16)	(0. 44)	(- 0. 55)	(- 5. 82)
nhouseholds	- 0. 013 ***	0. 005	- 0. 004	- 0. 002	0. 014 ***
	(- 3. 34)	(1. 29)	(- 1. 21)	(- 0. 45)	(2. 77)
labor	- 0. 004	- 0. 022 ***	0. 003	0. 003	0. 019 **
	(- 0. 61)	(- 3. 63)	(0. 66)	(0. 45)	(2. 39)
raise_c	0. 038 ***	0. 013	0. 014	- 0. 020	- 0. 045 **
	(2. 60)	(0. 87)	(1. 01)	(- 1. 17)	(- 2. 15)
raise_a	- 0. 043 ***	- 0. 025 *	- 0. 014	0. 006	0. 076 ***
	(- 3. 16)	(- 1. 96)	(- 1. 11)	(0. 42)	(4. 29)
contracted land	- 0. 022 ***	0. 010 **	- 0. 020 ***	0. 024 ***	0. 008
	(- 4. 54)	(2. 13)	(- 4. 25)	(5. 23)	(1. 34)

续　表

变量	本地	本县	本市	本省	外省
distance	− 0.001 ***	− 0.002 ***	0.001 ***	0.002 ***	− 0.000
	（ − 3.28）	（ − 7.52）	（3.12）	（8.61）	（ − 0.60）
nfirms	0.003 ***	0.001 **	0.000	0.001 ***	− 0.005 ***
	（16.07）	（2.22）	（0.73）	（4.18）	（ − 10.93）
topo2	0.027	0.026	0.186 ***	− 0.020	− 0.219 ***
	（0.93）	（0.76）	（12.27）	（ − 0.68）	（ − 5.08）
topo3	− 0.030 ***	0.061 ***	0.085 ***	− 0.002	− 0.114 ***
	（ − 3.55）	（8.27）	（13.44）	（ − 0.20）	（ − 10.00）
观测值 极大似然值 *Pseudo R²*			12283		

注：表中系数均为 dy/dx 的平均边际效应，括号内为标准误；∗、∗∗、∗∗∗ 分别表明双尾检验的 10%、5% 和 1% 的显著性水平。

1. 个体因素对河南省农村劳动力非农就业空间选择的影响分析

第一，从性别的角度来看，河南省农村劳动力中的女性相对于男性较为倾向于在本地、本县、本市范围内非农就业，而男性则更倾向于出省非农就业，相较于女性，男性选择出省非农就业的概率增加了 4.49%，而性别的差异对选择本省非农就业的影响不显著。

第二，从年龄的角度来看，河南省农村劳动力随着年龄的增长会增加在本地非农就业的概率，保持其他条件不变，年龄每增加 1 岁，农村劳动力在本地非农就业的概率会增加 0.4%；而随着年龄的增长在本省和外省非农就业的概率会下降，保持其他条件不变，每增加 1 岁，相应的概率会分别下降 0.1% 和 0.4%；而年龄的变化对于选择在本县非农就业的影响则不显著。

第三，从受教育程度来看，河南省农村劳动力随着受教育年限的增加，选择在本地和外省非农就业的概率会有所下降，受教育年限每增加 1 年，选择在本地非农就业的概率会下降 0.4%，选择在外省非农就业的概率会下降 1.7%；而随着受教育年限的增加，河南省农村劳动力选择在本县、本市、本省非农就业的概率均会有所上升，其中，受教育年限每增加 1 年，选择在本县和本市非农就业的概率都会上升 0.4%，选择在本省非农就业的概率会上升 1.2%。

第四，从工作经历时长来看，河南省农村劳动力随着就业年限的增加，在本地、本县非农就业的概率会增加，就业年限每增加 1 年，选择在本地非农就业的概率会增加 0.4%，选择在本县非农就业的概率会增加 0.2%。然而，随着就业年限的增加，农村劳动力在本县范围外非农就业的概率会下降，就业年限每增加 1 年，选择在本市和本省非农就业的概率均会降低 0.1%，选择在外省非农就业的概率会降低 0.3%。

第五，从是否使用社会网络（经人介绍）就业来看，相较于未使用社会网络的个体，使用社会网络的农村劳动力选择到外省非农就业的概率上升了 5.4%，而在本市和本省非农就业的概率则分别下降了 2.8% 和 1.6%。

2. 家庭因素对河南省农村劳动力非农就业空间选择的影响分析

第一，从家庭人口规模来看，随着农村劳动力所在家庭人数的增加劳动力选择在外省非农就业的概率会有所增加，家庭人数每增加 1 人，劳动力选择在外省非农就业的概率上升 1.4%；而随着农村劳动力所在家庭人数的增加，劳动力选择在本地就业的概率会有所下降，家庭人数每增加 1 人，劳动力选择在本地就业的概率下降 1.3%。

第二，从家庭劳动年龄人口规模来看，随着农村劳动力所在家庭拥有的劳动年龄人口数的增加，选择在本县非农就业的概率会有所下降，家庭劳动年龄人口数每增加 1 人，选择在本县非农就业的概率会下降 2.2%；而随着农村劳动力所在家庭拥有的劳动年龄人口数的增加，选择在外省非农就业的概率整体上会有所上升，家庭劳动年龄人口数每增加 1 人，选择在外省非农就业的概率会上升 1.9%。

第三，从家庭学龄儿童抚养比来看，随着河南省农村劳动力所在家庭学龄儿童抚养比的增加，农村劳动力会更加倾向于在本地非农就业，家庭学龄儿童抚养比每增加 1 个单位，农村劳动力选择在本地非农就业的概率会上升 3.8%；而农村劳动力选择到外省非农就业的概率会降低，家庭学龄儿童抚养比每增加 1 个单位，农村劳动力选择在外省非农就业的概率会降低 4.5%。

第四，从家庭老人抚养比来看，与家庭学龄儿童抚养比的影响恰好相反，随着河南省农村劳动力所在家庭老人抚养比的增加，农村劳动力会更加倾向于在外省非农就业，家庭老人抚养比每增加 1 个单位，农村劳动力选择在外省非农就业的概率会上升 7.6%；而农村劳动力选择在本地和本县非农就业的概率会降低，家庭老人抚养比每增加 1 个单位，农村劳动力选择在本地和本县非农就业的概率分别降低 4.3% 和 2.5%。

第五，从家庭人均承包地面积来看，随着河南省农村劳动力所在家庭人均承包地面积的增加，选择在本地和本市非农就业的概率会降低，而选择在本县和本省非农就业的概率会有所增加。

3. 村庄环境因素对河南省农村劳动力非农就业空间选择的影响分析

第一，从所属村庄距县城的距离来看，随着河南省农村劳动力所属村庄到最近县城距离的增加，农村劳动力选择在本地和本县非农就业的概率会有所下降，而选择在本市和本省非农就业的概率有所增加，而村庄距县城的距离对到外省非农就业的影响不显著。

第二，从所属村庄拥有企业数来看，随着所属村庄拥有企业数的增加，会增加在本地、本县和本省非农就业的概率，同时会降低在外省非农就业的概率，而对于在本市非农就业的影响则不显著。

第三，从村庄所属地形来看，丘陵地区和山地地区农村劳动力选择到外省非农就业的概率会显著降低，而选择在本市非农就业的概率则会显著上升。

六、本章小结

本章首先对样本数据来源及分布进行了详细介绍，并对农村非农劳动力的特征进行了概况性描述。对农村劳动力非农就业空间选择特征的考察是本章的重点。为便于分析，本书将筛选后样本的非农就业空间划分为 5 种类型：本地、本县、本市、本省和外省。河南省农村劳动力在这 5 类非农就业空间相应的就业比重分别为 21.14%、16.28%、10.46%、16.15% 和 35.97%，整体呈现两端多、中间少的"哑铃"形特征。

具体来看，首先，在外省非农就业仍是河南省农村劳动力非农就业的重要空间选择，河南省农村劳动力仍有 35.97% 选择到外省非农就业，其中，跨省流动主要流向三大经济区及其他省份的地级及以上城市，流向外省的县级及以下区域的人员比重仅为 1.09%。

其次，河南省农村劳动力在省内非农就业的空间分布同样呈现"两端聚集"的趋势。一方面，本县县城是河南省农村劳动力省内非农就业的首要空间选择，按照问卷划分的 19 种非农就业空间类型来看，河南省农村劳动力非农就业地中排名前 2 的便是本县县城和本村（分别占 16.28% 和 12.89%），进一步考量在本乡镇就业的人群，在农村劳动力所处的县域范围内非农就业的比重达到了 37.43%。另一方面，郑州市区是河南省农村劳动力省内跨县域非农就业的首要空间选择。样本中，在郑州市区非农就业的比重为 10.86%，排名第 3。

之后，本章从个体因素、家庭因素以及村庄环境因素层面初步分析了河南省农村劳动力非农就业的空间选择特征，主要研究结论同现有文献较为一致。然而，统计描述只能直观地反映一些相关特征，并不能说明各个因素与农村劳动力非农就业空间选择之间的因果关系以及影响程度的大小。因此，本章还通过 mlogit 回归方法对农村劳动力非农就业空间选择的影响因素进行了回归分析，得出的结论如下：受教育程度对于农村劳动力非农就业空间的选择产生了显著性影响，随着受教育程度的提升，农村劳动力在本地和外省非农就业的概率会降低，而在本县、本市、本省非农就业的概率会有所增加，其中，受教育年限每增加 1 年，选择到外省非农就业的概率会降低 1.7%；家庭人口每增加 1 人，农村劳动力在本地非农就业的概率会降低 1.3%，而选择到外省非农就业的概率会增加 1.4%；相较于平原地区，丘陵地区和山地地区农村劳动力选择出省非农就业的概率会显著降低，而选择在本市非农就业的概率则会显著上升。

参考文献

［1］LEWIS W A. Economic Development with Unlimited Supplies of Labour ［J］. The Manchester School, 1954, 22 (2)：139 – 191.

［2］RANIS G, FEI J C H. A Theory of Economic Development ［J］. The American Economic Review, 1961, 51：533 – 565.

［3］TODARO M P. A Model of Labor Migration and Urban Unemployment in Less Developed Countries ［J］. The American Economic Review, 1969, 59 (1)：138 – 148.

［4］李富强，王立勇. 人力资本、农村劳动力迁移与城镇化模式——来自基于面板矫正型标准误的多期混合多项 Logit 模型的经验证据 ［J］. 经济学动态，2014（10）：87 – 98.

［5］周皓，刘文博. 流动人口的流入地选择机制 ［J］. 人口研究，2022，46（1）：37 – 53.

［6］范建勇，王立军，沈林洁. 产业集聚与农村劳动力的跨区域流动

[J]. 管理世界, 2004 (4): 22 – 29.

[7] 高更和, 石磊, 高歌. 农民工务工目的地分布研究——以河南省为例 [J]. 经济地理, 2012 (5): 127 – 132.

[8] 杨慧敏, 高更和, 李二玲. 河南省农民工务工地选择及影响因素分析 [J]. 地理科学进展, 2014, 33 (12): 1634 – 1641.

[9] 覃凤琴, 陈杭. 个人素质、家庭状况与农民工就业区域的选择 [J]. 统计与决策, 2019 (7): 89 – 93.

[10] 任远, 乔楠. 城市流动人口社会融合的过程、测量及影响因素 [J]. 人口研究, 2010, 34 (2): 11 – 20.

[11] 高更和, 李小建, 乔家君. 论中部农区农户打工区位选择影响因素——以河南省三个样本村为例 [J]. 地理研究, 2009, 28 (6): 1484 – 1493.

[12] 程名望, 史清华. 经济增长、产业结构与农村劳动力转移——基于中国1978—2004年数据的实证分析 [J]. 经济学家, 2007 (5): 49 – 54.

[13] 赵慧卿. 我国农业剩余劳动力转移问题探讨 [D]. 天津: 天津财经大学, 2005.

[14] 程名望. 中国农村劳动力转移: 机理、动因与障碍 [D]. 上海: 上海交通大学, 2007.

[15] 刘家强, 王春蕊, 刘嘉汉. 农民工就业地选择决策的影响因素分析 [J]. 人口研究, 2011 (2): 73 – 82.

[16] 郑云, 李小建. 农村转移人口外出务工的时空路径——基于河南省的调查数据 [J]. 河南大学学报 (社会科学版), 2016 (6): 14 – 20.

[17] 段成荣, 杨舸. 我国流动人口的流入地分布变动趋势研究 [J]. 人口研究, 2009 (6): 1 – 12.

[18] 王桂新, 潘泽瀚. 我国流动人口的空间分布及其影响因素——基于第六次人口普查资料的分析 [J]. 现代城市研究, 2013 (3): 4 – 11.

[19] 乔晓春, 黄衍华. 中国跨省流动人口状况——基于"六普"数据的分析 [J]. 人口与发展, 2013 (1): 13 – 28.

[20] 刘锐, 曹广忠. 中国农业转移人口市民化的空间特征与影响因素 [J]. 地理科学进展, 2014 (6): 748 – 755.

[21] 赵耀辉. 中国农村劳动力流动及教育在其中的作用——以四川省为基础的研究 [J]. 经济研究, 1997 (2): 37 – 42.

［22］王智强，刘超．中国农村劳动力迁移影响因素研究——基于 Probit 模型的实证分析［J］．当代经济科学，2011（1）：56－61.

［23］夏怡然，苏锦红，黄伟．流动人口向哪里集聚？——流入地城市特征及其变动趋势［J］．人口与经济，2015（3）：13－22.

［24］刘涛，齐元静，曹广忠．中国流动人口空间格局演变机制及城镇化效应——基于 2000 和 2010 年人口普查分县数据的分析［J］．地理学报，2015（4）：567－581.

［25］王春光．新生代农村流动人口的社会认同与城乡融合的关系［J］．社会学研究，2001（3）：63－76.

［26］朱农．论收入差距对中国乡城迁移决策的影响［J］．人口与经济，2002（5）：10－17.

［27］付振奇，陈淑云，洪建国．农村劳动力流动的区位选择：影响因素及区域差异——基于全国 28 个省份农民个体行为决策的分析［J］．华中师范大学学报（人文社会科学版），2017，56（5）：45－56.

［28］都阳，朴之水．迁移与减贫——来自农户调查的经验证据［J］．中国人口科学，2003（4）：60－66.

［29］谭华清，周羿，赵波，等．教育对城乡劳动力转移的影响及其机制［J］．财经研究，2018，44（9）：66－79.

第九章　非农就业空间对农村家庭贫困脆弱性影响研究

一、引言

反贫困始终是古今中外治国安邦的一件大事。现行标准下，9899 万农村贫困人口全部脱贫，完成了消除绝对贫困的艰巨任务，创造了又一个彪炳史册的人间奇迹。2021 年 3 月，党中央、国务院印发的《中共中央 国务院关于实现巩固拓展脱贫攻坚成果同乡村振兴有效衔接的意见》提出，脱贫摘帽不是终点，而是新生活、新奋斗的起点。打赢脱贫攻坚战、全面建成小康社会后，要在巩固拓展脱贫攻坚成果的基础上，做好乡村振兴这篇大文章，接续推进脱贫地区发展和群众生活改善。中国反贫困工作的重点从消除绝对贫困转向了巩固脱贫成果和缓解相对贫困上，从精准识别贫困人口转向了识别易返贫人口，健全易返贫致贫人口快速发现和响应机制上。

哪些家庭或个体容易陷入贫困状态？理论上对该问题的回答可追溯到 2001 年世界银行提出的贫困脆弱性概念。与其他贫困研究视角不同，贫困脆弱性研究以未来易陷入贫困的家庭为主要研究对象，进而可以针对该类家庭事前采取预防性措施，防患于未然。因此，贫困脆弱性概念一经提出就受到广泛关注和深入研究。现有文献围绕贫困脆弱性的内涵、测度方法、贫困脆弱性与贫困的关系（Christiaensen 和 Boisvert，2000；Chaudhuri 等，2002；Ligon 等，2003；章元、陆铭，2006；邹薇、郑浩，2014；黄承伟等，2010），着重分析了贫困或贫困脆弱性的影响因素和机制。基于以往中国贫困人口以及当前贫困脆弱性人口主要分布在农村地区的事实，贫困和贫困脆弱性影响因素和机制的实证研究，多依国内各类农村家庭微观数据库或田野调研进行，重点关注我国农村家庭的贫困或贫困脆弱性影响因素（樊士德、金童谣，2021）。现有文献从多个视角研究了不同影响因素对农村家庭贫困或贫困脆弱性的影响，如劳动力流动（都阳、朴之水，2003；杨靳，2006；邰秀军等，2009；张桂文等，2018；王璇、王卓，2021）、教育和健康投资（李晓嘉，2015；斯丽娟，2019；肖攀等，2020；祁占勇、谢金辰，2021）、耕地流转（周京奎等，2020；彭继权等，2019；夏玉莲、匡远配，2017）、创业（徐超、宫兵，2017；谭燕芝、叶程芳，2020）、社会资本（徐伟等，2011；何昊、白永秀，2021）、村庄地形（李树苗等，2011）以及相关政策，如金融普惠（张栋浩、尹志超，2018）、城乡低保（徐超、李林木，2017）等。

现有文献对我国农村家庭的贫困或贫困脆弱性从多个角度做了广泛且深入的研究。其中，劳动力流动对农村家庭贫困或贫困脆弱性的影响无疑是最受学者关注和青睐的研究视角。我国计划经济时期建立起来的二元结构制度的强大惯性仍造成我国城镇化与工业化进程的脱节。户籍、土地等制度改变迟缓，导致农村劳动力非农就业不彻底，产生了极富中国特色的以"人户分离"为典型特征的农民工现象。2020 年年末，我国流动人口多达 3.758 亿人，其中因外出务工而导致"人户分离"的农民工又占据大多数。如此庞大的一个群体，他们的现状和未来直接关系到国家的现状和未来。

学界关于劳动力流动对贫困的影响研究主要有减缓论、加剧论和不确定论三种观点（樊士德、金童谣，2021）。不可否认，多数学者都持有农村劳动力流动有助于减缓贫困或降低贫困脆弱性的观点。但现有文献存在以下几个比较突出的问题。

第一，外出务工对贫困或贫困脆弱性的影响，常常以二值变量作为核心解释变量，即留在本地务工者赋值 0，离开本地务工者赋值 1，这使得大家无法厘清不同务工地点特别是在不同层级的城市务工对贫困脆弱性的影响是否存在差异。长久以来，学术界关于大城市论、小城市论乃至就地城镇化的争论一直伴随着我国的城镇化进程。什么样的城镇体系更利于降低贫困脆弱性，现有文献未给出回答。回答该问题需要对不同就业空间对贫困脆弱性的影响做进一步的分析。

第二，当被解释变量为家庭贫困或贫困脆弱性时，外出务工与否存在较强的内生性问题，现有研究要么忽视了该问题，要么多以倾向值匹配（PSM）的方法做内生性问题讨论。PSM 能较好地解决因自选择所致的内生性问题，但是对于缓解其他原因所致的内生性作用有限。

第三，现有关于贫困脆弱性的研究常把家庭是否是脆弱性家庭作为被解释变量，而判断一个家庭是否是脆弱性家庭需要设定一个低于贫困线的概率作为阈值，但对于阈值如何设定现有文献存在一定的争议。

第四，虽然理论上讲，外出务工对家庭贫困脆弱性的影响机制并不复杂，即外出务工有利于非农就业机会的获取并提高非农就业务工收入，通过收入转移降低外出务工家庭的贫困脆弱性。但现有文献对外出务工的减贫机制分析特别是实证研究并不充分，不多的几篇实证文献把外出务工人员是否向家庭汇款作为减贫机制进行讨论。

第五，2020年以来新冠肺炎疫情对全球经济带来了巨大的冲击，全球因疫情有近1亿人口返贫。纵览全球各国，我国的抗疫成效最为显著，但不可否认，新冠肺炎疫情对我国的经济运行带来了负向影响。疫情对农村劳动力外出务工带来了何种影响，进而对农村家庭贫困脆弱性造成怎样的影响，对于这些，现有文献尚未做出回答。

相对于现有农村家庭贫困脆弱性的研究，本章可能的新工作主要体现在以下几方面。

第一，与以往研究仅把是否外出务工作为核心解释变量不同，本书把务工地点区分为本地、本县、本市、本省以及外省，进一步讨论不同层级务工地点对贫困脆弱性的影响。期望可从降低贫困脆弱性的角度为我国城镇体系的争论提供新的经验材料。

第二，针对务工地点选择的内生性问题，本书使用PSM法减少或消除因自选择所致的内生性估计偏误；对于其他原因所导致的内生性估计偏误问题，本书将使用工具变量做两阶段最小二乘法，减少或消除估计偏误。

第三，针对贫困脆弱性设定阈值的争论，本书将把家庭贫困脆弱率作为被解释变量，一方面减少主观设置阈值所带来的影响，另一方面可对跌至贫困线以下概率不同的家庭，通过分位数回归进一步讨论务工地点对贫困脆弱性程度不同家庭的异质性影响。

第四，本书将使用中介效应模型讨论务工地点对家庭贫困脆弱性的影响机制，一定程度上弥补现有研究对外出务工对贫困影响机制研究的不足。

第五，本书将讨论新冠肺炎疫情对外出务工以及家庭贫困脆弱性的影响。

本章剩余部分安排如下：首先，通过对不同务工地点对家庭贫困脆弱性的影响机制的分析，提出本书的待检验假说；其次，设定基础模型并对基础回归结果进行分析；再次，重点分析就业空间对家庭贫困脆弱性的异质性影响；然后，对前文的回归结果做稳健性讨论，重点分析可能的内生性问题；接着，通过中介效应模型分析不同务工地点对家庭贫困脆弱性的影响途径和差异；

最后，提出研究结论和启示。

二、非农就业空间对家庭贫困脆弱性的影响机制分析

中国减贫史特别是农村地区的减贫史，有两个显著的现象：一是农村贫困率的持续下降；二是农村劳动力大量外出务工。

为什么农村劳动力外出务工与农村贫困率呈现如此的关系呢？早在2000年，世界银行就指出，人类的反贫史可分为两个阶段：一是稀缺性贫困阶段；二是繁荣性贫困阶段。改革开放以来，我国经济实现高速增长，虽然近年来经济下行压力逐年增大，但在全球主要经济体中无疑仍然是经济增速最高的国家之一，2020年之前我国的贫困问题是世界银行所述的繁荣性贫困。繁荣性贫困的特征之一是不同地区的贫困率存在较大差异。一个国家在经济增长过程中出现的不同地区以经济发展水平差距大为主，同时伴随制度、文化、贫困等差异的现象，理论上称为区域差距问题。一个国家区域差距问题的最终解决是欠发达地区实现更快的经济增速还是欠发达地区大量的人口流向经济发达区域，抑或两种方式同时进行，对于这些，虽然理论以及相应的政策上尚有争议，但现实中正如我们已经看到的，数以亿计的农民工通过跨区域流动寻求就业岗位或谋求更高薪资待遇的方式缓解经济集聚与人口空间分布错位所带来的系列问题。

家庭能否获取持续稳定的收入无疑是影响其家庭贫困脆弱性最为重要的因素。无论是从官方公布的各类统计数据，还是从国内各类微观调研数据，目前中国农村家庭的收入中，非农收入已经超过70%。本书所采用数据库的调研数据显示，农村家庭非农收入占比已超过85%。农户之间的收入差距主要源于非农收入的差距，因此无论是对贫困脆弱性还是缓解相对贫困的研究，重点无疑应放在对农户非农收入的影响因素上来。

经济发展过程中的经济集聚现象无疑是经济活动在空间上呈现的最突出的特征。经济集聚是在多个空间维度同时发生的，大至国家层面，小至地方层面，经济越是发展，集聚程度往往越高。相对于经济集聚区，其他区域被称为外围地区。外围地区的典型特征是经济密度低，经济规模相对于人口规模小，难以提供数量充足的非农就业岗位。本书以河南省的农村家庭贫困脆弱性为研究对象。经济欠发达省份农村地区的贫困曾经是脱贫攻坚的重点和难点，也是现阶段巩固脱贫攻坚成果需要着重关注的地区。该类地区从全国

来看属于外围地区。此类地区随着经济的发展也会出现经济集聚现象，也会出现以郑州、洛阳、开封等为代表的经济集聚区和外围地区——农村地区。

出于便于分析的目的，本章把农村劳动力非农务工地点分为三种类型。一是本地，距离务工者家庭较近，务工者可每天通勤于务工地与家庭之间。此类地区有一定数量的非农就业岗位，但劳动力数量不足，务工者在该类地区找到工作的概率为 $\pi_1(h)$，h 表示务工者的人力资本。该类地区往往是务工者家庭所在的乡镇。二是本省，距离务工者家庭有一定的距离，务工者无法每天或经常往返于务工地与家庭之间，往往只有周末或月末回家。该类地区的非农就业岗位相对于本地更为充足，务工者在该类地区找到工作的概率为 $\pi_2(h)$。因本书关注的研究对象是经济欠发达省份的农户，故总体来看该类地区所能提供的就业岗位相对于其劳动力总量依然不足。此类地区以县城、地级市为代表。三是外省，距离务工者家庭较远，务工者往往 1 年内只有春节等重大节假日才回家。该类地区可为各类务工者提供充足的就业岗位，务工者在该类地区找到工作的概率为 $\pi_3(h)$。此类地区是以我国三大经济区为代表的经济发达地区。

本书将分析不同就业空间及不同家庭对家庭贫困脆弱性的影响，具体如下。

第一，不同就业空间经济集聚密度与规模不同，使得务工者在不同空间获得工作岗位的概率不同。无论是基于现有文献的研究还是现实的观察，经济集聚区不仅存在较外围地区数量更多的适宜高学历务工者的岗位，同样存在数量更多的适宜低技能务工者的岗位（陆铭等，2012）。因此务工者在各类地区找到适宜自身人力资本（h）工作的概率满足如下不等式：

$$\pi_1(h) < \pi_2(h) < \pi_3(h) \text{ 及 } \pi_i(h) \geqslant 0, \ i=1, 2, 3 \quad (9-1)$$

务工者在不同就业空间谋得工作概率的不同，源于不同空间非农就业岗位的供求关系：经济集聚区需求大于本地供给，外围地区需求小于本地供给。这种情况不仅导致务工者在不同地区谋得工作岗位的概率不同，也会导致工资水平的差异。正如一些实证研究的结论：农民工教育回报率存在明显的地区差异，东部地区和发达城市的教育回报率明显高于中西部地区（邢春冰等，2013）。张翕、陆铭（2019）更是指出，城市人口规模每增加 1 倍，教育回报率平均提高 0.6%。人口流动的相关文献直言，区域之间的收入差距是人口流动的主要原因。有关人力资本的文献则指出，迁徙（流动）是人力资本形成的方式之一（Schultz，1961）。吴炜（2016）基于国内农民工调研数据所做的实证研究表明：农民工通过"干中学"方式提升人力资本对务工收入的影响已经超过教育培训对务工收入的影响。因此，不同就业空间通过影响务工者获得非农工作岗位的概率、工资水平以及人力资本等方式，提高务工者的期望收入，进而影响其家庭贫困脆弱性。本书把上述就业空间对家庭贫困脆弱性的影响称为收入效应。三类就业空间对务工期望收入的影响关系如下：

$$E_1\left[W_1\pi_1\left(h\right)\right] < E_2\left[W_2\pi_2\left(h\right)\right] < E_3\left[W_3\pi_3\left(h\right)\right] \qquad (9-2)$$

因此，本书的第一个待检验假说 H1 为：务工者越是到经济发达地区务工，就业空间的收入效应越大，越利于家庭贫困脆弱性的降低。

第二，就业空间对不同家庭的贫困脆弱性会产生异质性影响。此处的不同家庭主要指两种情况：一是家庭的贫困脆弱性程度不同；二是家庭核心成员的受教育程度不同。就业空间对家庭贫困脆弱性的影响实则是从个体层面分析以户主为代表的家庭核心成员的务工地点对家庭贫困脆弱性的影响。低脆弱性家庭与高脆弱性家庭反映了不同家庭应对风险冲击的能力差异。家庭的抗风险能力源于多种因素，如家庭收入是否过度依赖某一个家庭成员、劳动力人数、抚养比、家庭总资产等。本书调研数据显示，高脆弱性家庭不仅表现为家庭非农收入低，而且往往伴随着劳动力人数少、抚养比高的情况，低脆弱性家庭的情况则正好相反。因此，分析家庭单个成员的就业空间对家庭脆弱性的影响时，可能会出现低脆弱性家庭受个体就业空间影响不显著或实际影响不大的情况，而高脆弱性家庭因非农收入过于依赖少数甚至单个家庭成员，导致个体就业空间对家庭贫困脆弱性产生显著影响且影响较大的情况。

因此，本书的第二个待检验假说 H2 为：脆弱性越高的家庭，越易受个体就业空间的影响。

前文分析已经指出，就业空间对家庭脆弱性影响的收入效应主要通过三种途径，即非农就业概率、工资和人力资本水平。但就业空间的增收效应可能会因务工者的学历不同而产生不同的影响。随着经济集聚规模的扩大，务工地点适宜高技能务工者和低技能务工者的岗位均会增加，但对低技能岗位需求的增长会大于对高技能岗位需求的增长。基于中国城市数据的实证研究指出：城市规模每扩大 1 个百分点，个人的就业概率平均提高 3.9~4.1 个百分点。较高技能和较低技能组别的劳动力均从城市规模的扩大中得到了好处，但低技能组别劳动力的受益程度更高（陆铭等，2012）。因此，低学历务工者只要到经济集聚规模大的空间务工即可提升其期望收入，进而对家庭贫困脆弱性产生显著影响；但高学历务工者则可能只有到经济集聚达到一定规模的空间务工，才会对其家庭贫困脆弱性产生显著影响。

因此，本书的第三个待检验假说 H3 为：就业空间对核心成员受教育程度不同的家庭贫困脆弱性存在异质性影响。

第三，就业空间对家庭贫困脆弱性的其他影响。现有文献关于劳动力流动对家庭贫困或家庭贫困脆弱性的影响机制的分析，通常把外出务工人员是否向家庭汇款作为经验检验的核心解释变量。外出务工者是否向家庭汇款属于本书所述的收入效应。除了收入效应就业空间，是否会通过其他途径影响家庭贫困脆弱性？不同就业空间通过其他途径对家庭贫困脆弱性的影响是否一致呢？Taylor 等（2003）曾经讨论过人口流动对家庭福利的影响，并指出：人口流动即使不能增加家庭收入，也会通过"减少"家庭人口增加非流动人口的福利水平。我国农村家庭人均耕地少一直被视为贫困率较高的原因之一，外出务工可以增加留守人员的人均耕地面积，可以提高留守者在本地获得非农就业岗位的概率，还可以通过传递信息的方式改善其家庭种植结构或为家庭成员提供务工信息等。此外，就本书重点关注的就业空间对家庭贫困脆弱性的影响而言，虽然外省务工对务工者期望收入的提升最大，但是因距离远，务工者难以照顾家庭；在本省和本地务工对期望收入的提升虽不如在外省高，但可以较好地在增收和照顾家庭间取得一定的平衡。因此，人口到不同空间就业不仅有增收效应，还会通过其他途径影响家庭贫困脆弱性。现有文献仅以外出务工者是否向家庭汇款分析外出务工对家庭贫困或家庭贫困脆弱性的影响，会低估人口流动对贫困问题的影响。

因此，本书的第四个待检验假说 H4 为：除收入效应外，就业空间对家庭贫困脆弱性依然存在影响。

第四，经济保持持续稳定增长无疑是减少贫困和降低贫困脆弱性的前提和保障。2020 年新冠肺炎疫情暴发以来，各国经济深受影响，虽然我国整体抗疫成效显著，但不可否认疫情依然对经济造成了极大的负面影响。那么，新冠肺炎疫情对农村家庭的贫困脆弱性造成了怎样的影响？特别是对不同就业空间的务工者家庭贫困脆弱性产生了怎样的影响？虽然我们有理由相信新冠肺炎疫情对家庭贫困脆弱性会产生负面影响，但是会有多大的影响，对不同就业空间务工者的家庭贫困脆弱性的影响程度是否有显著差异，目前已有的文献并未给出答案。

因此，本书的第五个待检验假说 H5 为：新冠肺炎疫情会影响务工地点降低家庭贫困脆弱性的效果。

三、回归模型设定和基础回归分析

（一）数据来源及处理

本书的数据来自河南大学经济学院、河南大学中原发展研究院联合组织的"'百县千村'人口流动信息采集与数据库建设——整村调查项目"。该项目于 2017 年启动，每年进行一期数据采集工作，截至 2021 年已进行了 5 期。数据库采取分层抽样的方法确定调研地点。[1]调查问卷采集信息共分为村情、户情、个人三级。村情问卷数据由调研人员与村干部交谈获得，户情和个人问卷数据则由调研人员与被访农户主要家庭成员通过一对一访谈方式采集。如果家庭主要人员在外务工，则由调研人员通过电话或网络等方式获取相关数据。

本章关注不同非农就业空间对家庭贫困脆弱性的影响，考虑到通常文献把 1 年内从事非农工作时间超过 180 天的农民定义为农民工，[2] 为便于和其他文献的结论进行对比，本书从总体样本中筛选出务工时间超过 180 天，同时删除其他重要信息，如受教育年限、年龄、性别、务工经历、现职业从业年份、务工地点、务工职业（行业）、务工收入、每天工作时长，以及反映家庭状况（家庭农业收入、非农收入、耕地面积、家庭人口、抚养比等）和村庄状况（村内企业数、村庄距县城的距离、地形地貌等）等信息缺失的样本，最后得到一个包含 11648 个家庭的样本。[3]

---

① 每期调研均覆盖河南省 17 个省辖市，通过随机抽样依次确定各省辖市每期要调研的县（县级市）、乡镇和村庄。确定调研村庄后，每个村庄随机抽取 100～150 户农户进行入户调研（如果村庄农户较少，则会进行整村调研；如果村庄农户较多，则根据门牌号随机抽取 100～150 户进行调研）。

② 国家统计局对劳动力年龄的定义是 15～64 岁，具体见中国统计年鉴。有文献以男性 16～60岁、女性 16～55 岁的方法定义劳动力，依据是城镇职工退休年龄（章元、陆铭，2006）。在调研中，我们发现农村务工者中不乏年龄超过 60 岁者，不宜按照城镇职工的退休年龄统计农村劳动力，因此，本书做样本筛选时以在外务工时间超过 180 天，年龄以国家统计局对劳动力年龄的界定为准。

③ 含有流动人口的家庭，如何界定其家庭规模对于研究人口流动对家庭福利状况的影响至关重要。本书所采用的数据库在问卷设计以及后期的调研中对家庭及其人口规模的界定：一是基于是否在同一个户口本上；二是家庭收入的界定与家庭规模的界定是对应的。

（二）变量选择

（1）被解释变量：家庭贫困脆弱性。

目前理论上常见的贫困脆弱性定义和相应的测度方法有三种：基于期望低效用的贫困脆弱性（VEU）、基于风险暴露的贫困脆弱性（VER）和基于期望贫困的贫困脆弱性（VEP）。相较于前两种贫困脆弱性的定义和测度方法，基于期望贫困的贫困脆弱性（VEP）的方法同时考虑了可观测特征和不可观测特征对家庭受到风险和冲击在未来跌至贫困线以下的概率的影响，而且对数据要求相对较低（可使用横截面数据对贫困脆弱性进行测度），所以在学术界得到了广泛的应用。国内对贫困脆弱性研究的文献多使用基于期望贫困的贫困脆弱性（VEP）的方法。

在此，需要说明以下几个问题。

第一，使用 VEP 方法测度家庭贫困脆弱性，需要设定一个贫困线，而贫困线设定的不同会使计算出来的贫困脆弱性内涵有显著的区别。本书将分别基于绝对贫困线和相对贫困线计算两种类型的家庭贫困脆弱性。绝对贫困脆弱性的测度以 2011 年中国公布的贫困线——2300 元/人/年为准。考虑到通货膨胀的因素，在计算不同年度样本家庭贫困脆弱率时会适当调整不同年份的绝对贫困线。[①] 如何划定相对贫困线学术界尚有一定的争议，但目前被大众较为认可的标准为中位数收入（或消费）的 40% ~ 60% 可作为相对贫困线。本书将历年调研数据农村家庭人均消费中位数的 50% 作为相对贫困线，计算不同年份样本的家庭相对贫困脆弱性。本书将基于绝对贫困线和相对贫困线计算两类家庭贫困脆弱性，分别记为 VUL_1 和 VUL_2。当然，本书分析的重点是务工地点对家庭绝对贫困脆弱性的影响，下文如无说明，家庭贫困脆弱性均指绝对贫困脆弱性。

第二，在有关贫困研究的文献中，消费和收入都被作为家庭福利的度量指标。但不少文献指出，微观调研数据中的收入往往存在较大的测度误差，更为重要的是，采用收入标准界定贫困，无法在回归模型中控制收入变量，

---

① 中国的官方贫困线过去长期低于世界水平，2011 年中国官方公布了新的国家贫困线标准——2300 元/人/年，2011 年之后根据实测，中国贫困标准实际上已高于世界银行的贫困标准（樊增增，邹薇，2021）。2021 年中国宣布截至 2020 年在现行标准下 9899 万农村贫困人口全部脱贫，完成了消除绝对贫困的艰巨任务。这里的现行标准指的是以 2010 年国家贫困线为基准，根据通货膨胀调整的收入标准。当然在实际操作中还补充了"两不愁三保障"。

会导致比较严重的内生性问题，故多数学者更为推荐将消费作为家庭福利的度量指标（世界银行，2000；万广华等，2017；梁凡，2018；尹志超、张栋浩，2020）。本书贫困脆弱性的计算都将基于农户家庭消费支出。

第三，现有文献通常先设定一个阈值，然后将计算出来的家庭贫困脆弱性（低于贫困线的概率）与设定的阈值相比，高于阈值则认定为脆弱性家庭，赋值为1，低于阈值则认定为非脆弱性家庭，赋值为0，再基于Logit模型或Probit模型讨论不同影响因素对贫困脆弱性的影响。但是对于阈值如何设定目前尚有一定的争议。以最常见的50%为例，Ward（2016）指出，以50%的概率值作为阈值存在一个缺陷，即它只能识别长期贫困家庭，而会遗漏暂时贫困的家庭。对此一些学者进行了改进，通过设定家庭在未来两期内可能发生贫困，将50%的概率值折算为29%（Günther和Harttgen，2009；张栋浩、尹志超，2018）。为了避免阈值设置对回归结果带来的困扰，参考谢家智、姚领（2021）的做法，本书将以家庭贫困脆弱率为被解释变量直接做回归分析。

（2）核心解释变量：非农就业空间。

非农就业空间属于个体层面的指标，现有文献在考虑个体层面指标时往往使用户主个体信息。本书多数样本也是使用户主信息，但部分家庭户主要么年龄太大，已经退出劳动力市场，要么完全从事农业生产并未从事非农经济活动，故对此类家庭本书使用其他从事非农经济活动家庭成员信息代替户主信息。

（3）控制变量。

参照目前对贫困脆弱性研究的文献，控制变量共分为四种类型：一是个体层面信息，主要包括年龄、性别、职业、从业年限、受教育程度、个体务工信息渠道（自行外出、经人介绍、单位招聘和自己创业）等；二是家庭层面信息，包括总人口、劳动力人数、耕地数、人均资产、抚养比以及耕地是否流转等；三是村庄层面信息，包括村庄地形、村内企业个数、村庄距县城距离等；四是年度虚拟变量，以反映不同年份的宏观经济政策对家庭贫困脆弱性的影响。

表9-1提供了本章实证分析将要用到的所有变量的含义以及样本数、均值、标准差等统计信息。户主平均年龄是38.84岁，平均受教育年限为9.567年，平均非农就业年限（务工经历）为7.044年；50.90%的务工者通过自行外出的方式务工，25.50%的务工者通过熟人介绍务工，3.20%的务工者通过单位招聘务工，2.90%的务工者通过自己创业的方式务工。

家庭层面信息：每个家庭的平均人口接近 5 人，每个家庭耕地平均面积为 4.761 亩，32.00% 的家庭存在耕地流转现象，其中租入耕地的家庭占全部家庭的比例为 4.00%，租出耕地的家庭比例为 28.00%。

村庄层面信息：村庄距县城的距离均值为 15.07 千米；76.30% 的村庄位处平原，5.10% 的村庄位处山地，18.50% 的村庄位处丘陵。44.60% 的村庄有 1 家或以上的企业。

表 9-1　　　　　　　　　　变量定义和描述性统计

变量名称	含义	样本数（个）	均值	标准差	最小值	最大值
VUL_1	绝对贫困脆弱率	11648	0.150	0.278	0	1
VUL_2	相对贫困脆弱率	11648	0.456	0.376	0	1
bendi	本地：是 1，否 0	12443	0.190	0.392	0	1
benxian	本县：是 1，否 0	12443	0.134	0.341	0	1
benshi	本市：是 1，否 0	12443	0.084	0.278	0	1
bensheng	本省：是 1，否 0	12443	0.150	0.357	0	1
waisheng	外省：是 1，否 0	12443	0.324	0.468	0	1
$industry\_t$ [①]	从事行业	11177	2.488	1.042	1	4
exper	务工经历：年	10548	7.044	6.980	1	58
age	年龄：年	12443	38.840	10.51	16	64
gender	性别：男 1，女 0	12439	0.779	0.415	0	1
$education\_y$	受教育程度：年	11941	9.567	2.747	0	19
lnhouseholds	家庭总人口：人	12443	4.801	1.689	1	18
nkid 6	家庭 6 岁以下儿童数：人	12443	0.315	0.590	0	4

① 职业划分的简要说明：调查问卷中调查对象的工作行业（职业）共被划分为个体户、企业白领、公务员或事业单位员工、制造业、副业（家庭手工或手工业）、医疗业、商业和商务中介、建筑业（含装修）、开办企业、教育业、乡村旅游业、生活服务业、纯农业、运输业、采掘业、金融服务业和打零工总计 17 类。借鉴现有文献对职业社会声望的划分（解雨巷、解垩，2019），本章职业分为打零工、半技术或无技术工人、工头或技术工人、常规非体力工人、专业技术人员或管理人员五类，并从低到高进行赋值，具体为：打零工，赋值 0；从事副业（家庭手工或手工业）、建筑业（含装修）、乡村旅游业、采掘业的劳动者定义为半技术或无技术工人，赋值 1；个体户，从事运输业、生活服务业、制造业的劳动者定义为工头或技术工人，赋值 2；企业白领，从事金融服务业、商业和商务中介及开办企业的劳动者定义为常规非体力工人，赋值 3；公务员或事业单位员工，教育业、医疗业的劳动者定义为专业技术人员或管理人员，赋值 4。

变量名称	含义	样本数（个）	均值	标准差	最小值	最大值
nstudent	家庭在校生数：人	12443	0.695	0.817	0	5
oldman	家庭65岁及以上老人数：人	12443	0.468	0.754	0	7
labor_n	家庭劳动力人数：人	12443	3.034	1.202	0	9
land	家庭耕地数：亩	10896	4.761	12.21	0	700
lnasset	家庭人均资产：元	12443	6.596	4.605	0	12.08
raise	家庭抚养比:%	12443	0.315	0.224	0	0.833
lz1	是否耕地流转：是0，否1	12443	0.680	0.466	0	1
lz2	是否耕地流入：是1，否0	12443	0.040	0.195	0	1
lz3	是否耕地流出：是1，否0	12443	0.280	0.449	0	1
distance	距县城距离：千米	12443	15.070	10.04	0.500	50
lnfirms	村庄企业数：家	12443	3.826	11.81	0	80
topo1	平原村庄：是1，否0	12443	0.763	0.425	0	1
topo2	山地村庄：是1，否0	12443	0.051	0.220	0	1
topo3	丘陵村庄：是1，否0	12443	0.185	0.389	0	1
infowork1	自行外出：是1，否0	12443	0.509	0.500	0	1
infowork2	经人介绍：是1，否0	12443	0.255	0.436	0	1
infowork3	单位招聘：是1，否0	12443	0.032	0.176	0	1
infowork4	创业：是1，否0	12443	0.029	0.169	0	1

（三）模型设定和基础回归分析

1. 模型设定

参考谢家智、姚领（2021），徐伟、章元、万广华（2011）等文献的模型设定，本章的模型设定如下：

$$VUL_i = \alpha + \beta workplace_i + \delta X_i + \phi Z_i + \eta M_i + \mu Y_j + \varepsilon_i \quad (9-3)$$

其中，被解释变量为 VUL_i：家庭绝对贫困脆弱性和家庭相对贫困脆弱性。核心解释变量为 $workplace_i$，本书将以一组虚拟变量本地、本县、本市、本省和外省表示不同空间类型；X_i 为个人层面控制变量，Z_i 为家庭层面控制变量，M_i 为村庄层面控制变量，Y_j 为不同年份样本的年度虚拟变量；ε_i 为随机干扰项；i 表示不同样本。

2. 基础模型回归结果

模型 1 ~ 模型 5 的被解释变量为家庭绝对贫困脆弱性。在模型 2 ~ 模型 5 中依次加入了个体层面控制变量、家庭层面控制变量、村庄层面控制变量以及年度虚拟变量。模型 6 的被解释变量为家庭相对贫困脆弱性。回归时均使用了异方差稳健标准误。表 9 – 2 汇总了回归结果。

首先，在控制一系列相关变量的情况下，与在本地非农就业相比，在本县、本市、本省以及外省务工，会使家庭绝对贫困脆弱性分别降低 5.8%，6.0%，9.0% 以及 10.2%；与在本地非农就业相比，在本县、本市、本省以及外省务工，家庭相对贫困脆弱性分别会降低 5.3%，8.7%，11.2% 以及 16.7%。核心解释变量的回归系数均在 1% 的水平上显著。① 回归结果正如前文分析所指出的那样，务工者所在的城市经济集聚规模越大，无论是对家庭绝对贫困脆弱性还是对家庭相对贫困脆弱性的缓解作用都越大。需要说明的一点是，在模型 5 中，无法在 5% 的显著性水平上拒绝本县和本市系数相等的原假设，即对于家庭绝对贫困脆弱性的影响，务工者在本县务工与在本市务工并无显著性差异。导致该种情况的原因可能在于，河南省的经济活动除郑州等少数城市并未出现明显地向城市集聚的情况（刘涛，2014），一般地级市经济集聚水平较县城没有显著提升，进而使得其对务工者家庭贫困脆弱性的影响与县城相比未出现显著差异。

其次，其他变量的回归结果和经济理论、经济直觉以及现有文献的研究结论颇为一致。具体如下：

个体层面控制变量，务工收入、年龄对家庭绝对贫困脆弱性有显著影响，从事行业、受教育程度、性别以及务工信息渠道等个体变量对家庭绝对贫困脆弱性无显著影响，但是对相对贫困脆弱性有显著影响。导致这一现象的主要原因在于，绝对贫困脆弱性考察的是一个家庭人均消费支出能否高于一个固定的值——贫困线，而相对贫困脆弱性考察的是家庭人均消费支出在整个群体中的相对位置。当我们把模型 5 中的务工收入剔除后，上述变量均对家庭绝对贫困脆弱性有显著影响，而当在回归中加入务工收入后，上述变量则

---

① 考虑到务工收入与务工地点有较强的相关性，而务工地点对收入的影响本身就是务工地点对家庭贫困脆弱性影响的一个重要途径，因此，为了更好地估计务工地点对家庭贫困脆弱性的影响大小，将使用务工收入中与务工地点无关的部分作为务工收入的控制变量。具体做法为：首先，把务工收入的对数值对务工地点做回归，然后，把回归后的残差值作为务工收入的替代变量。

变得不显著了，这表明上述变量主要通过影响务工收入的渠道影响家庭绝对贫困脆弱性。而家庭相对贫困脆弱性则不同，它实际上反映的是一个家庭在群体中的相对位置，而从事行业、受教育程度等因素除了影响务工收入外，显然还会影响一个家庭在群体中的相对位置，因此，我们会看到在模型6中，行业、受教育程度等变量即使在控制了务工收入后依然对家庭相对贫困脆弱性有显著影响。而比较有意思的一点是，当户主性别为男性时，家庭相对贫困脆弱性却较户主为女性时上升了4.1个百分点（有文献已经发现了该问题）。

家庭层面控制变量，家庭层面变量无论是对家庭绝对贫困脆弱性还是对家庭相对贫困脆弱性均有显著影响，家庭总人口数量增加会导致家庭脆弱性上升，劳动力人数上升会导致家庭脆弱性下降。家庭无论是租入耕地还是租出耕地均会降低家庭贫困脆弱性。

村庄层面控制变量，村内企业数量越多越有利于家庭脆弱性的降低，但是实际减贫效果有限，村内每增加1家企业，家庭绝对贫困脆弱性仅下降0.7%，而调研数据显示，76个村庄每个村庄平均的企业数不到4家。相对于平原地区的村庄，山地村庄的家庭贫困脆弱性有显著的提高。

年度虚拟变量，相较2017年，2019—2021年的年度虚拟变量均显著为负，这表明近年来国家脱贫攻坚的决心和相关政策为农村地区减贫提供了坚强有力的政策保障，且取得了实实在在的减贫效果。

表9－2　　务工地点对家庭贫困脆弱性影响的回归结果（OLS回归）

变量	模型1	模型2	模型3	模型4	模型5	模型6
benxian	-0.115***	-0.045***	-0.052***	-0.061***	-0.058***	-0.053***
	(0.008)	(0.008)	(0.008)	(0.008)	(0.008)	(0.010)
benshi	-0.098***	-0.039***	-0.050***	-0.059***	-0.060***	-0.087***
	(0.010)	(0.010)	(0.010)	(0.010)	(0.010)	(0.012)
bensheng	-0.115***	-0.069***	-0.086***	-0.090***	-0.090***	-0.112***
	(0.008)	(0.008)	(0.009)	(0.009)	(0.009)	(0.010)
waisheng	-0.151***	-0.091***	-0.101***	-0.105***	-0.102***	-0.167***
	(0.007)	(0.007)	(0.007)	(0.007)	(0.007)	(0.008)
industry_t		-0.001	-0.005	-0.003	-0.003	-0.011***
		(0.003)	(0.003)	(0.003)	(0.003)	(0.004)

变量	模型 1	模型 2	模型 3	模型 4	模型 5	模型 6
lnwage		-0.176^{***}	-0.175^{***}	-0.174^{***}	-0.168^{***}	-0.328^{***}
		(0.006)	(0.006)	(0.006)	(0.006)	(0.007)
exper		-0.000	-0.000	-0.000	-0.000	-0.001^{***}
		(0.000)	(0.000)	(0.000)	(0.000)	(0.000)
age		0.015^{***}	0.005^{**}	0.005^{***}	0.005^{***}	0.011^{***}
		(0.002)	(0.002)	(0.002)	(0.002)	(0.002)
agesq		-0.000^{***}	-0.000^{***}	-0.000^{***}	-0.000^{***}	-0.000^{***}
		(0.000)	(0.000)	(0.000)	(0.000)	(0.000)
gender		0.002	0.013^{*}	0.011	0.010	0.041^{***}
		(0.007)	(0.007)	(0.007)	(0.007)	(0.008)
education_y		0.000	0.001	0.001	0.001	-0.004^{***}
		(0.001)	(0.001)	(0.001)	(0.001)	(0.001)
infowork2		-0.009^{*}	-0.009^{*}	-0.009^{*}	-0.006	0.002
		(0.005)	(0.005)	(0.005)	(0.005)	(0.006)
infowork3		-0.022^{*}	-0.030^{**}	-0.033^{**}	-0.033^{***}	-0.024
		(0.013)	(0.013)	(0.013)	(0.013)	(0.018)
infowork4		0.009	-0.002	0.004	0.010	0.016
		(0.013)	(0.013)	(0.014)	(0.013)	(0.017)
lnhouseholds			0.203^{***}	0.204^{***}	0.188^{***}	0.451^{***}
			(0.018)	(0.018)	(0.019)	(0.019)
lz2			-0.026^{**}	-0.026^{**}	-0.024^{**}	-0.048^{***}
			(0.012)	(0.012)	(0.012)	(0.018)
lz3			-0.024^{***}	-0.024^{***}	-0.017^{***}	-0.034^{***}
			(0.005)	(0.005)	(0.005)	(0.007)
labor_n			-0.018^{***}	-0.018^{***}	-0.014^{**}	-0.033^{***}
			(0.006)	(0.006)	(0.006)	(0.006)
lnasset			-0.006^{***}	-0.005^{***}	-0.002^{**}	-0.009^{***}
			(0.001)	(0.001)	(0.001)	(0.001)

续　表

变量	模型 1	模型 2	模型 3	模型 4	模型 5	模型 6
land			− 0. 001 ***	− 0. 001 ***	− 0. 001 ***	− 0. 003 ***
			(0. 000)	(0. 000)	(0. 000)	(0. 001)
raise			− 0. 007	− 0. 004	0. 015	0. 142 ***
			(0. 028)	(0. 028)	(0. 028)	(0. 028)
distance				− 0. 012 ***	− 0. 006	− 0. 005
				(0. 004)	(0. 004)	(0. 005)
lnfirms				− 0. 012 ***	− 0. 007 ***	− 0. 008 **
				(0. 002)	(0. 003)	(0. 003)
topo2				0. 028 **	0. 033 ***	0. 052 ***
				(0. 011)	(0. 012)	(0. 014)
topo3				0. 009	0. 013 *	0. 013
				(0. 007)	(0. 007)	(0. 008)
2018. *year*					− 0. 006	− 0. 004
					(0. 012)	(0. 013)
2019. *year*					− 0. 034 ***	− 0. 042 ***
					(0. 010)	(0. 012)
2020. *year*					− 0. 058 ***	− 0. 076 ***
					(0. 010)	(0. 012)
2021. *year*					− 0. 058 ***	− 0. 099 ***
					(0. 010)	(0. 012)
_cons	0. 242 ***	− 0. 085 **	− 0. 102 **	− 0. 070	− 0. 082 *	− 0. 108 **
	(0. 006)	(0. 038)	(0. 042)	(0. 044)	(0. 043)	(0. 052)
N	1. 2e + 04	9153. 000	8078. 000	8078. 000	8078. 000	8078. 000
F	121. 739	82. 540	83. 649	71. 474	67. 541	369. 500
r2_a	0. 049	0. 175	0. 261	0. 265	0. 270	0. 536

注：括号内为系数估计值的标准误；"＊""＊＊""＊＊＊"分别表明双尾检验的 10%、5% 和 1% 的显著性水平。

四、非农就业空间对不同家庭贫困脆弱性的异质性影响

非农就业空间对家庭贫困脆弱性的异质性影响分析，将基于前文影响机制分析做两方面的经验检验。一是务工地点对不同贫困脆弱性程度家庭的影响。基础回归分析着重考虑了解释变量对被解释变量的条件期望的影响，而这些仅仅刻画了条件分布 $y \mid x$ 集中趋势中的一个指标，即对均值贫困脆弱性的影响。分析务工地点对不同贫困脆弱性程度家庭的影响，将使用分位数回归（QR 回归）的方法，而且由于分位数回归不易受极端值影响，所以更加稳健。我们将分别对家庭贫困脆弱性的 10 分位、25 分位、50 分位、75 分位和 90 分位做分位数回归。二是务工地点对以户主为代表的受教育程度不同的家庭贫困脆弱性的分组回归。

（一）基于不同贫困脆弱性程度家庭的分位数回归

前文指出，就业空间对贫困脆弱性程度不同的家庭可能出现异质性影响。如表 9 - 3 所示，分位数回归结果显示：对于低贫困脆弱性家庭而言（跌至贫困线以下的概率不超过 25%），个体务工地点虽然对家庭贫困脆弱性有显著影响，但实际影响大小都不足 1%，特别是对于 10 分位的家庭，所有务工地点的系数都为 0。随着贫困脆弱性程度的提升，务工地点对家庭贫困脆弱性的影响逐渐增大，在 75 分位，相对于本地务工，本县、本市、本省和外省务工，家庭贫困脆弱性分别下降 6.5%，7.0%、9.9% 以及 11.6%。在 90 分位，相对于本地务工，本县、本市、本省和外省务工，家庭贫困脆弱性分别下降 9.8%、9.1%、14.0% 以及 16.3%。可见，就业空间的确对贫困脆弱性程度不同的家庭有显著的异质性影响，且脆弱性程度越高的家庭，其家庭核心成员到经济越发达的地区务工对家庭降低贫困脆弱性的影响越大。

表 9 - 3　　　　基于家庭贫困脆弱性程度差异的分位数回归

变量	分位数				
	10 分位	25 分位	50 分位	75 分位	90 分位
benxian	- 0.000 ***	- 0.002 ***	- 0.012 ***	- 0.065 ***	- 0.098 ***
	（ - 5.029）	（ - 4.103）	（ - 4.485）	（ - 4.572）	（ - 3.476）

变量	分位数				
	10 分位	25 分位	50 分位	75 分位	90 分位
benshi	−0.000 ***	−0.003 ***	−0.017 ***	−0.070 ***	−0.091 ***
	(−3.987)	(−5.372)	(−5.302)	(−5.092)	(−2.944)
bensheng	−0.000 ***	−0.003 ***	−0.025 ***	−0.099 ***	−0.140 ***
	(−4.172)	(−5.748)	(−8.583)	(−7.340)	(−6.581)
waisheng	−0.000 ***	−0.004 ***	−0.030 ***	−0.116 ***	−0.163 ***
	(−5.322)	(−6.313)	(−8.836)	(−8.417)	(−7.301)
lnwage	−0.001 ***	−0.009 ***	−0.054 ***	−0.160 ***	−0.233 ***
	(−6.091)	(−9.410)	(−12.163)	(−13.769)	(−16.326)
industry_t	−0.000	−0.000 ***	−0.001	−0.005	0.002
	(−1.435)	(−2.726)	(−1.556)	(−1.413)	(0.183)
exper	−0.000	0.000	−0.000	−0.001 ***	−0.001
	(−0.711)	(0.635)	(−1.381)	(−3.101)	(−1.074)
age	0.000 ***	0.000 ***	0.002 ***	0.007 ***	0.005
	(2.953)	(4.065)	(4.438)	(4.516)	(1.311)
agesq	−0.000 ***	−0.000 ***	−0.000 ***	−0.000 ***	−0.000
	(−2.839)	(−4.168)	(−4.193)	(−4.087)	(−1.074)
gender	0.000	0.001 ***	0.008 ***	0.016 **	−0.013
	(1.354)	(2.781)	(3.946)	(2.232)	(−0.949)
education_y	0.000	0.000 ***	0.000	0.001	0.002
	(1.362)	(3.218)	(0.594)	(1.121)	(1.160)
lz1	0.000 ***	0.000 *	0.002 **	0.003	0.024 ***
	(4.316)	(1.873)	(2.133)	(1.090)	(2.757)
lnhouseholds	0.001 ***	0.011 ***	0.066 ***	0.207 ***	0.234 ***
	(5.692)	(7.185)	(8.286)	(7.286)	(5.503)
land	−0.000 ***	−0.000 ***	−0.000 ***	−0.001 ***	−0.001 ***
	(−5.467)	(−3.694)	(−2.860)	(−4.477)	(−5.388)

续　表

变量	分位数				
	10 分位	25 分位	50 分位	75 分位	90 分位
labor_n	− 0.000 ***	− 0.002 ***	− 0.010 ***	− 0.033 ***	− 0.022
	(− 3.940)	(− 4.385)	(− 4.160)	(− 3.431)	(− 1.213)
lnasset	− 0.000	− 0.000 **	− 0.001 ***	− 0.001	− 0.003
	(− 0.814)	(− 2.294)	(− 3.506)	(− 0.581)	(− 1.441)
raise	0.000	− 0.001	− 0.018 *	− 0.091 **	0.004
	(0.305)	(− 1.003)	(− 1.850)	(− 2.498)	(0.067)
distance	0.000 **	0.000	0.000	− 0.000	− 0.036 ***
	(2.117)	(0.063)	(0.533)	(− 0.110)	(− 4.086)
lnfirms	− 0.000 ***	− 0.000 ***	− 0.002 ***	− 0.005 *	− 0.008
	(− 3.179)	(− 3.222)	(− 2.618)	(− 1.687)	(− 1.445)
topo2	0.000	0.000	0.006 **	0.029 ***	0.073 ***
	(0.290)	(0.320)	(2.129)	(2.659)	(2.673)
topo3	0.000 *	0.000	0.001	0.012 **	0.041 ***
	(1.830)	(1.304)	(1.033)	(2.474)	(2.762)
infowork2	0.000	0.000	− 0.001	− 0.006	− 0.023 *
	(1.167)	(0.746)	(− 1.554)	(− 1.511)	(− 1.710)
infowork3	− 0.000 **	− 0.001	− 0.003	− 0.032 ***	− 0.086 ***
	(− 2.026)	(− 1.623)	(− 1.185)	(− 2.906)	(− 4.623)
infowork4	0.000	0.000	0.004	0.031	0.111 **
	(0.773)	(1.096)	(1.180)	(1.355)	(2.401)
2018. *year*	− 0.000 ***	− 0.001 ***	− 0.007 **	− 0.040 ***	0.038
	(− 3.015)	(− 2.768)	(− 2.486)	(− 2.985)	(0.884)
2019. *year*	− 0.000 *	− 0.001	− 0.008 **	− 0.080 ***	− 0.132 ***
	(− 1.744)	(− 1.299)	(− 2.041)	(− 4.090)	(− 4.951)
2020. *year*	− 0.000 *	− 0.001 **	− 0.013 ***	− 0.108 ***	− 0.243 ***
	(− 1.940)	(− 2.400)	(− 4.348)	(− 6.501)	(− 7.947)

续　表

变量	分位数				
	10 分位	25 分位	50 分位	75 分位	90 分位
2021. *year*	-0.000^{**}	-0.001^{*}	-0.009^{***}	-0.089^{***}	-0.212^{***}
	(-2.303)	(-1.916)	(-2.801)	(-5.534)	(-6.419)
_*cons*	-0.001^{***}	-0.009^{***}	-0.049^{***}	-0.017	0.310^{***}
	(-4.922)	(-4.914)	(-4.093)	(-0.534)	(4.265)
伪 $R2$	0.1257	0.2788	0.3998	0.3689	0.2163
N	8078.000				

注：括号内为系数估计值的 t 统计量；"＊""＊＊""＊＊＊"分别表明双尾检验的 10%、5% 和 1% 的显著性水平。

（二）基于家庭核心成员不同受教育程度的分组回归

本部分把以户主为代表的家庭核心成员的受教育程度依次划分为文盲或小学，初中、高中或中专，以及大专、本科及以上四组。分组回归结果（见表 9-4）显示：初中及以下学历组，务工者到本县、本市、本省和外省务工相对于在本地务工均可以显著降低家庭贫困脆弱性。而高中或中专学历组的回归结果显示，务工者在本县务工与在本地务工对家庭贫困脆弱性的影响并无显著差异，大专、本科及以上学历组的回归结果显示，务工者在本县和本市务工与在本地务工对家庭贫困脆弱性的影响并无显著差异。回归结果与前文分析所提出的待检验假说基本一致，即因为对于高学历务工者而言，只有务工地点的经济集聚规模达到一定程度才能提升该学历层次的期望收入。此外，各组的系数并不相同，甚至还有较大的差异，但因为是不同样本的回归结果，故不能直接比较系数的大小。借助 SUEST，即基于似无相关模型 SUR 的检验，本部分对不同组别回归系数是否存在显著差异做了检验。检验结果显示：本县和本市在不同组别的回归系数不能在 10% 的显著水平上拒绝不相等的原假设，即系数无显著区别。而本省和外省在不同组别的回归系数则可以在 1% 的显著性水平上拒绝系数相等的原假设。这表示在本县和本市务工对文盲或小学和初中学历务工者家庭贫困脆弱性的影响并无显著区别，而在本省和外省务工对各学历务工者家庭贫困脆弱性的影响有显著差异，文盲或小学学历务工者到以本省或外省为代表的经济发达地区务工对家庭贫困脆弱性的降低是影响最大的，其次是高中或中专，大专、本科及以上学历务工者，最后是初中学历务工者。

表9-4　基于家庭核心成员不同受教育程度的分组回归（OLS回归）

变量	模型7：文盲或小学	模型8：初中	模型9：高中或中专	模型10：大专、本科及以上
benxian	-0.080 ***	-0.052 ***	-0.000	-0.063
	(0.022)	(0.011)	(0.025)	(0.046)
benshi	-0.100 ***	-0.045 ***	-0.070 **	-0.047
	(0.028)	(0.013)	(0.032)	(0.044)
bensheng	-0.150 ***	-0.078 ***	-0.111 ***	-0.110 ***
	(0.024)	(0.011)	(0.025)	(0.038)
waisheng	-0.160 ***	-0.094 ***	-0.132 ***	-0.136 ***
	(0.018)	(0.009)	(0.022)	(0.038)
industry_t	0.001	-0.009 **	-0.013	-0.007
	(0.009)	(0.004)	(0.008)	(0.010)
lnwage	-0.189 ***	-0.173 ***	-0.361 ***	-0.255 ***
	(0.015)	(0.009)	(0.017)	(0.025)
exper	-0.000	0.000	-0.000	-0.002
	(0.001)	(0.000)	(0.001)	(0.002)
age	0.005	0.002	0.015 ***	0.013
	(0.005)	(0.002)	(0.005)	(0.010)
agesq	-0.000	-0.000	-0.000 ***	-0.000
	(0.000)	(0.000)	(0.000)	(0.000)
gender	0.053 ***	0.006	0.016	-0.001
	(0.019)	(0.009)	(0.021)	(0.023)
infowork2	0.004	-0.003	0.015	0.024
	(0.013)	(0.006)	(0.017)	(0.040)
infowork3	-0.052	-0.025	0.006	-0.012
	(0.046)	(0.016)	(0.032)	(0.035)
infowork4	-0.033	0.034 *	0.054	-0.050
	(0.039)	(0.018)	(0.035)	(0.069)

续　表

变量	模型7：文盲或小学	模型8：初中	模型9：高中或中专	模型10：大专、本科及以上
lnhouseholds	0.173 ***	0.226 ***	0.509 ***	0.442 ***
	(0.042)	(0.025)	(0.043)	(0.076)
lz2	−0.003	−0.020	−0.071 **	0.022
	(0.041)	(0.015)	(0.033)	(0.059)
lz3	−0.004	−0.006	−0.038 **	−0.085 ***
	(0.015)	(0.007)	(0.017)	(0.021)
labor_n	−0.020	−0.022 ***	−0.038 ***	−0.022
	(0.014)	(0.008)	(0.014)	(0.025)
lnasset	0.000	−0.002 *	−0.008 ***	−0.012 ***
	(0.002)	(0.001)	(0.003)	(0.004)
land	−0.001	−0.002 ***	−0.002 ***	−0.003 ***
	(0.001)	(0.001)	(0.000)	(0.001)
raise	0.019	−0.006	0.106 *	0.099
	(0.066)	(0.037)	(0.064)	(0.107)
distance	−0.012	−0.011 **	−0.008	0.012
	(0.012)	(0.005)	(0.013)	(0.017)
lnfirms	−0.025 ***	−0.006 *	−0.005	−0.000
	(0.008)	(0.003)	(0.008)	(0.009)
topo2	0.075 **	0.049 ***	−0.008	−0.019
	(0.037)	(0.015)	(0.040)	(0.041)
topo3	0.033	0.027 ***	−0.015	0.002
	(0.020)	(0.009)	(0.019)	(0.025)
2018. *year*	−0.076 ***	−0.003	−0.029	0.093 *
	(0.029)	(0.015)	(0.033)	(0.050)
2019. *year*	−0.037	−0.043 ***	−0.070 **	−0.055
	(0.026)	(0.013)	(0.031)	(0.040)
2020. *year*	−0.114 ***	−0.062 ***	−0.068 **	0.000
	(0.030)	(0.013)	(0.031)	(0.045)

续 表

变量	模型7：文盲或小学	模型8：初中	模型9：高中或中专	模型10：大专、本科及以上
2021. *year*	− 0. 103 ***	− 0. 056 ***	− 0. 058 *	− 0. 077 *
	(0. 025)	(0. 012)	(0. 033)	(0. 040)
_*cons*	0. 017	− 0. 034	− 0. 322 ***	− 0. 252
	(0. 116)	(0. 054)	(0. 113)	(0. 202)
N	1338. 000	4783. 000	1128. 000	829. 000
F	19. 833	42. 978	66. 644	29. 956
r2_a	0. 345	0. 292	0. 537	0. 405

注：括号内为系数估计值的标准误；"*""**""***"分别表明双尾检验的10%、5%和1%的显著性水平。

五、稳健性讨论

不可否认，务工地点的选择既可能受务工者能力的影响，也可能受其他不宜观测的变量，如对不同地点的偏好差异等因素的影响，而这两种情况又以不同的方式影响回归结果。针对遗漏能力等变量可能导致的内生性问题，本书将使用工具变量减少或消除估计偏误，而针对后一种因自选择导致的内生性问题，本书将使用 PSM 的方法减少或消除估计偏误。

（一）内生性问题讨论

1. 两阶段最小二乘法：2SLS

虽然前文在回归分析中已尽可能地控制了一系列个体层面的变量，如受教育程度、年龄、务工经历、从事行业等，但诸如个体能力这样比较模糊且很难全面准确观察的变量，难免出现遗漏变量的情况。对于此，本书将使用工具变量采用两阶段最小二乘法减少或消除估计偏误。本部分的核心解释变量是不同的务工地点，前文为了比较不同务工地点对家庭贫困脆弱性的影响差异，通过选取一组虚拟变量的方式比较不同务工地点对家庭贫困脆弱性的影响。本节更关注务工地点对家庭贫困脆弱性因遗漏变量可能产生的估计偏误问题，如果仍然使用一组虚拟变量表示不同的务工地点，则至少需要同样数量的工具变量才能做 2SLS 回归，这显然会极大地增加难度以至于无法使用该方法。为此，本节把务工地点设为一个变量：*workplace*，并基于样本的实际务工地点分别赋值 0，1，2，3，4，对应不同样本在本地、本县、本市、本省和外省务工。合格的工具变量需要满足外生性和相地关性。参考现有文献（岳希明、罗楚亮，2010；李树苗等，2011），本书选取的工具变量为：村庄在外务工人数占村庄劳动力人数的比重。众所周知，中国的农民外出打工基本上是"候鸟"式的，每年往返于打工地和家乡之间。这样一种方式使得异地之间的信息甚至只要通过外出者的家庭就可以在村内进行传递。一个村庄在外务工人数的多少会影响传递信息的数量，进而影响个体务工地点的选择，故该工具变量满足相关性。而村庄的在外务工率既不与个体能力相关，也不会影响一个家庭的贫困脆弱性，因此满足工具变量外生性的要求。

使用工具变量做 2SLS 回归首先需要判断是否存在内生性问题，本书对务工地点的内生性做了豪斯曼检验，结果显示可以在 1% 的显著性水平上拒绝无内生变量的原假设。对工具变量是否是弱工具变量的检验，最小特征统计量为 624，远远大于该值需要大于 10 的临界值。此外，考虑到截面数据容易出现异方差的问题，本书除了在 2SLS 回归时使用异方差稳健标准误外，也将用对异方差更不敏感的 GMM 方法（高斯混合模型）和 IGMM 方法（无限高斯混合模型）以及对弱工具变量不敏感的有限信息最大似然法 LIML 分别做回归分析（见表 9 - 5）。

回归结果显示，考虑到就业空间的内生性问题后，无论是使用 2SLS 还是其他回归方法，均显示就业空间对家庭贫困脆弱性有显著影响。同时，考虑到内生性问题后，就业空间的系数值大于 OLS 回归时的系数值。导致该种情况的原因可能在于：如果遗漏变量是个体能力，那么个体能力显然与家庭贫困脆弱性呈负相关关系，而与以城市规模层级体现的就业空间呈正相关关系，这就导致当回归中遗漏个体能力变量时，会系统低估就业空间对家庭贫困脆弱性的影响。

表 9 - 5　　OLS、2SLS、LIML、GMM 以及 IGMM 回归的结果

变量	模型 11 OLS	模型 12 2SLS	模型 13 LIML	模型 14 GMM	模型 15 IGMM
workplace	- 0. 021 *** (- 13. 678)	- 0. 074 *** (- 11. 931)	- 0. 075 *** (- 11. 915)	- 0. 074 *** (- 11. 919)	- 0. 074 *** (- 11. 919)

续　表

变量	模型 11 OLS	模型 12 2SLS	模型 13 LIML	模型 14 GMM	模型 15 IGMM
lnwage	−0.165*** (−27.670)	−0.175*** (−28.156)	−0.175*** (−28.151)	−0.175*** (−28.268)	−0.175*** (−28.267)
industry_t	−0.002 (−0.691)	0.008** (2.268)	0.008** (2.279)	0.007** (2.231)	0.007** (2.232)
exper	−0.000 (−1.020)	−0.001** (−2.272)	−0.001** (−2.276)	−0.001** (−2.255)	−0.001** (−2.254)
age	0.005*** (2.883)	0.005*** (2.751)	0.005*** (2.750)	0.005*** (2.803)	0.005*** (2.803)
agesq	−0.000*** (−2.850)	−0.000*** (−3.383)	−0.000*** (−3.384)	−0.000*** (−3.432)	−0.000*** (−3.432)
gender	0.004 (0.548)	0.009 (1.289)	0.009 (1.292)	0.009 (1.309)	0.009 (1.309)
education_y	−0.000 (−0.036)	0.001 (0.689)	0.001 (0.692)	0.001 (0.767)	0.001 (0.767)
lnhouseholds	0.184*** (10.701)	0.172*** (9.613)	0.172*** (9.607)	0.173*** (9.670)	0.173*** (9.670)
labor_n	−0.014** (−2.480)	−0.005 (−0.759)	−0.004 (−0.751)	−0.005 (−0.780)	−0.005 (−0.780)
lz2	−0.038*** (−3.453)	−0.038*** (−3.175)	−0.038*** (−3.173)	−0.037*** (−3.091)	−0.037*** (−3.091)
lz3	−0.009* (−1.833)	−0.005 (−0.846)	−0.005 (−0.842)	−0.005 (−0.856)	−0.005 (−0.856)
lnasset	−0.003*** (−3.250)	−0.003*** (−3.800)	−0.003*** (−3.801)	−0.003*** (−3.866)	−0.003*** (−3.866)
raise	0.025 (0.965)	0.055** (2.038)	0.055** (2.042)	0.053** (1.975)	0.053** (1.974)
distance	−0.001 (−0.160)	0.012*** (2.904)	0.012*** (2.915)	0.011*** (2.653)	0.011*** (2.654)

续 表

变量	模型 11 OLS	模型 12 2SLS	模型 13 LIML	模型 14 GMM	模型 15 IGMM
lnfirms	− 0.005 **	− 0.015 ***	− 0.015 ***	− 0.015 ***	− 0.015 ***
	(− 2.281)	(− 5.219)	(− 5.227)	(− 5.287)	(− 5.288)
infowork2	− 0.003	0.012 **	0.012 **	0.012 **	0.012 **
	(− 0.589)	(2.230)	(2.240)	(2.250)	(2.250)
infowork3	− 0.029 **	− 0.021	− 0.021	− 0.022	− 0.022
	(− 2.179)	(− 1.488)	(− 1.484)	(− 1.531)	(− 1.531)
infowork4	0.023 *	− 0.021	− 0.021	− 0.020	− 0.020
	(1.873)	(− 1.427)	(− 1.438)	(− 1.328)	(− 1.329)
topo2	0.032 ***	− 0.009	− 0.009	− 0.010	− 0.010
	(2.892)	(− 0.703)	(− 0.717)	(− 0.836)	(− 0.837)
topo3	0.023 ***	0.004	0.004	0.004	0.004
	(3.479)	(0.589)	(0.577)	(0.555)	(0.555)
2018. *year*	0.003	0.005	0.005	0.005	0.005
	(0.248)	(0.422)	(0.423)	(0.459)	(0.460)
2019. *year*	− 0.029 ***	− 0.032 ***	− 0.032 ***	− 0.032 ***	− 0.032 ***
	(− 3.072)	(− 3.272)	(− 3.272)	(− 3.210)	(− 3.209)
2020. *year*	− 0.047 ***	− 0.050 ***	− 0.050 ***	− 0.049 ***	− 0.049 ***
	(− 4.854)	(− 4.816)	(− 4.815)	(− 4.703)	(− 4.702)
2021. *year*	− 0.059 ***	− 0.026 **	− 0.026 **	− 0.024 **	− 0.024 **
	(− 6.337)	(− 2.478)	(− 2.462)	(− 2.334)	(− 2.333)
_cons	− 0.114 ***	− 0.041	− 0.040	− 0.041	− 0.041
	(− 2.919)	(− 0.974)	(− 0.966)	(− 0.982)	(− 0.982)
N	9153.000	9153.000	9153.000	9153.000	9153.000
r2_a	0.258	0.153	0.152	0.153	0.153

注：括号内为系数估计值的 *t* 统计量；"*""**""***"分别表明双尾检验的 10% 、5% 和 1% 的显著性水平。

2. 倾向值匹配：PSM

就业空间对家庭贫困脆弱性影响的回归分析既可能因遗漏个体能力等变量导致内生性问题，也可能源于务工者对不同就业空间的偏好等因素，因自选择导致估计偏误问题。对自选择导致的估计偏误问题，较为成熟的解决方法是采用倾向值匹配，进行随机分组。[①] 表9－6汇报了不同匹配方法下不同务工地点与在本地相比，就业空间对家庭贫困脆弱性的影响和差异：与基础回归结论一致，务工者在不同就业空间与在本地务工相比，会显著降低家庭的贫困脆弱性，且随着到经济集聚规模更大的空间务工，对家庭贫困脆弱性的影响更大。所有匹配结果均在1%的显著性水平。反事实估计结果（ATU）也同样如此。

表9－6 务工地点对家庭贫困脆弱性的平均处理效应和反事实估计结果

比较内容	匹配方法	控制组	处理组	ATT 值	标准误	t 值	ATU 值
本县 vs 本地	匹配前	0.16956	0.12268	－ 0.04688	0.00923	－ 5.08	
	k 近邻匹配	0.17709	0.12268	－ 0.05441	0.01167	－ 4.66	－ 0.04968
	卡尺匹配	0.16396	0.12360	－ 0.04035	0.01384	－ 2.91	－ 0.04469
	核匹配	0.17672	0.12268	－ 0.05403	0.01031	－ 5.24	－ 0.05210
本市 vs 本地	匹配前	0.16956	0.13734	－ 0.03222	0.01149	－ 2.81	
	k 近邻匹配	0.21852	0.13733	－ 0.08119	0.01525	－ 5.32	－ 0.06160
	卡尺匹配	0.20448	0.13693	－ 0.06755	0.01934	－ 3.49	－ 0.06191
	核匹配	0.21212	0.13733	－ 0.07479	0.01386	－ 5.40	－ 0.05700
本省 vs 本地	匹配前	0.16956	0.12073	－ 0.04883	0.00915	－ 5.34	
	k 近邻匹配	0.22600	0.11976	－ 0.10623	0.01392	－ 7.63	－ 0.06539
	卡尺匹配	0.23052	0.11976	－ 0.11076	0.01703	－ 6.50	－ 0.06623
	核匹配	0.22788	0.11976	－ 0.10811	0.01221	－ 8.86	－ 0.06448
外省 vs 本地	匹配前	0.16956	0.08627	－ 0.08329	0.00695	－ 11.99	
	k 近邻匹配	0.18293	0.08617	－ 0.09677	0.01171	－ 8.26	－ 0.08724
	卡尺匹配	0.17450	0.08617	－ 0.08833	0.01397	－ 6.33	－ 0.09554
	核匹配	0.18689	0.08617	－ 0.10072	0.01081	－ 9.32	－ 0.08722

① PSM 的回归步骤和基本原理本书不再赘述，具体见：陈强，《高级计量经济学及 Stata 应用》（第二版，高等教育出版社，2014）相关章节。

（二）其他稳健性分析

1. 以家庭是否是贫困脆弱性家庭为被解释变量的 Logit 回归

现有文献对家庭贫困脆弱性问题进行实证研究时常常把家庭是否为脆弱性家庭作为被解释变量。为了便于与现有文献的结论进行对比，同时也检验改变被解释变量的测度方法后，结论是否稳健，本部分基于不同家庭测度的脆弱性，并选取最常见的两种阈值设定——29%和50%，以家庭是否是脆弱性家庭为被解释变量分别做了 Logit 回归分析。从回归结果来看，无论是基于29%还是50%的阈值设定，务工地点（就业空间）对家庭贫困脆弱性（无论是家庭绝对贫困脆弱性还是家庭相对贫困脆弱性）均有显著影响，且影响随务工者到经济更发达地区务工对家庭贫困脆弱性的缓解作用不断增强。该结论与前文把家庭贫困脆弱性直接作为被解释变量的回归结论并无差异。具体的回归结果见表9-7。需要说明的一点是，本书并未在表9-7中汇报 Logit 回归的拟合优度，原因在于，Logit 是非线性回归，并不存在平方和分解公式，因此无法计算其 R 方。一个替代的方法是计算其"正确预测百分比"。本书四个回归模型的"正确预测百分比"均超过85%。

表9-7　不同阈值设定下就业空间对家庭脆弱性影响的 Logit 回归

变量	家庭绝对贫困脆弱性		家庭相对贫困脆弱性	
	阈值：29%	阈值：50%	阈值：29%	阈值：50%
benxian	-0.046 ***	-0.057 ***	-0.055 ***	-0.063 ***
	(-4.4)	(-5.98)	(-4.06)	(-4.36)
benshi	-0.066 ***	-0.054 ***	-0.111 ***	-0.108 ***
	(-5.52)	(-5.36)	(-6.75)	(-6.35)
bensheng	-0.099 ***	-0.072 ***	-0.112 ***	-0.150 ***
	(-9.54)	(-8.25)	(-8)	(-10.69)
waisheng	-0.113 ***	-0.082 ***	-0.174 ***	-0.202 ***
	(-12.6)	(-10.78)	(-15.25)	(-17.18)
个体层面控制变量	控制	控制	控制	控制
家庭层面控制变量	控制	控制	控制	控制

续　表

变量	家庭绝对贫困脆弱性		家庭相对贫困脆弱性	
	阈值：29%	阈值：50%	阈值：29%	阈值：50%
村庄层面控制变量	控制	控制	控制	控制
年度虚拟变量	控制	控制	控制	控制

注：表中系数均为 dy/dx 的平均边际效应，括号内为 t 统计量；"＊""＊＊""＊＊＊"分别表明双尾检验的10%、5%和1%的显著性水平。

阈值为29%和50%表示：当家庭跌至贫困线以下的概率为29%和50%，即达到设定的阈值时，则该家庭被赋值1，即该家庭为绝对贫困家庭或相对贫困家庭。

2. 按照村庄地形和距离县城远近的分组回归

有文献比较了山区和非山区劳动力流动对农村家庭收入的影响，并指出，相对于平原地区的村庄，山区村庄的家庭农业收入受到劳动力减少的负面影响较非山区更大：山区农业机械化生产难题是造成劳动力转移对山区农业收入负面影响更大的主要原因，这使得山区农村家庭更容易陷入劳动力过度转移、生活更趋贫困的恶性循环（潘泽瀚、王桂新，2018）。如果家庭收入大部分或完全依赖农业收入，存在上述的可能性，毕竟流动的农村劳动力多是青壮年劳动力，如果因地形等原因无法使用机械化设备替代劳动力投入，理论上确实存在农业收入减少的可能。但目前整体上看，农村家庭收入超过80%源于非农收入，在这种情况下是否存在山地/丘陵地区村庄劳动力流动使得家庭贫困脆弱性上升的现象呢？本部分基于平原和非平原，以及距离县城远近，把样本分为四组，并分别做了回归。结果（见表9-8）显示，无论是平原地区还是山地/丘陵地区，相对于在本地务工，到本县、本市、本省和外省务工均会显著降低家庭的贫困脆弱性，并没有出现非平原地区因劳动力流动导致家庭贫困脆弱性上升的情况。此外，基于距离县城远近的分组回归也同样显示，到经济集聚规模更大的地区务工较在本地务工都会显著地降低家庭贫困脆弱性。唯一需要说明的一点是，距县城近的村庄的样本回归结果显示，与在本地务工相比，到本市务工并未显著地降低家庭贫困脆弱性。出现这种情况的原因可能是，该类村庄距离县城较近，很多务工者要么到县城务工，要么到本省或外省务工，而较少选择本市。

表9-8　　按照距离县城远近和村庄地形的分组回归（OLS回归）

变量	距县城近	距县城远	平原	山地/丘陵
benxian	-0.048***	-0.058***	-0.057***	-0.051***
	(0.014)	(0.011)	(0.009)	(0.018)
benshi	-0.007	-0.079***	-0.062***	-0.052***
	(0.028)	(0.012)	(0.012)	(0.019)
bensheng	-0.059***	-0.105***	-0.092***	-0.079***
	(0.017)	(0.010)	(0.010)	(0.019)
waisheng	-0.072***	-0.115***	-0.099***	-0.106***
	(0.014)	(0.009)	(0.008)	(0.018)
industry_t	0.002	-0.005	-0.008**	0.008
	(0.007)	(0.003)	(0.004)	(0.006)
lnwage	-0.116***	-0.180***	-0.150***	-0.238***
	(0.014)	(0.007)	(0.007)	(0.013)
exper	-0.001	-0.000	-0.000	0.001
	(0.001)	(0.000)	(0.000)	(0.001)
age	0.003	0.006***	0.003	0.007*
	(0.004)	(0.002)	(0.002)	(0.004)
agesq	-0.000	-0.000***	-0.000	-0.000**
	(0.000)	(0.000)	(0.000)	(0.000)
gender	0.004	0.013	0.005	0.025*
	(0.015)	(0.008)	(0.008)	(0.015)
education_y	0.001	0.001	0.002**	-0.004*
	(0.002)	(0.001)	(0.001)	(0.002)
infowork2	0.006	-0.011**	-0.010*	0.010
	(0.010)	(0.006)	(0.005)	(0.012)
infowork3	-0.022	-0.039***	-0.006	-0.059***
	(0.022)	(0.015)	(0.016)	(0.021)
infowork4	-0.002	0.007	0.021	-0.071***
	(0.018)	(0.017)	(0.015)	(0.025)

变量	距县城近	距县城远	平原	山地/丘陵
lnhouseholds	0.165 ***	0.195 ***	0.172 ***	0.276 ***
	(0.036)	(0.022)	(0.021)	(0.036)
lz2	−0.036	−0.020	−0.022	−0.019
	(0.024)	(0.014)	(0.013)	(0.031)
lz3	−0.001	−0.022 ***	−0.011 *	−0.042 ***
	(0.012)	(0.006)	(0.006)	(0.013)
labor_n	−0.016	−0.015 **	−0.015 **	−0.021 *
	(0.012)	(0.007)	(0.007)	(0.012)
lnasset	−0.002	−0.002 *	−0.003 ***	0.000
	(0.002)	(0.001)	(0.001)	(0.002)
land	−0.001 ***	−0.001 ***	−0.001 ***	−0.001
	(0.000)	(0.000)	(0.000)	(0.001)
raise	0.022	0.008	0.018	−0.022
	(0.055)	(0.033)	(0.032)	(0.053)
lnfirms	−0.012 ***	−0.007 *	−0.007 **	0.009
	(0.004)	(0.004)	(0.003)	(0.010)
topo2	0.000	0.032 ***		
	(.)	(0.012)		
topo3	−0.072 ***	0.031 ***		
	(0.023)	(0.008)		
2018. *year*	0.006	−0.006	0.010	−0.060 **
	(0.025)	(0.013)	(0.013)	(0.028)
2019. *year*	−0.020	−0.031 ***	−0.025 **	−0.074 ***
	(0.029)	(0.011)	(0.011)	(0.025)
2020. *year*	−0.114 ***	−0.039 ***	−0.053 ***	
	(0.022)	(0.013)	(0.011)	
2021. *year*	−0.103 ***	−0.058 ***	−0.042 ***	−0.119 ***
	(0.022)	(0.011)	(0.011)	(0.027)

变量	距县城近	距县城远	平原	山地/丘陵
distance			− 0. 003	0. 011
			（0. 005）	（0. 013）
_cons	− 0. 044	− 0. 106 **	− 0. 034	− 0. 235 ***
	（0. 096）	（0. 045）	（0. 049）	（0. 085）
N	1879. 000	6199. 000	6397. 000	1681. 000
F	14. 368	58. 965	50. 449	28. 726
r2_a	0. 217	0. 293	0. 235	0. 415

注：括号内为系数估计值的标准误；"＊""＊＊""＊＊＊"分别表明双尾检验的 10% 、5% 和 1% 的显著性水平。

六、务工地点对家庭贫困脆弱性的影响机制检验以及新冠肺炎疫情的影响

现有文献更偏重考察劳动力流动的减贫效果，但较少分析劳动力流动究竟通过怎样的具体路径实现流出地的减贫（邹薇、樊增增，2020）。为数不多的几篇讨论劳动力流动对贫困或贫困脆弱性影响机制的实证文献，也多将外出务工者是否向家庭汇款作为影响机制的检验方法。但正如前文分析，是否向家庭汇款仅仅是劳动力流动减贫的收入效应，劳动力流动是否还有其他影响，现有文献并未给予充分的讨论。此外，更未见到文献就不同就业空间对家庭贫困脆弱性影响的差异做相应的实证分析。本部分将借助中介效应模型分析不同就业空间对家庭贫困脆弱性的影响机制和差异。[①]

（一）中介效应模型及直接效应、间接效应检验概述

中介效应模型相对于以往经济学的机制分析，因其可以估算出间接效应

---

① 中介效应模型近年来在经济学、管理学实证研究领域的应用日趋增多，但也受到一定的质疑，中介效应模型本身并不源于经济学研究，而是首先在心理学研究中广泛使用。更为重要的是，中介效应模型在使用中并未对内生性问题给予充分的重视，通常仅以三步回归的方式讨论核心解释变量对被解释变量的总效应、间接效应以及直接效应。这使得一些计量经济学家对其估计的准确性产生了怀疑。但本部分的重点并不在于核心解释变量对被解释变量的估计的准确性，而在于核心解释变量通过什么机制影响被解释变量。

和直接效应在总效应中的比重，日益受到研究者的青睐。中介效应模型的基本原理和检验方法如下：

$$Y = i_1 + cX + \sum Controls + \varepsilon_1 \qquad (9-4)$$

$$M = i_2 + aX + \sum Controls + \varepsilon_2 \qquad (9-5)$$

$$Y = i_3 + c'X + bM + \sum Controls + \varepsilon_3 \qquad (9-6)$$

式（9-4）中的系数 c 为自变量 X 对因变量 Y 的总效应；式（9-5）中的系数 a 为自变量 X 对中介变量 M 的效应；式（9-6）中的系数 b 是在控制了自变量 X 和相关控制变量的影响后，中介变量 M 对因变量 Y 的效应；i 为固定的系数；系数 c' 是在控制了中介变量 M 的影响后，自变量 X 对因变量 Y 的直接效应；ε_1、ε_2、ε_3 是回归残差；中介效应等于系数乘积 ab，它与总效应和直接效应的关系如下：

$$c = c' + ab \qquad (9-7)$$

中介效应模型的检验步骤和方法，如图 9-1 所示。

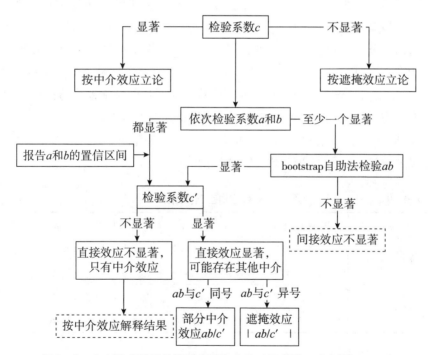

图 9-1 中介效应模型的检验步骤和方法（温忠麟、叶宝娟，2014）

（二）务工地点对家庭贫困脆弱性的中介效应检验

本部分的被解释变量 Y 为家庭贫困脆弱性；X 为核心解释变量务工地点。与前文一致，务工地点为一组虚拟变量。M 为中介变量，代表不同就业空间（务工地点）的务工收入；$Controls$ 为其他控制变量。为了和基础回归模型对比，分析在本县务工相对于在本地务工对家庭贫困脆弱性的影响时，会把本市、本省和外省作为控制变量。分析在本市务工相对于在本地务工对家庭贫困脆弱性的影响时，会把本县、本省和外省作为控制变量。其他就业空间的影响以此类推。

表 9-9 汇报了式（9-4）、式（9-5）和式（9-6）的回归结果，参考温忠麟、叶宝娟（2014）提出的中介效应模型的检验步骤和方法，在回归中不加入中介变量（$lnwage$）的情况下，务工地点均在 1% 的显著性水平上显著影响家庭贫困脆弱性 [式（9-4），系数 c 显著]。模型 1 中，相对于在本地务工，在本县、本市、本省和外省务工家庭贫困脆弱性分别降低 6.0%、5.4%、7.3% 和 8.6%。[1] 模型 2 中，务工地点均对中介变量在 1% 的显著性水平上有显著影响 [式（9-5），系数 a 显著]。模型 3 中，当回归中加入中介变量后，务工地点对家庭贫困脆弱性依然在 1% 的水平上有显著影响，同时，中介变量对被解释变量同样在 1% 的水平上有显著影响 [式（9-6），系数 b 和 c' 显著]，这表明务工地点对家庭贫困脆弱性的影响既有直接效应也存在中介效应（前文所述的收入效应）。中介效应是否显著取决于 a、b 是否显著异于 0，基于目前最常用的检验方法——bootstrap 自助法，无论基于何种方式定义的置信区间，中介效应均在 5% 的水平上显著。

表 9-9　　　　　　　　　　中介效应模型回归结果

变量	模型 1：path c	模型 2：path a	模型 3：path b and c'
benxian	-0.060 ***	0.103 ***	-0.041 ***
	（-6.809）	（5.215）	（-5.105）
benshi	-0.054 ***	0.151 ***	-0.028 ***
	（-5.036）	（7.060）	（-2.868）

[1]　需要说明的一点是，在本书的基础回归模型中，因考虑了务工地点对务工收入的影响，故当回归模型中加入不同地点的务工收入时，会低估就业空间对家庭贫困脆弱性的影响。

变量	模型 1：path c	模型 2：path a	模型 3：path b and c'
bensheng	− 0.073 ***	0.171 ***	− 0.042 ***
	（− 8.160）	（9.394）	（− 5.095）
waisheng	− 0.086 ***	0.298 ***	− 0.036 ***
	（− 11.345）	（18.673）	（− 5.256）
lnwage			− 0.166 ***
			（− 26.497）
industry_t	− 0.020 ***	0.094 ***	− 0.003
	（− 5.880）	（12.925）	（− 0.953）
exper	− 0.002 ***	0.012 ***	− 0.000
	（− 4.362）	（12.795）	（− 0.766）
age	− 0.002	0.042 ***	0.006 ***
	（− 0.766）	（9.649）	（3.251）
agesq	0.000	− 0.001 ***	− 0.000 ***
	（0.810）	（− 9.975）	（− 3.303）
gender	− 0.030 ***	0.182 ***	0.006
	（− 4.105）	（12.762）	（0.835）
education_y	− 0.004 ***	0.031 ***	0.001
	（− 4.105）	（13.353）	（1.185）
infowork2	− 0.011 **	0.014	− 0.007
	（− 2.151）	（1.252）	（− 1.384）
infowork3	− 0.028 **	0.002	− 0.027 **
	（− 1.979）	（0.068）	（− 2.028）
infowork4	− 0.040 ***	0.274 ***	0.007
	（− 3.239）	（7.401）	（0.598）
lnhouseholds	0.169 ***	0.052	0.186 ***
	（8.276）	（1.368）	（10.035）
lz2	− 0.025 **	0.015	− 0.023 *
	（− 1.995）	（0.434）	（− 1.950）

续　表

变量	模型1：path c	模型2：path a	模型3：path b and c'
$lz3$	−0.034 ***	0.113 ***	−0.017 ***
	(−6.332)	(8.983)	(−3.265)
$labor\_n$	−0.018 ***	0.034 ***	−0.014 **
	(−2.666)	(2.897)	(−2.220)
$lnasset$	−0.004 ***	0.008 ***	−0.002 **
	(−3.895)	(4.031)	(−2.508)
$land$	−0.001 ***	0.000	−0.001 ***
	(−3.422)	(0.550)	(−4.105)
$raise$	0.016	0.085	0.020
	(0.534)	(1.501)	(0.711)
$distance$	−0.000	−0.028 ***	−0.005
	(−0.109)	(−2.935)	(−1.202)
$lnfirms$	−0.006 **	0.013 **	−0.005 **
	(−2.403)	(2.352)	(−2.071)
$topo2$	0.056 ***	−0.140 ***	0.034 ***
	(4.233)	(−4.682)	(2.974)
$topo3$	0.026 ***	−0.065 ***	0.015 **
	(3.313)	(−4.095)	(2.088)
2018. $year$	−0.009	0.057 **	−0.004
	(−0.756)	(2.433)	(−0.340)
2019. $year$	−0.048 ***	0.112 ***	−0.033 ***
	(−4.376)	(4.855)	(−3.335)
2020. $year$	−0.089 ***	0.178 ***	−0.059 ***
	(−7.963)	(7.839)	(−5.728)
2021. $year$	−0.119 ***	0.355 ***	−0.059 ***
	(−11.167)	(15.154)	(−6.053)
$\_cons$	0.229 ***	8.502 ***	1.609 ***
	(5.019)	(90.785)	(23.145)

续　表

变量	模型 1：path c	模型 2：path a	模型 3：path b and c'
N	8521.000	8607.000	8454.000
$r2\_a$	0.154	0.259	0.267

注：括号内为系数估计值 t 的统计量；"＊""＊＊""＊＊＊"分别表明双尾检验的10%、5%和1%的显著性水平。

（三）新冠肺炎疫情对务工地点减贫效应的影响分析

新冠肺炎疫情对全球经济带来了巨大冲击，同样也给我国经济和百姓生活带来了很大的负面影响。新冠肺炎疫情对农户的贫困脆弱性产生了怎样的影响，特别是对本书比较关注的不同务工地点的减贫效应产生了何种程度的影响？回答这些问题需要做相应的计量分析。模型16和模型17分别以2020年前后的样本做回归分析。从回归结果来看，2020年之后，不同就业空间对家庭贫困脆弱性的影响程度大幅降低了。但基于不同样本的回归无法直接比较其系数大小。为比较新冠肺炎疫情前后不同就业空间对家庭贫困脆弱性的影响差异，本书基于混合截面数据的特点构建了如下回归模型：

$$VUL_i = \beta_0 + \delta_0 year20 + \beta_1 workplace_j + \delta_1 year20 * workpalce_j + \sum Control + \varepsilon_i$$

$$(9-8)$$

其中，VUL 表示家庭贫困脆弱性；$year20$ 表示年度虚拟变量，2020年之前的样本赋值0，2020年之后的样本赋值1；$workplace$ 表示不同的务工地点；$Control$ 表示个体、家庭、村庄等层面的控制变量；i 表示不同的样本；j 表示不同的就业空间。其中 δ_1 是本节关心的参数，它比较了新冠肺炎疫情前后不同就业空间对家庭贫困脆弱性影响的差异。

模型18的回归结果显示：在控制相关变量的情况下，相对于在本地务工，务工者在本县、本市、本省和外省务工对家庭贫困脆弱性的影响，较新冠肺炎疫情之前，分别增加了5.0%、5.3%、9.6%和8.6%。[①]虽然疫情发生之后劳动力流动仍然会降低家庭贫困脆弱性，但减贫效果已不如疫情之前。考虑到管控政策对务工者到不同就业空间务工概率的影响，新冠肺炎疫情对

① 本书对不同务工地点与年度虚拟变量交乘项前系数是否相等进行了检验，检验结果表明：无法在10%的显著性水平上拒绝本县和本市相等的原假设；也无法拒绝本省和外省相等的原假设；但可以在1%的显著性水平上拒绝本县和本市以及本省和外省相等的原假设。

不同就业空间减贫效应的影响会更大。

表 9 - 10　　　　　新冠肺炎疫情对务工地点减贫效应的回归结果

变量	模型 16	模型 17	模型 18
benxian	-0.086 ***	-0.018 **	-0.082 ***
	(0.013)	(0.008)	(0.014)
benshi	-0.092 ***	-0.027 ***	-0.086 ***
	(0.015)	(0.010)	(0.015)
bensheng	-0.135 ***	-0.017 *	-0.130 ***
	(0.013)	(0.010)	(0.013)
waisheng	-0.146 ***	-0.032 ***	-0.142 ***
	(0.012)	(0.007)	(0.012)
*benxian*20			0.050 ***
			(0.016)
*benshi*20			0.053 ***
			(0.018)
*bensheng*20			0.096 ***
			(0.016)
*waisheng*20			0.086 ***
			(0.013)
*year*20			-0.106 ***
			(0.012)
个体层面控制变量	控制	控制	控制
家庭层面控制变量	控制	控制	控制
村庄层面控制变量	控制	控制	控制
N	4588.000	3490.000	8078.000
F	49.991	13.976	65.397
r2_a	0.281	0.137	0.273

注：括号内为系数估计值的标准误；"*""**""***"分别表明双尾检验的 10%、5% 和 1% 的显著性水平。

七、本章小结

与现有研究关注劳动力流动对家庭贫困或贫困脆弱性的影响不同，本书基于河南大学经济学院、河南"'百县千村'人口流动信息采集与数据库建设——整村调查项目"的微观调研数据，讨论了务工者到不同就业空间务工对家庭贫困脆弱性的影响及其差异。具体结论和可能的启示如下。

一是就业空间对家庭贫困脆弱性有显著影响。到经济集聚规模更大的空间务工不仅有利于家庭绝对贫困脆弱性的降低，也有利于家庭相对贫困脆弱性的降低。无论是基础回归、分组回归，抑或是 2SLS 和 PSM 回归，结论都稳健。

二是就业空间对不同家庭的贫困脆弱性有异质性影响。对于高贫困脆弱性家庭，家庭核心成员到经济集聚规模更大的空间务工，对于降低家庭贫困脆弱性有显著且较大的影响；而对于低贫困脆弱性家庭，家庭核心成员的务工地点对家庭贫困脆弱性的降低影响并不大。当家庭核心成员的受教育程度较高时，想要降低家庭的贫困脆弱性需要到经济更发达的地区务工。

三是就业空间不仅通过收入效应，还会通过其他途径影响家庭贫困脆弱性。总体来看，就业空间主要通过收入效应影响家庭贫困脆弱性，但仅以收入的增加估计人口流动对贫困脆弱性的影响会系统低估人口流动的减贫效应。

四是保持经济持续稳定地增长，促进农村人口进城，特别是到经济发达地区务工和生活是巩固脱贫攻坚成果、缩小收入差距、缓解相对贫困的重要途径。本书通过对比新冠肺炎疫情前后务工者到不同务工地点务工对家庭贫困脆弱性的影响，发现新冠肺炎疫情导致的经济波动显著削弱了人口流动的减贫效应。

参考文献

［1］CHRISTIAENSEN L J, BOISVERT R N. On Measuring Household Food Vulnerability: Case Evidence from Northern Mali ［R］. Department of Applied Economics & Management, Cornell University, 2000.

［2］CHAUDHURI S, JALAN J, SURYAHADI A. Assessing Household Vulnerability to Poverty from Cross – Sectional Data: A Methodology and Estimates from

Indonesia［R］. Working Paper, Columbia University, 2002.

　　［3］LIGON E, SCHECHTER L. Measuring Vulnerability［J］. The Economic Journal, 2003, 113（486）: 95 - 102.

　　［4］章元, 陆铭. 中国农村反贫困政策研究［J］. 复旦政治学评论, 2006（1）: 129 - 152.

　　［5］邹薇, 郑浩. 我国家户贫困脆弱性的测度与分解——一个新的分析思路［J］. 社会科学研究, 2014（5）: 54 - 65.

　　［6］黄承伟, 王小林, 徐丽萍. 贫困脆弱性: 概念框架和测量方法［J］. 农业技术经济, 2010（8）: 4 - 11.

　　［7］樊士德, 金童谣. 中国劳动力流动对城乡贫困影响的异质性研究［J］. 中国人口科学, 2021（4）: 98 - 113, 128.

　　［8］都阳, 朴之水. 迁移与减贫——来自农户调查的经验证据［J］. 中国人口科学, 2003（4）: 56 - 62.

　　［9］杨靳. 人口迁移如何影响农村贫困［J］. 中国人口科学, 2006（4）: 64 - 69, 96.

　　［10］郜秀军, 罗丞, 李树茁, 等. 外出务工对贫困脆弱性的影响: 来自西部山区农户的证据［J］. 世界经济文汇, 2009（6）: 67 - 76.

　　［11］张桂文, 王青, 张荣. 中国农业劳动力转移的减贫效应研究［J］. 中国人口科学, 2018（4）: 18 - 29, 126.

　　［12］王璇, 王卓. 农地流转、劳动力流动与农户多维相对贫困［J］. 经济问题, 2021（6）: 65 - 72.

　　［13］李晓嘉. 教育能促进脱贫吗——基于 CFPS 农户数据的实证研究［J］. 北京大学教育评论, 2015（4）: 110 - 122, 187.

　　［14］斯丽娟. 家庭教育支出降低了农户的贫困脆弱性吗?——基于 CFPS 微观数据的实证分析［J］. 财经研究, 2019（11）: 32 - 44.

　　［15］肖攀, 刘春晖, 李永平. 家庭教育支出是否有利于农户未来减贫?——基于贫困脆弱性的实证分析［J］. 教育与经济, 2020（5）: 3 - 12.

　　［16］祁占勇, 谢金辰. 投资职业教育能否促进农村劳动力增收——基于倾向得分匹配（PSM）的反事实估计［J］. 教育研究, 2021（2）: 97 - 111.

　　［17］周京奎, 王文波, 龚明远, 等. 农地流转、职业分层与减贫效应［J］. 经济研究, 2020（6）: 155 - 171.

　　［18］彭继权, 吴海涛, 秦小迪. 土地流转对农户贫困脆弱性的影响研究

[J]. 中国土地科学, 2019 (4): 67-75.

[19] 夏玉莲, 匡远配. 农地流转的多维减贫效应分析——基于5省1218户农户的调查数据 [J]. 中国农村经济, 2017 (9): 44-61.

[20] 徐超, 宫兵. 农民创业是否降低了贫困脆弱性 [J]. 现代财经 (天津财经大学学报), 2017 (5): 46-59.

[21] 谭燕芝, 叶程芳. 农户创业与农村家庭贫困脆弱性 [J]. 湘潭大学学报 (哲学社会科学版), 2020 (1): 67-73.

[22] 徐伟, 章元, 万广华. 社会网络与贫困脆弱性——基于中国农村数据的实证分析 [J]. 学海, 2011 (4): 122-128.

[23] 何昊, 白永秀. 社会资本对农村家庭贫困脆弱性影响的实证检验 [J]. 统计与决策, 2021 (6): 5-9.

[24] 李树茁, 李聪, 梁义成. 外出务工汇款对西部贫困山区农户家庭支出的影响 [J]. 西安交通大学学报 (社会科学版), 2011 (1): 33-39.

[25] 张栋浩, 尹志超. 金融普惠、风险应对与农村家庭贫困脆弱性 [J]. 中国农村经济, 2018 (4): 54-73.

[26] 徐超, 李林木. 城乡低保是否有助于未来减贫——基于贫困脆弱性的实证分析 [J]. 财贸经济, 2017 (5): 5-19, 146.

[27] 邢春冰, 贾淑艳, 李实. 教育回报率的地区差异及其对劳动力流动的影响 [J]. 经济研究, 2013 (11): 114-126.

[28] 张翕, 陆铭. 提高回报 激发需求——改善中国农村教育的空间政治经济学 [J]. 学术月刊, 2019 (4): 54-64.

[29] SCHULTZ T W. Investment in Human Capital [J]. The American Economic Review, 1961, 51 (1): 1-17.

[30] 吴炜. 干中学: 农民工人力资本获得路径及其对收入的影响 [J]. 农业经济问题, 2016 (9): 53-60, 111.

[31] 陆铭, 高虹, 佐藤宏. 城市规模与包容性就业 [J]. 中国社会科学, 2012 (10): 47-66, 206.

[32] 万广华, 潘慧, 章元. 城市化、不均等与贫困 [J]. 广西财经学院学报, 2017 (2): 1-18, 28.

[33] 梁凡. 秦巴山区农户贫困脆弱性研究: 资源禀赋与风险冲击视角 [D]. 咸阳: 西北农林科技大学, 2018.

[34] GÜNTHER I, HARTTGEN K. Estimating Households Vulnerability to

Idiosyncratic and Covariate Shocks：A Novel Method Applied in Madagascar ［J］. World Development，2009，37（7）：1222 – 1234.

［35］WARD P S. Transient Poverty, Poverty Dynamics, and Vulnerability to Poverty：An Empirical Analysis Using a Balanced Panel from Rural China ［J］. World Development，2016，78：541 – 553.

［36］谢家智，姚领. 社会资本变迁与农户贫困脆弱性——基于"乡土中国"向"城乡中国"转型的视角 ［J］. 人口与经济，2021（4）：1 – 21.

［37］徐伟，章元，万广华. 社会网络与贫困脆弱性——基于中国农村数据的实证分析 ［J］. 学海，2011（4）：122 – 128.

［38］邹薇，樊增增. 劳动力外流与资金汇回的净减贫效应 ［J］. 中国人口科学，2020（4）：15 – 30，126.

［39］尹志超，张栋浩. 金融普惠、家庭贫困及脆弱性 ［J］. 经济学（季刊），2020，20（1）：153 – 172.

［40］刘涛，齐元静，曹广忠. 中国流动人口空间格局演变机制及城镇化效应——基于2000 和2010 年人口普查分县数据的分析 ［J］. 地理学报，2015，70（4）：567 – 581.

［41］岳希明，罗楚亮. 农村劳动力外出打工与缓解贫困 ［J］. 世界经济，2010（11）：84 – 98.

［42］潘泽瀚，王桂新. 中国农村劳动力转移与农村家庭收入——对山区和非山区的比较研究 ［J］. 人口研究，2018，42（1）：44 – 59.

［43］温忠麟，叶宝娟. 有调节的中介模型检验方法：竞争还是替补？ ［J］. 心理学报，2014（5）：714 – 726.

第十章　非农就业空间对农村家庭多维贫困影响研究

一、引言

Sen（1976）的能力贫困思想源于亚里士多德关于生活质量和斯密关于生活必需品的论述。他提出，一个人有价值的可行能力包括拥有获得食品、衣着、居住、行动、教育、健康、社会参与等各种功能性活动的能力。Sen（1999）区分了收入贫困与能力贫困在本质上的差异：收入只是实现一定生活水平的"手段"，而改善了的生活状态才是人类发展的真正"目的"。收入不足确实是造成生活贫困的很强的诱发性条件，但更好的教育和医疗保健不仅能直接改善生活质量，也能提高获取收入、摆脱贫困的能力。因此，Sen 提出，从获得食物、饮用水、卫生设施、健康保健、住房、教育和信息等基本能力方面来测量贫困。事实上，自 Sen（1999）阐明了能力和功能性活动的重要性以反映真实的收入贫困以及能力贫困后，如何捕捉或测量多维的能力贫困成为学者们关注的焦点。这一方法不仅扩展了社会福利和贫困的测度视角，也被广泛应用到人类发展指数和多维贫困指数上。事实上，一个人的贫困状况往往是多种同时发生的剥夺的结果，而不仅仅是收入低下。收入贫困标准只考虑了个人的基本需要，改善健康状况或治疗疾病等重要方面的花费并没有被考虑在内。贫困既包含收入不能满足基本需求造成的"贫"，也包括没有能力获得教育、卫生设施、饮用水、社会保障等的"困"，"贫"与"困"相互影响（王小林和 Alkire，2009；王小林，2012）。

在《国家八七扶贫攻坚计划》和《中国农村扶贫开发纲要（2001—2010年）》实施期间，中国对贫困的定义强调食不果腹、衣不蔽体、住不避风雨，目标是解决以维持基本生存需要的吃、穿、住为特征的绝对贫困。贫困标准虽经过几次调整，但仍为"收入贫困"单一标准。《中国农村扶贫开发纲要

（2011—2020 年）》明确提出"稳定实现扶贫对象不愁吃、不愁穿，保障其义务教育、基本医疗和住房"，强调让扶贫对象不愁吃、不愁穿，义务教育、基本医疗、住房有保障，即要解决维持生存的基本需要和提供促进发展的基本服务。在这个过程中，中国实现了由收入贫困单一监测标准向多维贫困识别标准的转变，并制定了多维度的贫困退出评估标准。2020 年以后，中国进入缓解相对贫困阶段，将应对多方面发展不平衡、不充分的问题，采用多维贫困标准可以在继实现全面小康之后向共同富裕目标迈进。

本章将首先对多维贫困指数分析框架进行总体介绍，重点介绍 Alkire 和 Foster（2011）提出的多维贫困指数测度方法，然后运用该方法对河南省"百县千村"定点调查数据的多维贫困情况进行定量分析，最后分析农业劳动力非农就业对多维贫困的影响。

二、多维贫困指数分析框架及测度

自 Sen 提出基于可行能力的多维贫困指数分析框架之后，从哪些维度、采用哪些方法来对多维贫困进行描述、测度和加总，进而对潜在的贫困群体进行识别，已成为经济学研究的一个全新课题和难点。围绕这一问题，许多学者探索出了一系列方法来构造多维贫困指数，如信息理论法、公理化方法、模糊集法以及投入产出效率法等，这些方法为人们从多角度重新认识贫困问题提供了新的工具。在已有研究的基础上，Alkire 和 Foster（2011）创新性地提出了一种全新的测量多维贫困的方法——简称 A－F 方法，也被称为双界限法，该方法是第一个将多维贫困测量广泛应用于全球多维贫困测量实践，并得到越来越多国家采纳的方法。特别是，联合国开发计划署从 2011 年开始使用 A－F 方法测算全球多个国家和地区的多维贫困，测算结果在每年的人类发展报告中向全球公布。至此，该方法和指数成为全球范围内测度多维贫困程度的权威工具。

（一）A－F 多维贫困指数测度办法

1. 识别多维贫困个体

A－F 方法之所以也被称为双界限法，是因为该方法通过两个临界值来判断所考察的对象是否处于多维贫困状态，即首先通过将样本的每个贫困维度的情况与所对应的剥夺（deprivation）指标的临界值相对比判断样本在每个维度上的贫困状态，其次通过对比每个样本在所有维度上的剥夺总得分与设定的多维贫困临界值从而判断该样本是否处于多维贫困状态。具体方法如下。

第一步，判断该样本在每个维度上的贫困状态。假设存在 N 个样本和 $D \geqslant 2$ 个衡量贫困状态的剥夺指标，定义 Y 为 $N \times D$ 阶矩阵，其条目 y_{ij} 表示样本 i 的指标 j 的水平。$1 \times D$ 维向量 $z = (z_1, \cdots, z_D)$，包含 D 个指标的临界值，用于确定样本是否在某个维度上处于贫困状态，即对于指标 j 和样本 i，当 y_{ij} 低于对应的临界值时，即 $y_{ij} < z_j$ 时，该样本就在这一维度上处于贫困状态。

第二步，为不同的贫困维度指标（剥夺指标）赋予相应的权重。定义权重向量为 $w = (w_1, \cdots, w_D)$，其中，$0 < w_j < 1$，且满足 $\sum_{j=1}^{D} w_j = 1$，各个贫困维度可以根据其政策相关性赋予不同的权重进入分析[1]，假如每个二级指标都被视为具有同等重要性，那么不同的贫困维度均可被赋值为 $1/D$。

第三步，衡量样本在所有维度上的剥夺总得分。定义 $N \times D$ 阶矩阵 g^0 为每个样本在每个维度上的剥夺得分，如果 $y_{ij} < z_j$，则其值 $g_{ij}^0 = w_j$，否则为 0。这在 A–F 框架中被定义为剥夺矩阵。此时，加权剥夺总得分为：

$$c_i = \sum_{j=1}^{D} g_{ij}^0 \tag{10-1}$$

第四步，判断样本的多维贫困状态。设定一个大于 0 小于 1 的多维贫困临界值 k，如果 $c_i > k$，则该样本处于多维贫困状态，定义多维贫困识别函数 $\rho_k(y_i, z) = 1$，否则定义为 0。

2. 衡量多维贫困

在 A–F 框架中，多维贫困的最简单应用是多维贫困发生率 H，它衡量总样本中处于多维贫困状态样本的比重。

$$H = \frac{\sum_{i=1}^{N} \rho_k(y_i, z)}{N} = \frac{q}{N} \tag{10-2}$$

其中，q 为处于多维贫困状态中的个体数量，N 是总体规模。根据删失剥夺矩阵 $g^0(k)$，可以得出一个指数，该指数随着贫困个体遭受剥夺的次数的增加而增加。设 $|g^0(k)|$ 为矩阵所有项之和：

$$g^0(k) : |g^0(k)| = \sum_{i=1}^{N} \sum_{j=1}^{D} g_{ij}^0(k) \tag{10-3}$$

---

[1] 已有研究对多维贫困的维度和指标的组成部分、权重及其设置、贫困阈值的设定以及多维贫困指数的加总和分解进行了大量讨论，详见 Bourguignon 和 Chakravarty（2019）。

进一步，A－F 方法使用指数 A 反映贫困人口的平均剥夺程度，即：

$$A = \{\|g^0(k)\|\}/q \qquad (10-4)$$

将 H 和 A 相乘得出：

$$M_0 = H \times A = \frac{\|g^0(k)\|}{N} \qquad (10-5)$$

Alkire 和 Foster（2011）将 M_0 定义为多维贫困指数。

（二）样本家庭多维贫困指数的测算

1. 数据来源

样本数据来自河南大学经济学院、河南大学中原发展研究院联合组织的"百县千村"入户调查之"抽样调查"项目，该项目从 2015 年开始，拥有 2015—2019 年 5 年的微观样本。该调查问卷共分为村情、户情和个人三级，调查采取入户、一对一访谈或电话访谈等形式进行。

对于调研村庄的选择，每年均采取随机分层抽样的方法确定，最终 5 年的调研地点涵盖了河南省 18 个省辖市的 390 个村庄，且较好地兼顾了调研村庄的地形、区位以及经济基础等因素（具体见表 10－1），具有广泛的代表性和针对性。从地形来看，平原村庄有 272 个，非平原村庄有 113 个。从经济基础来看，无企业的村庄有 325 个，有企业的村庄有 65 个。"百县千村"入户调查之"抽样调查"项目数据个体样本是全口径的农村人口，包含了老年人口、学龄前人口、正在上学人口、从事农业生产人口、无业人口以及非农就业人口等，5 年的样本共计 7818 户。

表 10－1　　　　　　　　　　　样本村庄概况

	调研项目	村庄数量（个）	比重（%）
地形	平原	272	70.65
	非平原	113	29.35
经济基础	无企业	325	83.33
	有企业	65	16.67

2. 指标选取

伴随着《中国农村扶贫开发纲要（2011—2020 年）》的出台，我国对于贫困对象的界定实际上已经在传统的单纯以收入贫困为标准的单维贫困基础上增加了对于其他维度的考察，即要同时满足"稳定实现扶贫对象不愁吃、不愁穿，保障其义务教育、基本医疗和住房"，标志着我国的收入贫困标准从单一监测转向多维识别，但目前我国尚未形成标准的多维贫困测度办法。事实上，正如 Sen（1999）、王小林和 Alkire（2009）以及王小林（2012）的研究所指出的，一个人的贫困不仅是收入贫困，更多的是多种能力同时被剥夺的结果。

本章参考联合国开发计划署关于多维贫困指数的测度方法，选用教育水平、健康水平、生活标准 3 个维度，结合现有关于多维贫困的研究、调查所获数据以及农村地区家庭的实际情形，构建了一个包含教育水平、健康水平、生活保障和资产保障 4 个一级维度 8 个二级指标的评价体系。已有研究对多维贫困评价体系的维度和指标的组成部分、权重及其设置、贫困阈值的设定以及多维贫困指数的加总和分解进行了大量讨论（Bourguignon 和 Chakravarty，2019；Alkire 和 Foster，2011）。Chowdhury 和 Squire（2006）、Decancq 和 Lugo（2013）等认为变权重和等权重方法各有利弊。目前，国内外学者大部分采用等权重方法对维度进行赋权。权重代表维度的相对重要程度，权重越高，表明该指标在测度多维贫困时的影响力越大。本书认为教育水平、健康水平、生活保障和资产保障每个维度都具有相同的重要性，即任何维度的能力剥夺都应得到重视，因此本书采用等权重方法对维度赋权，各个维度内的二级指标的权重也按照等权重方法进行赋权。维度与指标的选取、权重及阈值如表10-2 所示。

表 10-2　　　　　　　　　维度、指标和阈值设定

维度	指标	阈值
教育水平（1/4）	最高受教育程度（1/4）	家庭成员最高受教育程度为初中及以下赋值 1
健康水平（1/4）	健康状况（1/8）	存在家庭成员曾患大病或身体有缺陷赋值 1
	医疗保障（1/8）	存在家庭劳动年龄人口未参加医疗保险赋值 1
生活保障（1/4）	家庭用电是否正常（1/8）	无法正常供电赋值 1
	家庭用水是否正常（1/8）	无法正常供水赋值 1

维度	指标	阈值
资产保障（1/4）	家庭年净收入（1/12）	家庭人均年收入低于相对贫困标准赋值1
	家庭是否有存款（1/12）	家庭无存款赋值1
	家庭房产价值（1/12）	房产建造或购买价值低于0.7万元赋值1

三、农村多维贫困的现实特征

（一）总体多维贫困现状

表10－3反映了不同多维贫困临界值 k 下的农村家庭多维贫困情况。随着 k 的不断增大，多维贫困指数 M_0 及多维贫困发生率 H 随之减小，而平均剥夺程度 A 随之增加。多维贫困指数 M_0 随之减小，说明平均来看，农村家庭不存在较为严重的多维贫困情况。$k \geq 0.6$，多维贫困发生率急剧下降；并且多维贫困发生率在 $k=0.4$ 和 $k=0.5$ 间的变化最为明显，说明大部分贫困个体的剥夺得分为 $0.4 \sim 0.5$。

表10－3　　　　　　　　　　多维贫困估计结果

临界值	H（%）	A（%）	M_0（%）
$k=0.1$	96.21	41.31	39.75
$k=0.2$	92.15	42.57	39.23
$k=0.3$	79.11	45.83	36.25
$k=0.4$	53.65	50.67	27.18
$k=0.5$	21.48	58.36	12.53
$k=0.6$	4.83	68.48	3.31
$k=0.7$	1.68	74.72	1.25
$k=0.8$	0.13	87.07	0.11
$k=0.9$	0.01	91.60	0.01

多维贫困指数从整体上反映了农村家庭的贫困情况。为了能够找到导

致多维贫困的具体因素，本章根据上文提到的 8 个指标对多维贫困指数进行分解。由于本书采取维度等权重、同一维度内指标等权重的办法对权重进行分配，因此在贡献率比较上，主要为在不同维度及同一维度内不同指标间进行。

表 10 – 4 呈现在 $k = 0.3$ 时，各个指标的贡献度情况。第一，从变化趋势来看，不同年份下各个维度的贡献率变化不大。第二，从各个指标的贡献度来看，在样本期间内，最高受教育程度在所有指标中的贡献度是最高的，达到 52.45%，其次是医疗保障，达到 20.23%，排在第三位的是家庭是否有存款，贡献度为 13.23%。这意味着，在所有影响多维贫困的因素中，教育水平维度是最主要的多维贫困影响因素。

表 10 – 4 　　　　2015—2019 年多维贫困贡献度特征（$k = 0.3$）　　　　单位:%

指标	2015 年	2016 年	2017 年	2018 年	2019 年	均值
最高受教育程度	52.42	53.39	51.07	52.57	52.79	52.45
健康状况	4.68	5.49	6.39	5.27	5.38	5.44
医疗保障	20.81	20.47	19.68	20.09	20.11	20.23
家庭用电是否正常	3.53	3.69	3.09	2.82	3.17	3.26
家庭用水是否正常	2.09	1.68	1.97	1.85	1.73	1.86
家庭年净收入	1.60	1.80	1.98	1.81	1.74	1.79
家庭是否有存款	13.03	11.78	14.00	13.92	13.40	13.23
家庭房产价值	1.84	1.69	1.81	1.68	1.67	1.74

表 10 – 5 呈现在 $k = 0.6$ 时，各个指标的贡献度情况。第一，与 $k = 0.3$ 时相比，各指标的贡献度发生了明显的变化。最高受教育程度在所有指标中的贡献度仍旧最高，但占比下降至 36.54%，医疗保障的贡献度为第二，占比降至 14.09%，健康状况的贡献度为第三，占比为 12.15%。这意味着随着 k 的提高，即随着被剥夺的因素增加，最高受教育程度仍旧是影响多维贫困的最主要指标。这意味着，在所有影响多维贫困的因素中，教育水平维度仍旧是最主要的多维贫困影响因素。第二，从变化趋势来看，在 $k = 0.6$ 时，不同年份下各个维度的贡献度变化也不大。

表 10 - 5 　　　　2015—2019 年多维贫困贡献度特征（ $k = 0.6$ ）　　　单位：%

指标	2015 年	2016 年	2017 年	2018 年	2019 年	均值
最高受教育程度	36.22	36.34	36.69	37.01	36.43	36.54
健康状况	9.26	13.39	12.47	13.38	12.25	12.15
医疗保障	15.44	12.81	14.92	13.38	13.91	14.09
家庭用电是否正常	11.11	11.48	10.52	8.26	10.27	10.33
家庭用水是否正常	5.76	4.21	2.45	4.27	3.97	4.13
家庭年净收入	6.70	6.73	7.63	6.99	7.04	7.02
家庭是否有存款	10.39	10.16	10.72	10.78	10.12	10.43
家庭房产价值	5.12	4.88	4.60	5.93	6.01	5.31

（二）多维贫困指数的分解

1. 按照地形分类

河南省地貌类型复杂多样，既有海拔在 1000 米以上的中山，海拔为 400～1000 米的低山，海拔为 200～400 米的丘陵，也有海拔在 200 米以下的平原。这些形态、成因各不相同的地貌类型，为生产活动提供了多种多样的地貌条件，也在一定程度上影响了当地农村家庭的农业生产和非农就业。本章将调查家庭按所处地的地形特征分为平原、山地和丘陵三类，分别考察三类不同地形下农村家庭的多维贫困情况。

表 10 -6 呈现按照地形分类的农村家庭多维贫困情况。第一，从时间趋势来看，三种分类地形的多维贫困指数在样本期间内整体上呈现下降趋势。其中，平原地区的多维贫困指数在 2015 年为 10.19%，缓慢下降到 2018 年的 5.20%，然后在 2019 年快速下降到 1.60%。丘陵地区农村家庭的多维贫困指数在 2015—2018 年整体上呈现下降趋势，从 2015 年的 5.08% 下降至 2018 年的 3.06%，在 2019 年略有上升，增为 3.45%。山地地区的农村家庭的多维贫困指数在 2015—2018 年也呈现稳步下降趋势，从 2.87% 下降至 1.87%，2019 年略有上升，上升至 1.96%。第二，从三类地形的对比情况来看，平原地区农村家庭的多维贫困指数最高，其次是丘陵地区农村家庭的，山地地区农村家庭的贫困指数最低。不同的地形决定了农村家庭的农业生产和生活条件，平原地区地势平坦，土壤肥沃，自然资源禀赋好，自然条件适合多种农作物生长，是河南省的重要粮食生产区，但这也决定了多数农村家庭的家庭成员

在家务农，非农就业的积极性会显著下降。丘陵和山地的自然条件相对较差，粮食生产功能大大降低，处于该类地区的农村家庭穷则思变，非农就业的比例和积极性反而都会有所提升，一批融休闲度假、观赏观光、农事参与、农耕文化、高效农业、民俗风情的休闲农业景点和项目随即出现，提高了农村家庭收入水平，这在一定程度上降低了该类地区农村家庭的多维贫困指数。

表 10-6   按照地形分类的农村家庭多维贫困情况

地形	年份	H（%）	A（%）	M_0（%）
平原	2015	4.18	243.84	10.19
	2016	4.18	214.55	8.97
	2017	3.66	138.49	5.06
	2018	2.74	189.61	5.20
	2019	2.93	54.62	1.60
丘陵	2015	7.16	70.91	5.08
	2016	6.51	89.04	5.80
	2017	3.45	107.96	3.73
	2018	3.49	87.66	3.06
	2019	1.07	323.83	3.45
山地	2015	7.33	39.12	2.87
	2016	8.50	33.47	2.85
	2017	5.46	45.96	2.51
	2018	4.56	40.99	1.87
	2019	5.18	37.90	1.96

2. 按照是否靠近铁路分解

现有文献表明，基础设施建设有助于推动贫困落后地区快速发展，诸如交通设施的改善会为外出务工提供更多的信息和便利机会，如张亦然（2021）利用中国家庭追踪调查微观数据库，检验了农村地区公路建设对农村家庭减贫的影响，研究表明，公路建设会显著降低农户的恩格尔系数，并且对于低收入家庭的影响会更加显著。表 10-7 汇报了按照所在村庄是否靠近铁路（交通便利性）分类的农村家庭多维贫困情况。

通过对比两类村庄农村家庭多维贫困指数的大小可以发现，在所有样本期间内，靠近铁路的村庄的农村家庭多维贫困指数都要显著小于不靠近铁路的村庄的农村家庭多维贫困指数。以 2015 年为例，靠近铁路的村庄的农村家庭多维贫困指数为 3.72%，而不靠近铁路的村庄的农村家庭多维贫困指数为 5.40%，比靠近铁路的高。在其他年份也可以得到类似的结论。所以，表 10-7 也初步验证了张亦然（2021）的研究结论，基础设施建设作为财政投入的典型方式，会显著降低家庭多维贫困程度，各级政府可以继续把道路建设作为投资手段，继续加大对欠发达省份的政策支持力度，实现农户减贫的目的。

表 10-7　按照所在村庄的交通便利性分类的农村家庭多维贫困情况

是否靠近铁路	年份	H（%）	A（%）	M_0（%）
不靠近铁路	2015	5.35	101.05	5.40
	2016	6.47	71.32	4.61
	2017	3.99	104.02	4.15
	2018	2.94	118.24	3.47
	2019	2.53	123.26	3.11
靠近铁路	2015	3.73	99.66	3.72
	2016	4.41	72.64	3.21
	2017	2.75	103.22	2.84
	2018	2.01	116.24	2.34
	2019	1.71	123.26	2.11

四、非农就业对农村家庭多维贫困影响的实证研究

（一）模型设定与变量选择

为考察农村家庭劳动力流动对农村家庭多维贫困发生率的影响，本章使用 Logit 模型和面板数据线性回归模型进行检验。其中，Logit 模型的被解释变量是农村家庭的多维贫困状况（贫困=1，非贫困=0）；面板数据线性回归模型的被解释变量为农村家庭的多维贫困程度。本章在现有文献（李晓嘉等，2020；裴劲松、矫萌，2021；周迪、王明哲，2019）的基础上，构建如下的

计量模型：

$$poverty_{it} = \alpha + \beta \times Work_i + \lambda \times X + \varepsilon_{it} \qquad (10-6)$$

其中，i、t 分别代表家庭和所调查的年份，α 为截距项，$poverty$ 为家庭多维贫困情况。$Work_i$ 为家庭的非农就业情况，如果该家庭有外出务工人员，则定义 $Work_i = 1$，否则定义为 0。X 为控制变量，包括个人特征因素和村庄特征因素，ε_{it} 为干扰项。

进一步，为考察农村家庭非农就业对农村家庭多维贫困返贫的影响，本章使用 Logit 模型进行检验。其中，Logit 模型的被解释变量是农村家庭的多维贫困返贫状况，若家庭 i 由非贫困状况变为贫困状况，则定义为 1，否则定义为 0，构建如下的计量模型：

$$Fpoverty_{it} = \alpha + \beta \times Work_i + \lambda \times X + \varepsilon_{it} \qquad (10-7)$$

其中，i、t 分别代表家庭和所调查的年份，α 为截距项，$Fpoverty$ 为家庭多维贫困返贫状况，$Work_i$ 为家庭的非农就业情况，X 为控制变量，包括个人特征因素和村庄特征因素，ε_{it} 为干扰项。

（二）变量的描述性统计

为了提高模型估计的精度，借鉴现有文献的做法（张亦然，2021），本章在实证模型中加入个人特征和村庄特征两个层面的控制变量。其中，个人特征变量包含年龄、婚姻状况因素。村庄特征因素包含地形特征、集镇距离村庄的远近、到最近火车站的费用、到县城的车票费用、村庄企业数量等。主要变量的描述性统计见表 10-8。

表 10-8　　　　　　　　主要变量的描述性统计

变量名称	变量含义	样本数（个）	均值	标准差	最小值	最大值
$povertyD$	是否处于多维贫困状态：是 1，否 0	7179	0.04	0.20	0.00	1.00
$povertyS$	加权剥夺程度	7179	0.40	0.15	0.00	0.92
age	年龄：年	7179	53.14	9.55	19.00	70.00
$age2$	年龄的平方	7179	2915.45	985.05	361.00	4900.00
$marriage$	婚姻状况：已婚 1，未婚 0	7179	0.99	0.11	0.00	1.00

续　表

变量名称	变量含义	样本数（个）	均值	标准差	最小值	最大值
terrain	所处地形：平原1，丘陵2，山地3	6695	1.46	0.77	1.00	3.00
location	集镇距离村庄的远近：千米	6664	3.34	4.17	0.00	56.00
train_fee	到最近火车站的费用：元	6581	12.49	11.41	0.00	60.00
ticketfee	到县城的车票费用：元	6077	1.45	2.37	0.00	24.00
firms	村庄企业数量：个	7179	0.68	0.47	0.00	1.00

（三）实证结果分析

1. 农村劳动力非农就业对家庭多维贫困的影响

农村家庭非农就业究竟在多大程度上降低家庭的多维贫困指数呢？表10－9的回归结果显示，除模型1外，*outwork* 变量在所有模型中的系数均在5%水平上显著为负，这表明，如果家庭有外出务工情况，则会显著降低家庭多维贫困指数。根据模型8的结果，*outwork* 的系数为－0.012，且在5%水平上显著，这意味着存在劳动力流动的家庭陷入多维贫困的概率会降低1.2%。

表10－9　　农村劳动力非农就业对家庭多维贫困影响的实证结果

变量	模型1	模型2	模型3	模型4	模型5	模型6	模型7	模型8
outwork	－0.006 **	－0.012 **	－0.012 **	－0.011 **	－0.011 **	－0.010 **	－0.012 **	－0.012 **
	（－1.462）	（－2.753）	（－2.755）	（－2.364）	（－2.335）	（－2.298）	（－2.513）	（－2.526）
age		0.021 ***	0.021 ***	0.020 ***	0.020 ***	0.020 ***	0.021 ***	0.021 ***
		（7.924）	（7.883）	（7.060）	（7.158）	（7.057）	（7.222）	（7.208）
age2		－0.000 ***	－0.000 ***	－0.000 ***	－0.000 ***	－0.000 ***	－0.000 ***	－0.000 ***
		（－8.737）	（－8.705）	（－7.898）	（－7.983）	（－7.871）	（－8.073）	（－8.058）
marriage			0.009	0.018	0.018	0.017	0.014	0.014
			（0.461）	（0.840）	（0.868）	（0.808）	（0.623）	（0.646）
terrain				0.035 *	0.027	0.034 *	0.009	0.009
				（1.942）	（1.460）	（1.794）	（0.457）	（0.437）
location					0.005 ***	0.005 **	0.008 ***	0.009 ***
					（2.647）	（2.391）	（3.695）	（3.763）

续　表

变量	模型1	模型2	模型3	模型4	模型5	模型6	模型7	模型8
train_fee						0.000	0.001	0.001
						(0.033)	(1.142)	(1.097)
ticketfee							-0.008***	-0.008***
							(-3.211)	(-3.263)
firms								0.021
								(0.818)
_cons	0.399***	-0.029	-0.036	-0.065	-0.078	-0.085	-0.090	-0.106
	(175.920)	(-0.458)	(-0.551)	(-0.874)	(-1.042)	(-1.092)	(-1.115)	(-1.274)
N	7179	7179	7179	6695	6664	6550	6027	6027
l	6335.753	6404.640	6404.782	5972.041	5945.246	5825.010	5374.296	5374.747

注：括号内为系数估计值 t 的统计量；"*""**""***"分别表明双尾检验的10%、5%和1%的显著性水平。

　　既然外出务工会降低家庭多维贫困指数，那外出务工人员的就业地点的差异是否会对家庭多维贫困产生影响呢？本章将农村家庭的非农就业地点分为四类：本村、本县、本省和外省。本章将在本村非农就业设为基准组，如果该家庭有在本县非农就业的，则定义 *benxian* = 1，否则为0；如果该家庭有在本省非农就业的，则定义 *bensheng* = 1，否则为0；如果该家庭有在外省非农就业的，则定义 *waisheng* = 1，否则为0。回归结果见表10 - 10。可以看到，就业空间的差异会对家庭多维贫困产生不同的影响。根据模型8的回归结果，*benxian*、*bensheng* 和 *waisheng* 的系数均在10%水平上显著，这表明与在本地非农就业相比，外出务工会显著降低家庭的多维贫困指数。具体来说，与在本地非农就业相比，在本县非农就业的家庭多维贫困指数下降0.9%，在本省非农就业的家庭多维贫困指数下降1.3%，在外省非农就业的家庭多维贫困指数下降1.9%。由此可见，在外省非农就业降低家庭多维贫困指数的效应更加显著。

表10 - 10　农村劳动力非农就业空间选择对家庭多维贫困影响的实证结果

变量	模型1	模型2	模型3	模型4	模型5	模型6	模型7	模型8
benxian	-0.005	-0.009*	-0.009*	-0.008	-0.008	-0.008	-0.009*	-0.009*
	(-0.962)	(-1.893)	(-1.894)	(-1.551)	(-1.505)	(-1.483)	(-1.741)	(-1.759)
bensheng	-0.005	-0.012*	-0.012*	-0.012	-0.012	-0.012	-0.013*	-0.013*
	(-0.718)	(-1.682)	(-1.685)	(-1.630)	(-1.622)	(-1.571)	(-1.710)	(-1.708)

变量	模型1	模型2	模型3	模型4	模型5	模型6	模型7	模型8
waisheng	−0.011 *	−0.019 ***	−0.019 ***	−0.017 **	−0.018 **	−0.018 **	−0.019 **	−0.019 *
	（−1.675）	（−2.825）	（−2.827）	（−2.407）	（−2.417）	（−2.415）	（−2.389）	（−2.394）
age		0.021 ***	0.021 ***	0.020 ***	0.020 ***	0.020 ***	0.021 ***	0.021 ***
		（7.918）	（7.876）	（7.062）	（7.164）	（7.059）	（7.219）	（7.205）
age2		−0.000 ***	−0.000 ***	−0.000 ***	−0.000 ***	−0.000 ***	−0.000 ***	−0.000 ***
		（−8.745）	（−8.713）	（−7.913）	（−8.001）	（−7.885）	（−8.083）	（−8.067）
marriage			0.009	0.018	0.018	0.017	0.014	0.015
			（0.465）	（0.847）	（0.875）	（0.822）	（0.638）	（0.661）
terrain				0.035 *	0.026	0.033 *	0.009	0.008
				（1.912）	（1.428）	（1.756）	（0.419）	（0.399）
location					0.005 ***	0.005 **	0.008 ***	0.009 ***
					（2.658）	（2.411）	（3.718）	（3.781）
train_fee						0.000	0.001	0.001
						（0.005）	（1.124）	（1.080）
ticketfee							−0.008 ***	−0.008 ***
							（−3.228）	（−3.279）
firms								0.021
								（0.806）
_cons	0.399 ***	−0.027	−0.034	−0.063	−0.076	−0.083	−0.087	−0.103
	（174.51）	（−0.428）	（−0.522）	（−0.848）	（−1.018）	（−1.062）	（−1.082）	（−1.239）
N	7179	7179	7179	6695	6664	6550	6027	6027
ll	6336.387	6405.980	6406.124	5973.114	5946.388	5826.180	5375.173	5375.610

注：括号内为系数估计值 *t* 的统计量；" * "" ** "" *** "分别表明双尾检验的10%、5% 和 1%的显著性水平。

2. 农村劳动力非农就业空间选择对多维贫困家庭脱贫的影响

前文的研究从贫困的静态角度出发，考察了非农就业对家庭多维贫困的影响。结果表明，农村家庭非农就业会显著降低家庭的多维贫困指数，而且就业空间的差异也会对家庭的多维贫困产生不同的影响。静态研究难以揭示贫困的动态变化情况，比如，下一期的贫困是由上一期的贫困状态转变而来的，还是从上一期的非贫困状态转变而来的，这些难以说明。鉴于此，本书借鉴蒋南平、郑万军（2017）的处理方法，如果一个家庭是从贫困家庭转为非贫困家庭，则定义被解释变量为 1，否则为 0，从动态的角度考察非农就业及空间选择对家庭多维贫困的影响。

表 10-11 中模型 1 和模型 2 的回归结果显示，家庭非农就业变量 *outwork* 的系数分别为 0.669 和 0.326，均在 5% 水平上显著为正，这表明非农就业会显著提高家庭脱贫概率，也即非农就业有助于多维贫困家庭转为非贫困状态。模型 3 和模型 4 则考察了就业空间差异对多维贫困家庭脱贫的影响。模型 3 的回归结果显示，与在本村非农就业相比，在本县非农就业、在本省非农就业和在外省非农就业都有助于提高家庭脱贫概率，其中，在本县非农就业对脱贫的影响更加明显。模型 4 的回归结果显示，与在本地非农就业相比，在本县非农就业会显著地提高家庭脱贫概率，而在本省非农就业和外省非农就业对家庭脱贫概率的影响不显著。裴劲松和矫萌（2021）基于 2012—2018 年中国家庭追踪调查数据，运用 PSM 方法结合 Logit 模型的研究结果同样表明，劳动参与会显著降低农户家庭的多维贫困水平，有助于提高家庭生活质量，主要表现为改善家庭资产状况和获得更多的发展机会。但他们的研究也同时表明，长时间的劳动会加重家庭的多维贫困，原因在于个体的患病风险、受伤风险会增加，学习深造和对子女的教育投入的时间会减少。实际上，本书的研究结论也在一定程度上验证了上述研究结论，与在本地非农就业相比，在本县非农就业既能获得一定的家庭收入，有助于家庭改善资产状况，也会削弱因为就业地距离家庭太远导致无法更好地照顾家庭带来的负面影响。

表 10-11　农村劳动力非农就业空间选择对家庭多维贫困脱贫影响的实证结果

变量	模型 1	模型 2	模型 3	模型 4
outwork	0.669 ** (4.995)	0.326 ** (2.061)		
benxian			0.783 *** (4.222)	0.471 ** (2.239)
bensheng			0.616 ** (2.468)	0.203 (0.750)
waisheng			0.539 *** (2.588)	0.178 (0.730)
age		-0.094 (-1.233)		-0.099 (-1.283)

变量	模型 1	模型 2	模型 3	模型 4
age2		0.001		0.001
		(0.721)		(0.760)
marriage		2.407 ***		2.375 ***
		(6.952)		(6.842)
terrain		-0.286 ***		-0.281 ***
		(-3.548)		(-3.480)
location		-0.053 ***		-0.053 ***
		(-3.484)		(-3.467)
train_fee		-0.012 **		-0.012 **
		(-2.220)		(-2.172)
ticketfee		0.026		0.026
		(0.708)		(0.702)
firms		-0.300 *		-0.297 *
		(-1.833)		(-1.815)
_cons	2.684 ***	5.036 **	2.681 ***	5.201 **
	(20.921)	(2.485)	(20.896)	(2.547)
N	6979	5870	6979	5870
ll	-1.2e + 03	-926.680	-1.2e + 03	-926.052

注：括号内为系数估计值 *t* 的统计量；" * "" ** "" *** "分别表明双尾检验的 10%、5% 和 1% 的显著性水平。

3. 农村劳动力非农就业空间选择对多维贫困家庭返贫的影响

贫困对象脱贫以后，在遭受外部冲击时可能会因为缺乏收入或资产的缓冲保护而重新返回贫困线以下，出现脱贫后又返贫的情况。在我国的脱贫攻坚过程中，贫困人数不断减少，但与此同时，返贫人口也逐渐增多（黄薇，2019）。农村家庭成员外出务工在一定程度上会增加家庭收入，对农村减贫起到至关重要的作用，但由于在城乡二元结构体制下，农民工难以与城市居民享有同等的福利待遇，所以更容易出现经济、能力以及精神等方面的贫困（王青、刘烁，2020）。此外，外出务工也会导致子女教育问题、心理健康问题等一系列次生问题的产生，这些都有可能会成为影响家庭返贫的外部不利冲击因素。可见，外出务工对农村家庭的返贫影响需要进一步验证和考察。表 10 - 12 呈现了农村家庭非农就业空间选择对多维贫困家庭返贫的影响。

表 10 - 12 中的模型 1 和模型 2 的回归结果显示，*outwork* 变量的系数为

负，且在10%水平上显著，这表明家庭劳动力非农就业会显著降低家庭的返贫概率。模型3和模型4则进一步考察非农就业空间差异对家庭返贫的影响。模型3的回归结果显示，benxian、bensheng和waisheng的系数都至少在5%水平上显著，这表明与在本地非农就业相比，在本市非农就业、在本省非农就业和在外省非农就业都会显著降低家庭的返贫概率。模型4的回归结果显示，与在本地非农就业相比，在本县非农就业会显著降低家庭的返贫概率，在本省和外省的影响并不显著。

表10-12　农村劳动力非农就业空间选择对多维贫困家庭返贫影响的实证结果

变量	模型1	模型2	模型3	模型4
outwork	-0.639* (-4.896)	-0.298* (-1.934)		
benxian			-0.731*** (-4.088)	-0.433** (-2.118)
bensheng			-0.538** (-2.260)	-0.123 (-0.476)
waisheng			-0.574*** (-2.759)	-0.210 (-0.865)
age		0.095 (1.275)		0.099 (1.314)
age2		-0.001 (-0.745)		-0.001 (-0.774)
marriage		-2.421*** (-7.209)		-2.396*** (-7.108)
terrain		0.302*** (3.822)		0.297*** (3.751)
location		0.046*** (3.255)		0.046*** (3.239)
train_fee		0.013** (2.455)		0.013** (2.419)

续　表

变量	模型 1	模型 2	模型 3	模型 4
ticketfee		− 0.006		− 0.006
		(− 0.186)		(− 0.184)
firms		0.300*		0.297*
		(1.833)		(1.815)
_cons	− 2.651***	− 4.793**	− 2.649***	− 4.920**
	(− 21.464)	(− 2.423)	(− 21.446)	(− 2.472)
N	6979	5870	6979	5870
ll	− 1.2e + 03	− 961.189	− 1.2e + 03	− 960.582

注：括号内为系数估计值 *t* 的统计量；"*""**""***"分别表明双尾检验的 10%、5% 和 1% 的显著性水平。

（四）稳健性检验

1. 替换被解释变量

表 10 - 9 和表 10 - 10 分别汇报了被解释变量为农村家庭多维贫困指数时，农村劳动力非农就业及其空间选择对家庭多维贫困影响的实证结果。为了考虑稳健性，本章将被解释变量替换为多维贫困虚拟变量，如果该家庭的多维贫困剥夺得分值超过临界值（0.6），那么认为该家庭为多维贫困家庭，否则认为该家庭为非多维贫困家庭。表 10 - 13 中的模型 1 汇报了非农就业对农村家庭多维贫困的影响。可以看到，*outwork* 的系数仍旧在 5% 的水平上显著为负，表明非农就业会显著降低家庭的多维贫困指数。非农就业空间选择变量 *benxian*、*bensheng* 和 *waisheng* 的系数也在 5% 的水平上显著为负。

2. 可能存在的内生性问题

以下两方面的原因可能导致模型存在内生性问题。第一，可能存在遗漏变量。尽管在模型中加入了足够多的控制变量，但仍有一些因素如家庭文化等无法用具体的变量来表征，而这些因素有可能影响农户是否进行非农就业。第二，可能存在的双向因果问题也有可能影响本书估计结果的可靠性。为此，本章选择本村的非农就业率作为农村家庭非农就业的工具变量。一般情况下，本村的非农就业率高会影响个体非农就业与否，但是个体是否非农就业则不会对本村的非农就业率产生直接影响。工具变量的回归结果见表 10 - 13 中的模型 3 和模型 4，其中，模型 3 的被解释变量为农村家庭的多维贫困指数，模型 4 的被解释变量为农村家庭多维贫困虚拟变量。结果显示，在选择本村的非农就业率作为农村家庭非农就业的工具变量后，回归结果依旧在 5% 水平上显著为负，表明本书的回归结果是稳健的。

表 10 - 13　　　　　　　　　　　　稳健性检验结果

变量	模型 1	模型 2	模型 3	模型 4
outwork	- 0. 159 **		- 0. 010 **	- 0. 376 **
	（- 2. 378）		（- 3. 594）	（- 2. 106）
benxian		- 0. 210 **		
		（- 2. 444）		
bensheng		- 2. 217 **		
		（- 2. 020）		
waisheng		- 2. 315 **		
		（- 2. 035）		
age	0. 043	0. 044	0. 012 ***	0. 036
	（1. 376）	（1. 399）	（5. 950）	（1. 082）
age2	- 0. 000	- 0. 000	- 0. 000 ***	- 0. 000
	（- 0. 880）	（- 0. 892）	（- 6. 274）	（- 0. 729）
marriage	- 1. 256 ***	- 1. 248 ***	- 0. 019	- 1. 147 ***
	（- 7. 223）	（- 7. 173）	（- 1. 007）	（- 5. 990）
terrain	0. 094 **	0. 092 **	0. 008 **	0. 119 ***
	（2. 559）	（2. 514）	（2. 228）	（3. 149）
location	0. 025 ***	0. 025 ***	0. 004 ***	0. 029 ***
	（4. 664）	（4. 667）	（4. 657）	（3. 811）
train_fee	0. 006 **	0. 005 **	0. 001 ***	0. 005 **
	（2. 279）	（2. 243）	（3. 797）	（2. 079）
firms	0. 193 ***	0. 192 ***	0. 015 **	0. 142 **
	（2. 740）	（2. 725）	（2. 542）	（1. 967）
ticketfee			- 0. 004 ***	- 0. 015
			（- 2. 866）	（- 0. 906）
_cons	- 2. 464 ***	- 2. 501 ***	0. 098 *	- 2. 205 **
	（- 2. 999）	（- 3. 036）	（1. 802）	（- 2. 421）

续　表

变量	模型 1	模型 2	模型 3	模型 4
athrho2_1				0.114
				（1.383）
lnsigma2				−0.855***
				（−92.681）
N	6377	6377	5870	5870
ll	−1.0e+03	−1.0e+03		−4.2e+03

注：括号内为系数估计值 *t* 的统计量；"＊""＊＊""＊＊＊"分别表明双尾检验的 10%、5% 和 1% 的显著性水平。

（五）异质性分析

1. 多维贫困程度的异质性

上述的实证结果表明，家庭外出务工会显著降低家庭的多维贫困指数，考虑到不同家庭的贫困程度不同，家庭外出务工的减贫效应也可能会随着贫困等级的变化而呈现异质性特征。为进一步考察非农就业对不同多维贫困程度家庭减贫的影响，本章将所有家庭按照贫困程度分为低多维贫困家庭和高多维贫困家庭两组分别进行回归。具体来说，本章将所有样本按照多维贫困指数中位数进行分类，低于多维贫困指数中位数的家庭为低多维贫困家庭，高于多维贫困指数中位数的家庭为高多维贫困家庭。

不同多维贫困家庭样本的回归结果如表 10 − 14 所示。从中可以发现：外出非农就业的减贫效应在不同多维贫困家庭中表现出截然不同的结果。对于低多维贫困家庭而言，非农就业变量 *outwork* 的系数为 −0.006，并不显著，这意味着非农就业对低多维贫困家庭的减贫效应的影响极为有限，外出务工并不会显著改善家庭的多维贫困状况。对高多维贫困家庭而言，非农就业变量 *outwork* 的系数为 −0.008，且在 5% 水平上显著，这表明非农就业会显著降低高多维贫困家庭的多维贫困指数。由此可见，非农就业的减贫效应因居民家庭多维贫困程度的不同而不同：对于低多维贫困家庭而言，非农就业的减贫效应不明显；但是对于高多维贫困家庭而言，非农就业会显著降低多维贫困指数。

表 10 - 14 异质性回归：按照多维贫困程度的差异进行分组

变量	模型 1： 低多维贫困家庭	模型 2： 高多维贫困家庭
outwork	- 0. 006	- 0. 008 **
	(- 0. 965)	(- 2. 051)
age	0. 017 ***	- 0. 001
	(4. 232)	(- 0. 262)
age2	- 0. 000 ***	0. 000
	(- 4. 856)	(0. 568)
marriage	0. 044 *	- 0. 028
	(1. 795)	(- 1. 297)
terrain	0. 025	0. 003
	(0. 723)	(0. 249)
location	0. 002	0. 006 ***
	(0. 517)	(3. 255)
train_fee	0. 001	0. 003 ***
	(0. 332)	(2. 960)
ticketfee	- 0. 000	- 0. 005 ***
	(- 0. 131)	(- 2. 901)
firms	0. 046	0. 002
	(1. 391)	(0. 091)
_cons	- 0. 172	0. 476 ***
	(- 1. 506)	(7. 526)
N	2904	3123
r2_a	- 0. 664	- 0. 693
ll	3660. 388	5330. 735

注：括号内为系数估计值 t 的统计量；" * "" ** "" *** "分别表明双尾检验的 10%、5% 和 1% 的显著性水平。

2. 是否靠近铁路

前文的统计分析表明，如果村庄靠近铁路，那么该村农村家庭的多维贫困指数会显著下降。相关研究文献也证明，基础设施建设有助于推动贫困落后地区快速发展（张亦然，2021）。为进一步考察村庄基础设施异质性对农村家庭多维贫困的影响，本章将所有家庭按照所在村庄是否靠近铁路分为靠近铁路和不靠近铁路两类，分别考察非农就业对两类家庭多维贫困的影响。

表 10 - 15 中的模型 1 呈现的是靠近铁路的村庄的样本回归结果，模型 2 报告的是不靠近铁路的村庄的样本回归结果。可以看到，在模型 1 中，*outwork* 的系数为 - 0.007，但不显著，表明对于靠近铁路的村庄的家庭来说，非农就业会降低家庭多维贫困指数，但效果并不显著。在模型 2 中，*outwork* 的系数为 - 0.015，且在 5% 水平上显著，这表明如果该村庄不靠近铁路，那么非农就业会显著降低家庭的多维贫困指数。可见，村庄的交通基础设施也会在一定程度上影响家庭非农就业的减贫效应，对于交通基础设施较差的村庄而言，非农就业的减贫效应会更加显著。

表 10 - 15　　　　异质性回归：按照是否靠近铁路进行分组

变量	模型 1：靠近铁路	模型 2：不靠近铁路
outwork	- 0.007	- 0.015 **
	(- 0.844)	(- 2.521)
age	0.014 ***	0.029 ***
	(2.839)	(7.423)
*age*2	- 0.000 ***	- 0.000 ***
	(- 3.541)	(- 7.980)
marriage	0.012	0.025
	(0.300)	(0.923)
terrain	0.018	- 0.021
	(0.405)	(- 0.441)
location	0.011	0.022 ***
	(0.699)	(3.312)
train_fee	- 0.009	0.005 *
	(- 0.836)	(1.898)
ticketfee	0.007	- 0.011 ***
	(0.504)	(- 3.010)

续　表

变量	模型1：靠近铁路	模型2：不靠近铁路
firms	0.056	0.010
	(1.062)	(0.157)
_cons	0.171	−0.351**
	(0.728)	(−2.549)
N	2038	3832
r2_a	−0.303	−0.281
ll	1809.419	3403.030

注：括号内为系数估计值 t 的统计量；"＊""＊＊""＊＊＊"分别表明双尾检验的10%、5%和1%的显著性水平。

3. 社会资本的异质性

中国是一个传统的人情关系社会，由个人关系网络构成的社会资本在人们的日常工作、生活中起着至关重要的作用。社会资本概念关注个体与个体之间的关系，所形成的非正式制度可以有效地弥补市场缺陷带来的不足，有助于个体获得更有利的资源配置（周玉龙、孙久文，2017）。对于市场不完善、经济发展欠发达的农村地区而言，社会资本对农村家庭的影响更加突出。鉴于此，本章根据家庭每年的人情开支的中位数将家庭分为低社会资本家庭和高社会资本家庭两类，分别进行回归，考察社会资本异质性对家庭非农就业减贫的影响。

表10－16为按照家庭的社会资本的差异分类的回归结果。可以看到，模型1和模型2中的 *outwork* 的系数均为负数，且至少在10%水平上显著，这表明无论是低社会资本家庭还是高社会资本家庭，非农就业都会显著降低家庭的多维贫困指数。从系数大小来看，低社会资本家庭的非农就业变量系数的绝对值略低于高社会资本家庭的，这意味着对于低社会资本家庭而言，外出务工可以更多地降低多维贫困指数。

表10－16　　异质性回归：按照家庭的社会资本的差异进行分组

变量	模型1：高社会资本家庭	模型2：低社会资本家庭
outwork	−0.014*	−0.015**
	(−1.665)	(−2.094)

变量	模型1：高社会资本家庭	模型2：低社会资本家庭
age	0.018 ***	0.024 ***
	(3.706)	(4.611)
age2	− 0.000 ***	− 0.000 ***
	(− 4.234)	(− 5.203)
marriage	− 0.006	0.054
	(− 0.183)	(1.346)
terrain	− 0.101	− 0.009
	(− 1.582)	(− 0.329)
location	0.010 **	0.009 **
	(2.477)	(2.489)
train_fee	0.003	0.003
	(1.389)	(1.326)
ticketfee	− 0.010 **	− 0.011 ***
	(− 2.134)	(− 2.941)
firms	− 0.001	0.028
	(− 0.026)	(0.678)
_cons	0.158	− 0.207
	(1.021)	(− 1.433)
N	2565	3226
r2_a	− 0.778	− 0.596
ll	2760.220	3122.119

注：括号内为系数估计值 *t* 的统计量；" * "" ** "" *** "分别表明双尾检验的 10%、5% 和 1% 的显著性水平。

五、本章小结

本章使用来自河南大学经济学院、河南大学中原发展研究院联合组织的"百县千村"入户调查之"抽样调查"项目的数据，系统研究农村家庭劳动力流动和不同就业空间选择对家庭多维贫困的影响及其差异，具体结论和可能的启示如下。

一是本章采用 A－F 方法从教育水平、健康水平、生活保障和资产保障 4 个维度对农村家庭的多维贫困指数进行了测算，并分析了各个维度的贡献情况。研究发现，在样本期间内（$k = 0.3$），最高受教育程度在所有指标中贡献度最高，达到 52.45%，其次是医疗保障，达到 20.23%。本章根据村庄的地形特征、是否靠近铁路分别分解了各个维度的贡献情况。研究发现，地形会显著影响家庭的多维贫困指数，具体来说，平原地区农村家庭的多维贫困指数最高，其次是丘陵地区农村家庭的，山地地区农村家庭的多维贫困指数最低。在所有样本期间内，靠近铁路的村庄的家庭多维贫困指数都要显著小于不靠近铁路的村庄的家庭多维贫困指数。

二是本章进一步实证检验了非农就业对农村家庭多维贫困的影响。研究发现，非农就业是降低农村家庭多维贫困指数的一个重要因素，存在非农就业的家庭陷入多维贫困的概率要比没有非农就业的家庭低 1.2 个百分点。而且，不同非农就业空间对家庭多维贫困存在异质性影响。与在本地非农就业相比，在外省非农就业的家庭多维贫困指数下降相对更加明显。而且，本章进一步考察了非农就业对脱贫的动态影响。研究发现，与在本地非农就业相比，在本县、本省和外省非农就业都有助于提高家庭脱贫概率，其中，在本县非农就业对脱贫的影响更加明显。最后，本章考察了非农就业对多维贫困家庭返贫的影响。结论表明，与在本地非农就业相比，在本县、本省和外省非农就业都会降低家庭的返贫概率。

三是异质性分析表明，非农就业的减贫效应因居民家庭的多维贫困程度的不同而有所不同。对于低多维贫困家庭而言，非农就业的减贫效应不显著，但是对于高多维贫困家庭而言，非农就业会显著降低多维贫困指数。村庄是否靠近铁路也会在一定程度上影响家庭非农就业的减贫效应。对于不靠近铁路的村庄而言，农村家庭非农就业的减贫效应更加显著。考虑到中国是一个传统的人情关系社会，本章进一步考察了社会资本异质性对家庭非农就业减贫效应的影响。结论表明，低社会资本家庭的非农就业变量系数的绝对值略高于高社会资本家庭，但差异并不明显，这意味着对于低社会资本家庭而言，外出务工可以更多地降低多维贫困指数。

参考文献

［1］ SEN A. Poverty: An Ordinal Approach to Measurement ［J］. Econometrica, 1976, 44（2）: 219 – 231.

［2］ SEN A. Commodities and Capabilities ［M］. London: Oxford University Press, 1999.

［3］ 王小林, ALKIRE S. 中国多维贫困测量: 估计和政策含义 ［J］. 中国农村经济, 2009（12）: 4 – 10, 23.

［4］ 王小林. 贫困标准及全球贫困状况 ［J］. 经济研究参考, 2012（55）: 41 – 50.

［5］ SABINA A, FOSTER J. Counting and Multidimensional Poverty Measures ［R］. OPHI Working Paper Series, 2007.

［6］ BOURGUIGNON F, CHAKRAVARTY S R. The Measurement of Multidimensional Poverty ［G］//Poverty, Social Exclusion and Stochastic Dominance, 2019: 83 – 107.

［7］ ALKIRE S, FOSTER J. Counting and Multidimensional Poverty Measurement ［J］. Journal of Public Economics, 2011, 95（7 – 8）: 476 – 487.

［8］ TSUI L. Fostering Critical Thinking through Effective Pedagogy: Evidence from Four Institutional Case Studies ［J］. The Journal of Higher Education, 2002, 73（6）: 740 – 763.

［9］ FOSTER J, GREER J, THORBECKE E. A Class of Decomposable Poverty Measures ［J］. Econometrica: Journal of the Econometric Society, 1984: 761 – 766.

［10］ CHOWDHURY S, SQUIRE L. Setting Weights for Aggregate Indices: An Application to the Commitment to Development Index and Human Development Index ［J］. The Journal of Development Studies, 2006, 42（5）: 761 – 771.

［11］ DECANCQ K, LUGO M A. Weights in Multidimensional Indices of Wellbeing: An Overview ［J］. Econometric Reviews, 2013, 32（1）: 7 – 34.

［12］ 张亦然. 基础设施减贫效应研究——基于农村公路的考察 ［J］. 经济理论与经济管理, 2021（2）: 28 – 39.

［13］ 姚树洁, 张璇玥. 中国农村持续性多维贫困特征及成因——基于能

力"剥夺—阻断"框架的实证分析 ［J］. 中国人口科学, 2020 （4）: 31 - 45, 126.

［14］章元, 许庆, 邬璟璟. 一个农业人口大国的工业化之路: 中国降低农村贫困的经验 ［J］. 经济研究, 2012 （11）: 76 - 87.

［15］JALAN J, RAVALLION M. Is Transient Poverty Different? Evidence for Rural China ［J］. The Journal of Development Studies, 2000, 36 （6）: 82 - 99.

［16］李晓嘉, 蒋承, 胡涟漪. 财政医疗卫生支出对中国健康多维贫困的影响研究 ［J］. 中国人口科学, 2020, （4）: 84 - 97, 128.

［17］裴劲松, 矫萌. 劳动供给与农村家庭多维相对贫困减贫 ［J］. 中国人口科学, 2021 （3）: 69 - 81, 127 - 128.

［18］周迪, 王明哲. 返贫现象的内在逻辑: 脆弱性脱贫理论及验证［J］. 财经研究, 2019 （11）: 126 - 139.

［19］蒋南平, 郑万军. 中国农民工多维返贫测度问题 ［J］. 中国农村经济, 2017 （6）: 58 - 69.

［20］黄薇. 保险政策与中国式减贫: 经验、困局与路径优化 ［J］. 管理世界, 2019 （1）: 135 - 150.

［21］王青, 刘烁. 进城农民工多维贫困测度及不平等程度分析——基于社会融合视角 ［J］. 数量经济技术经济研究, 2020 （1）: 83 - 101.

［22］周玉龙, 孙久文. 社会资本与农户脱贫——基于中国综合社会调查的经验研究 ［J］. 经济学动态, 2017 （4）: 16 - 29.

后 记

本报告基于"百县千村万户"调查活动（2021 年度）整村调查活动成果汇集而成。

2021 年整村调研于 2021 年 7 月正式启动，调研活动分为两阶段进行。第一阶段延续了 2020 年之前的模式，采用分层随机抽样的方法确定调研村庄。最终确定洛阳市栾川县三川镇祖师庙村、南阳市淅川县马蹬镇熊家岗村、信阳市商城县河凤桥乡立新村、平顶山市鲁山县仓头乡白窑村、濮阳市清丰县仙庄镇西魏家村、三门峡市卢氏县五里川镇河南村、许昌市禹州市文殊镇薛河村、驻马店市平舆县李屯镇杨村和信阳市息县长陵乡长陵村 9 个村庄为第一阶段调研村庄。课题组在河南大学招募了家庭在上述 9 个村庄的同学，于 2021 年 7 月至 8 月开展入户调研工作。第二阶段，课题组基于前期反馈的情况，选取驻马店市平舆县庙湾镇大杨村、万冢镇郭寺村和焦作市温县祥云镇祥云镇村 3 个村庄，于 2021 年 10 月至 11 月进行了补充调研。两阶段调研共计完成有效调研问卷 2673 份，采集了 11346 人的相关信息。

本项调查与报告撰写由河南中原经济发展研究院及河南大学经济学院、河南大学中原发展研究院联合整村调研课题组牵头组织，来自河南大学等国内多所高校的多位专家学者参与其中。报告执笔人如下：第一篇调查数据整理与分析（第一章至第六章），分别由李甜、韩瑞川、赵洋洋、毕云婷等负责整理撰写，在刘涛等老师的指导下完成；第二篇专题报告由调研带队老师完成撰写，具体为：第七章——张国骁；第八章——张建秋；第九章——刘涛；第十章——吕新军。李甜负责对接校对、出版等工作。

本项调查研究工作的开展得到了多位长期主政一方或主管"三农"工作的领导同志的鼓励、肯定和支持，在此特别表示感谢！

本项调查研究与报告的撰写和出版得到了河南省中原发展研究基金会的资助。

耿明斋

2022 年 3 月 19 日